TESHU
JIAOYUXUE JICHU

盛永进◎著

特殊教育学基础

教育科学出版社
·北 京·

目　录

前　言

迄今为止，特殊教育已经走过两个多世纪的发展历程，并逐步形成自己独特的话语体系、概念范畴与研究领域，初步获得了独立的学科尊严，但与普通教育相比，特殊教育理论研究和学科建设还相当薄弱，而我国情况尤其如此。完善特殊教育理论、加强特殊教育学科建设、建立具有中国特色的特殊教育学科体系已成为当代特殊教育研究者的重要使命之一。

本书在吸收、借鉴国内外已有研究成果的基础上，力图反映当代特殊教育研究的最新发展水平，从学科建设出发，结合当代特殊教育的发展，尝试为构建具有中国特色的比较完整的特殊教育学基本理论框架作些基础性的探索；同时考虑到高等学校特殊教育理论教学的需要，本书力图向读者比较全面地呈现特殊教育的基本内容和历史线索，并对我国当代特殊教育的发展作一个浓缩的总结。

在论述的视角上，本书以马克思辩证唯物主义、历史唯物主义为指导，把“特殊需要”作为基础性的核心概念，尝试从人的生命的“特殊需要”视角去观察、理解和阐发特殊教育活动，思考特殊教育的基本问题，丰富、深化特殊教育的内涵，同时也表明了特殊教育追求以满足学生的特殊教育需要为价值取向的学科立场和时代特征。在体系框架上，基于“特殊需要”的理念，本书以普通教育学框架为基础，比较系统地探讨了特殊教育的概念、历史发展、价值功能、制度体系等基本问题，阐述了特殊需要学生、特殊教育教师、特殊教育课程与教学以及特殊教育合作等基本内容。同时，为了兼顾教学的需要，本书在章节布局、语言论述以及体例安排上（诸如导语、思考·练习·实践和重要术语的强化提示等）都考虑到学生学习的特点，便于学生的阅读和学习。

书稿系根据本人《特殊教育概论》课程讲义改写而成。其中第二章以李拉老师撰写的初稿为基础，主要作了技术处理；第七章系由王娇艳老师撰写的初稿改写而成；第六章的部分段落分别参考引用了张茂林、李拉两位老师提供的材料。特此说明致谢。

深深感谢学院党委书记蒋云尔、院长丁勇等领导的关心和支持，尤其是丁勇院长的鼓励和指导，激发了我对特殊教育理论研究的兴趣和勇气。我院特殊教育博物馆马建强、特殊教育研究所李拉、王培峰三位同事为本书的修改、初校提供了许多建议和帮助，在此一并致谢。此外，还要感谢宁波盲校袁东老师、如东特殊教育学校的丁山燕老师曾给予的帮助支持，特别是袁东老师为我的研究慷慨地提供了许多私人藏书资料。

在本书出版过程中，教育科学出版社的刘明堂主任为本书的编校出版付出了艰辛的劳动，在此表示衷心的感谢。

由于所收集的资料有限，特别是学术水平的限制，本书一定存在着诸多不足之处，我们恳切地希望得到读者的批评与指教。另外，由于成书周期较长，本人所写的内容有一部分已先期发表，特向读者说明。最后，谨向参考文献中的各位作者致谢！

盛永进

2011年6月于南京特院博英楼

第一章

特殊教育概述

特殊教育的性质、概念及其对象是特殊教育学科研究中最基本、最核心的问题。本章首先通过重温教育的概念、要素及其生态，为认识、理解特殊教育进行必要的铺垫，然后通过对特殊教育概念、内涵及其演进的分析，将“特殊教育”定义为：特殊教育是基于个体差异的显著性，通过满足其特殊的教育需要，促进其身心充分发展的教育。本章讨论了特殊教育与相关概念的演变及其教育对象的定位与鉴定；阐述了特殊教育学科的性质、学科建设现状，同时也从学习指导的角度，讨论了特殊教育学学科建设的意义，强调了特殊教育理论对实践的指导作用。

当代特殊教育已经成为全民教育的重要组成部分，成为教育民主化的重要表征。“满足学生的特殊需要”亦成为当今特殊教育乃至整个教育改革活动的依据。那么，究竟什么是特殊教育？为什么需要特殊教育？怎样才能做好特殊教育？这些关于特殊教育的基本问题是我们特殊教育工作者必须弄清的问题。从本章起我们一起学习探讨关于特殊教育的概念、内涵、产生、发展及其理论与实践等基础知识和基本问题。

第一节　教育的一般认识

要了解特殊教育，必须首先了解一般意义上的教育。我们简要地从教育的定义、教育的要素以及教育的生态三个方面来阐释什么是教育。

一、教育的定义

教育是培养人的一种社会活动，是传承社会文化、传递生产经验与社会经验的基本途径。从传统的教育定义来讲，教育可以分为广义的教育和狭义的教育。从广义上说，教育泛指一切影响人的身心的活动，主要指增进人的知识、技能，影响人的思想品德的活动；狭义的教育，主要是指学校教育，是教育者按一定的社会要求，有目的、有计划、有组织地对受教育者身心施加影响，使受教育者向着社会（阶级）所期望的方向发展的活动。

随着对教育的认识的加深，人们对教育定义进行了更深层次的探讨，认为传统的教育定义都有其不足：广义的定义太泛太宽，狭义的定义偏向于社会的角度，忽视个体的能动发展。因此，人们尝试着从社会与个体相结合的角度为教育下定义，认为“教育是在一定的社会背景下发生的促使个体的社会化和社会的个性化的实践活动”①。个体的社会化是根据一定的社会要求，把个体培养成为符合社会发展需要的人才；社会的个性化是指把社会的主流价值期待内化到个人的个性特征中，最终实现社会发展需要与个人发展需要的统一。这样新的定义兼顾了社会和个体两个方面的内容。

二、教育的要素

对教育的构成要素进行分析是我们深入了解教育概念的重要方式。从系统论的角度出发，教育是一个相对独立的社会子系统。这个子系统中包括三种基本要素——教育者、学习者和教育影响。认识这三种要素，不仅有助于对教育概念认识的深化，也为我们更好地理解特殊教育的内涵提供了思想基础。

教育者就是从事教育活动的人。根据上面对教育的定义，教育者是指能够在一定社会背景下促使个体社会化和社会个性化的人。因此，一个真正的教育者必须有明确的目的，理解自己在实践活动中所肩负的促进个体发展及社会发展的任务和使命。学习者是相对于教育者而言的，是教育的对象，也就是我们通常所称的学生，或教育对象，或受教育者。教育影响是教育活动中教育者作用于学习者的全部信息，既包括了信息的内容，也包括了信息选

---

① 全国十二所重点师范大学联合编写组. 教育学基础［M］. 北京：教育科学出版社，2002：4.

择、传递和反馈的形式，是形式与内容的统一。从内容上说，主要就是教育内容、教育材料或教科书；从形式上说，主要是教育手段、教育方法、教育组织形式。教育内容与教育形式的统一所构成的教育影响，使得教育活动成为区别于其他社会活动的一种相对独立的社会实践活动。

三、教育的生态

从生态学的视角来关注和理解教育，是近年来教育研究发展的一个重要取向和趋势。“生态”一词来自希腊语，原意为“住所”。1866 年，德国动物学家海卡尔（Erna Haecke1）给生态学下了定义，认为生态学是研究有机体同周围环境之间相互关系的科学。以生态学的观念来研究教育，可以把教育视为一个生态系统。教育生态系统可分为多种不同关系和层次的系统。大体而论，可分为自然、社会、学校和个人四个层面，它们不可分割而又相对独立，以原始自然为模式，以社会为依托，以学校为核心，以个人为载体，实现良性互动，达到最佳调和状态。

具体而言，教育生态系统是由教育者、学习者、自然环境、社会环境、学校环境、家庭环境等因素组成的一种组合系统。它是一个有机整体，具有一定的结构和功能，通过系统内各要素间的物质、能量、信息的交换，使学习者的情智和人格得到全面和谐的发展。这是教育生态系统最基本的功能。在残疾或特殊性的归因上，教育生态学的观点强调不能单从儿童本身的身心特征去认识，还应该从儿童的行为与环境的关系去看待，注意儿童的学习和社会环境的交互影响。这对于认识和教育有特殊需要的儿童是很有启发的。关于这一方面的内容我们将在后面的一些章节中具体介绍。

第二节　特殊教育的认识

什么是特殊教育？这看似是一个简单的概念，其实是一个复杂的问题。由于特殊教育活动本身是不断发展和变化的，因此特殊教育的内涵和外延也是不断发展变化的。在不同的历史时期、不同的国家，特殊教育的含义不尽相同，一些国际组织和学者所作的阐释既有共同之处又有差别。要理解特殊教育的概念，必须从它的语义构成分析入手，把握其本质属性，揭示其内涵，并界定特殊教育对象的范围。

一、特殊教育的“特殊”性

从语意构词的成分来分析，特殊教育表明教育活动受到“特殊”的修饰和限定，是一种特殊的教育活动；在概念逻辑上，特殊教育从属于教育，是教育的下位概念，是教育的一个组成部分，与一般的教育或普通教育相对。通常我们把一些特殊学生的教育称为特殊教育，习惯上我们一般把他们称为特殊儿童。也就是说，特殊教育与普通教育的关键区别在于教育对象的不同，即学习者有其特殊性，由此而引起教育者和教育影响等诸要素的一些特殊性。那么我们要进一步追问：特殊教育对象“特殊”在何处？如何理解他们的“特殊性”？这就涉及下列一些概念。

（一）“特殊”的含义

特殊教育一词在英语中以“special education”或“education of exceptional children”来表示，也就是说“special”取决于“exceptional”。“exceptional”在英语中主要突出事物的例外性、异常性。汉语中“特殊”是特别、有特点的意思，有“超出一般”、“不同于同类的事物或平常的情况”① 之意，是相对于一般、普通或平常而言的。因此结合汉语和英语的语义，特殊教育对象的特殊性在于其自身显现出来的个体差异具有显著性，也就是说，在统计学的意义上，有疏离于一般的常模范围之外，体现了一种“异常”的特性，或“非典型”特征。需要说明的是，这种“异常”只有描述意义，没有评价意义，它是指在统计学意义上与所确立的统计常模有显著差异（即在所测量的标准常模范围内与总体的平均值有偏差，并仅限于此意义，下同）。这样，所谓的特殊儿童的“特殊”应是指“与教育密切相关的身心某些指标异常或在常态之外（非常态）的儿童”②。这就涉及另外一个重要概念——个体差异。

（二）个体差异

个体差异又称个别差异，是个体区别于他人的身心特征，即“不同个体之间在身心特征上相对稳定的不相似性”③。人的个体差异性在不同层次上存

---

① 中国社会科学院语言研究所词典编辑室. 现代汉语词典［Z］. 北京：商务印书馆，2006：1335-1336.

② 朴永馨. 特殊教育概论［M］. 北京：华夏出版社，1999：8.

③ 顾明远. 教育大辞典（卷5）［Z］. 上海：上海教育出版社，1999：219.

在着，主要表现为群体差异、个体间差异和个体内在差异三个方面。

1. 群体差异

群体差异是指具有某些共同特征的个体组成的群体之间的差异。从群体的角度看，首先表现为男、女性别的差异，它不仅是自然性别上的差异，还包括由性别带来的生理机能和社会地位、角色、交往群体的差异。

2. 个体间差异

个体间差异是不同个体之间的差异。个体间差异表现在个体身心的所有构成方面。其中有些是发展水平的差异，如能力及其构成方面；有些是心理特征表现方式上的差异，如兴趣、认知风格等；有些是生理机能上的差异，如视力、身高、体重、容貌等。

3. 个体内在差异

个体内在差异是指个体内身心诸要素之间存在的差异，主要表现为诸要素之间的不平衡、不协调性。如一个学生自身的生理发展水平高于心理发展水平，或心理成熟水平高于年龄生理发展水平，所谓“少年老成”指的就是这种现象。

由于个体差异的存在，它对教育教学有着复杂而重要的影响。差异不同，学生个体的教育需要往往也有所不同，当影响学生的个体差异因素达到一定的度时，必然会引发个体不同于一般的特殊需要，即学生学习的特殊需要，或者说是学生在教育上的特殊需要。

（三）特殊教育需要

1. 需要与特殊需要

要理解特殊教育需要，首先要弄清什么是需要？心理学认为，需要是指人对事物的一种欠缺状态及其心理体验。但是，“需要”一词在不同的学科中或不同的语境中又有不同的用法，有的被视为内驱力，有的被视为动机、诱因，有的又与愿望、理想甚至欲望同义。从人的生存发展意义上，我们赞同这样的定义：“需要是人对其生命的存在、延续和发展所不可缺少的条件的依赖性”①。这就意味着需要是人为了求得生存和发展而产生的。对人来说，需要不仅有存在的必然性和合理性，而且有重要的功能。它既是生命发展的前提，也是社会生产的原动力。就此而言，需要不同于愿望或欲望。愿望或欲

① 黄鸣奋. 需要理论及其应用［M］. 北京：中华书局，2004：2.

望的对象并不一定是不可缺少的；需要也不同于奢侈，不能以需要为借口替奢侈辩护。从这个意义上说，需要的满足与生命的发展是同义语，“满足学生的教育需要”是指合理的教育需要，而非过度的或是消极的教育需要，阐明这一点对于理解特殊教育非常重要。还必须强调的是，需要的满足与发展必须依赖于一定的条件，生产发展、科技进步和社会的文明程度是影响人的需要满足与发展的最重要的因素。

理解了需要，再来探讨什么是特殊需要。根据前面我们对需要的理解，从词语所表达的逻辑概念上，我们可将特殊需要定义为：特殊需要是人基于个体差异的独特性对其生命存在、延续和发展的特殊条件的依赖性。特殊需要体现了群体生命中不同个体生命之间的差异性，因此，考察特殊需要必须以人的个体条件为依据，从身心差异开始，进而延伸到社会文化的差异。身心差异主要是指人的身心构成及其发展水平方面的差异；社会文化差异则是指个体之间的政治、经济、家庭背景和生活环境等方面引发的差异。这些差异性可以通过所谓的“正常”与“异常”、“典型”与“非典型”、“残疾”与“健全”、“弱势”与“优势”的比较加深认识。特殊需要体现了人与人之间的差异性。

2. 特殊教育需要

特殊教育需要就是特殊的教育需要，是学生在学习过程中产生的特殊需要。依据我们对需要与特殊需要的理解，结合下定义的方法，我们可对特殊教育需要作如下界定：**特殊教育需要是学生基于个体差异的显著性，在身心发展上对特殊的教育条件的依赖性。**这里的“条件依赖性”意味着，缺少某种条件，个体就无法顺利学习，也无法顺利发展。譬如，盲童由于视觉障碍，普通的汉字课本无法适应他们的学习，必须提供盲文课本或其他的条件来替代。因此，盲文对于一个全盲的学生来说，就是他在学习过程中不可缺少的一个特殊教育条件；同样，聋童因为听觉障碍，他们一般无法感知有声语言，以手语来传递教学信息、进行沟通交流也是一种特殊的教育需要。

特殊教育需要的本原来自于学生的个体差异，但不是说个体差异就一定引发特殊教育需要。因为构成个体差异的因素是多方面的，就其对学生学习的影响来考察，不是所有的差异因素都对学习产生影响，同时，在影响学生学习的因素中，每个因素影响的度也不均衡。因此，**个体差异是否引发特殊教育需要取决于两个条件：个体差异的教育意义和个体差异的程度。**

第一，个体差异是否具有教育意义。只有影响教育教学的个体差异才有教育意义，才会引发特殊教育需要。譬如生理方面的容貌长相差异，一般不具有教育意义，因为它们一般不会影响到学生的学习，自然也就不会引起特殊教育需要，而生理方面的视力差异则肯定会影响学习，对教育教学来讲就有意义了。

第二，个体差异是否达到一定的度。具有教育意义的个体差异必须达到一定的程度，才具有区别性意义，也才能引发特殊教育需要。轻微的差别并不引起特殊教育需要。比如一般性的近视与正常视力之间虽然存有差异，但对教育教学产生的影响很少。但是，全盲或低视与正常视力之间的差异就具有重要的教育意义。也就是说，差异“偏离达到这样的程度，即需要改进学校的实践活动，或需要特殊的教育服务，儿童的能力才能得到最大限度的发展”①。

引发学生特殊教育需要的条件表明，教育学中的“特殊儿童”术语的应用不同于生物学、心理学、社会学或其他学科中的概念，否则仅以“特殊”或人与人之间的“差异”来判断，就会导致特殊教育对象的极端泛化。

二、特殊教育的概念

特殊教育的概念是随着社会的变化和特殊教育对象的扩大而不断变化的。

（一）特殊教育定义

早期特殊教育的定义很简单，就是从教育对象出发，把有关残疾儿童（或称为缺陷儿童、损伤儿童）的教育称为特殊教育，后来逐渐结合教育方法进行定义。如1948年出版的《第二次中国教育年鉴》认为：“特殊教育系对于精神或身体之一方或双方感有异常者所施之教育……因其必须用特殊教学方法，与常人教育不同故称特殊教育。”不过，仅从特殊教育对象和方法来理解特殊教育，并未能对特殊教育的本质进行全面的概括。

目前，影响比较广泛的是朴永馨教授的定义。朴永馨先生是新中国特殊教育理论的奠基者。他分别从教育的对象、形式、方法等多角度下定义，认为：“特殊教育是教育的一个组成部分，是指使用一般的或经过特别设计的课程、教材、教法、教学组织形式和教学设备，对有特殊需要的儿童进行的旨

① 柯克，加拉赫. 特殊儿童心理与教育［M］. 汤盛钦，银春铭，等，编译. 天津：天津教育出版社，1989：2.

在达到一般或特殊培养目标的教育。”① 这个定义主要从教育影响着手，强调了特殊教育对象、方法和任务的特殊性，比较明晰地描述了特殊教育与教育的关系，成为中国大陆特殊教育界关于特殊教育定义的一个基础，为其他特殊教育工作者广为引用。但是，从教育影响的角度强调它的“一般的或经过特别设计”的特点，并不是特殊教育区别于其他教育的根本属性。例如，高等教育相对于初等教育，它也是“使用一般的或经过特别设计的课程、教材、教法、教学组织形式和教学设备”，这就不能区分特殊教育与其他教育的关系。

此外，方俊明先生对特殊教育的定义也是比较有代表性的一种。他认为：“特殊教育是根据一定的社会需要与特殊儿童身心特征和教育需要，最大限度地发挥受教育者的潜能使他们增长知识、获得技能、增强适应能力的一种教育。”② 该定义最突出的特点在于强调了“最大限度地发挥”特殊教育对象的潜能，从而突出了特殊教育对象身心特征的特殊性，反映了特殊教育目标和任务的特点。但是，如果这种潜能“最大限度地发挥”只是聚焦在“增长知识、获得技能、增强适应能力”上，实际上是把一些超常的儿童排除在特殊教育对象之外。

包括以上两种表述在内的各种现有的定义，尽管具体的说法不尽相同，切入的角度也不完全一样，但大体上都涉及特殊教育的对象、目标、任务和方法等几个方面。其中，他们的共同点都指向了教育对象——“特殊儿童”或“特殊需要儿童”。我们认为，在当代特殊教育发展的新形势下，这些定义还没能更好地、全面地概括出特殊教育的本质特征。更为重要的是随着全纳教育思想的影响，特别是尊重学生多样性的“特殊需要教育”概念的提出，特殊教育对象发生了很大的变化，一些学者和国际组织文件所作的阐释既有共同之处又有差别，有的甚至把尊重学生多样性的理念当作概念，把特殊教育对象理解成“每个人的特殊需要教育”③。这样，在特殊教育对象本身性质、范围不确定的情况下，用特殊教育对象来定义特殊教育和其他教育的关系，其概念的内涵和外延本身也就不能确定，学科研究的范围也就模糊不清，特殊教育学科也就缺乏独立的范畴和相对严密、科学的逻辑体系。

综合以上有关特殊教育概念的表述，根据我们前面对特殊教育“特殊性”

---

① 朴永馨. 特殊教育辞典［Z］. 北京：华夏出版社，1996：32.

② 方俊明. 特殊教育学［M］. 北京：人民教育出版社，2005：3.

③ 陈云英. 特殊需要教育是教育的保障工程［J］. 中国残疾人，2004（3）：35-36.

的认识，我们尝试对特殊教育作如下界定：特殊教育是基于学习者个体差异的显著性，通过尽力满足其特殊的教育需要，促进其身心充分发展的教育。

（二）特殊教育的内涵

依据上述对特殊教育的界定，结合我国特殊教育的实际情况，我们对特殊教育的内涵作如下解读。

首先，从属性上按照种概念加属差的方法，规定了特殊教育具有教育活动的普遍特征，同时也是人类教育活动的重要组成部分，是国家教育体系的重要内容。因此特殊教育是一个相对的概念，其“特殊”是相对于整个教育系统中的普通教育而言的。

其次，从起因上阐明了人的个体身心差异的显著性所引发的特殊教育需要特殊教育的起点，即特殊教育的“特殊”有着内在的规定，尽管有些教育活动也有它们的“特殊性”，如职业教育、艺术教育、军事院校教育等，但它们都不能称为特殊教育。

再次，从对象上强调了特殊教育活动的条件性。一是个体差异具有显著性，必须达到一定的度；二是有个体差异具有教育意义，其引发的特殊教育需要是他们学习发展不可缺少的基本条件，离开这些特殊条件他们几乎完成不了学习，更谈不上身心的发展；三是需要的满足受到社会、经济、文化等诸多条件的限制，在可能的情况下，应尽力创造条件满足学生的教育需要。因此，特殊教育活动的条件性意味着：每一个个体都有自己独特的身心特点，但不是每个个体都是特殊教育对象。一般的“兴趣教育”、“特长教育”严格意义上不能算是特殊教育，因为兴趣、特长等差异并不构成特殊教育需要的必要前提。

最后，从目标上强调了特殊教育的任务就是尽力满足特殊的教育需要，促进学生身心的充分发展，突出了特殊教育对象“个体差异显著性”对教育目标的影响。无论是“超常”，还是“低常”，特殊教育都是旨在实现学生充分的或最大限度的发展。特殊教育对象作为个体差异的存在，与普通教育对象没有本质的区别，是人的生命普遍性与特殊性的统一，只不过他们在身心发展中有着特殊的教育需要，这种特殊的教育需要表现在教育要素的各个方面。因此要满足学生的特殊教育需要就必须在教育师资、教育内容、教育方法、教育手段等方面作出具有个别化的适应性调整。

与整个教育一样，特殊教育也有广义与狭义之分。从实施教育的空间形态来划分，广义的特殊教育是指一切对有特殊教育需要学生身心发展有影响的活动，包括家庭教育、社会教育和专门机构的教育等；狭义的特殊教育指的是特殊学校等专门机构中的教育，包括特殊学校、普通学校特殊班和随班就读、康复医疗训练机构的教育。本书主要讨论的是后者。

三、特殊教育的对象

特殊教育对象的概念、范畴也是随着社会发展而不断变化和演进的。特别是在当代，受全纳教育思潮的影响，由于人们对“特殊”的认识不同，往往会从教育、医学、心理、社会文化等不同的方面来界定和描述，特殊教育对象的概念、范围以及术语的采用往往也不够明确，使得当代特殊教育对象处于一种飘移不定的状态。

（一）特殊教育对象的演变

1. 从“残疾儿童”到传统广义的“特殊儿童”

特殊教育概念最早应用的对象是指狭义的残疾人教育。如1930年我国出版的《教育大辞典》对特殊教育的定义是：“指对于一部分身心具有缺陷而非普通教育所能奏效之儿童所施之特别教育而言”。早期特殊教育学校也是专门招收残疾儿童的学校，所以说，特殊教育的初始概念多半是作为残疾儿童教育的简称和同义语。随着时代和特殊教育实践活动的发展，人们把超常儿童也纳入特殊教育范围，这样形成了传统广义的特殊儿童概念：基于身心特征的显著差异，把超出常模标准的学生称为特殊儿童，既包括身体或心理发展有障碍的学生，也包括高于典型（正常）发展的超常学生。

2. 从传统广义的“特殊儿童”到“特殊教育需要儿童”

20世纪70年代，伴随着民权运动的深入和对特殊教育的反思，欧美等西方发达国家掀起了一场以融合为导向的“回归主流、一体化”等特殊教育改革运动，借以批判医学主导的标签式、隔离式教育模式。1978年，英国发布《沃诺克报告》，首次在国家文件中提出“特殊需要儿童”（child with special needs）或“特殊教育需要儿童”（child with special education needs）的概念，认为学生在成长过程中的不同阶段可能有不同的学习困难，既包括轻微、暂时性的学习困难，也包括严重的、永久性的残疾造成的学习困难，这些都是学生的特殊教育需要。[①] 报告同时强调，每个儿童都有自己的独特需要，特殊儿童与普通儿童的特殊需要只是量上的区别，而没有本质的区别；以残疾、缺陷指称特殊儿童不仅具有标签的歧视作用，也强化了对他们的隔离与不平等对待。因此，引用“特殊教育需要”来指代残疾儿童或特殊儿童，以学习困难看待残疾儿童学习问题，这当然是特殊教育观的进步。但是，把轻微、暂时性学习困难归入特殊教育对象范畴，就很值得商榷。它实际上是把所有学生都归入特殊教育对象。因为任何学习者在学习过程中都存着学习困难，譬如轻度的近视、偶发的感冒都可能造成学习上的困难。如果学习者的困难没有达到一定程度，就不宜看作是特殊教育对象。正如柯克强调的，“教育学中的‘特殊儿童’术语的应用不同于生物学、心理学以及其他学科和专业的情况。如果儿童发展偏常的性质和程度到了这样的情况，为使其取得最大限度的发展而需要绝大多数儿童所不需要的教育措施，那么，从教育上说，这样的儿童就是特殊儿童。”[②] 比如，人人都有情绪行为失控现象，但不说是人人都是特殊教育对象，因为“情绪行为障碍”和“情绪行为失控现象”虽然有联系，但是不同的概念。只有当情绪行为障碍现象长期影响到学生学习和发展，才需要特殊的教育服务和措施。其后 2001 年英国公布的《特殊教育需要实践准则》中，也强调了“度”的规定性：如果儿童在学龄阶段具有相较于同龄儿童来说非常显著的学习困难，或者具有阻碍他们像普通儿童一样学习的残疾，即为特殊教育需要儿童。

1994 年，联合国教科文组织为了倡导和深化全民教育，召开了“世界特殊需要教育大会”，会议文件《萨拉曼卡宣言》和《特殊需要教育行动纲领》引用了“特殊需要教育”概念，并提出了“全纳教育”的思想。文件指出：特殊需要学生泛指“即一切身体的、智力的、社会的、情感的、语言的或其他的任何特殊教育需要的儿童和青年”，“这就包括残疾儿童和天才儿童、流浪儿童和童工、偏远地区或游牧人口的儿童、语言或种族或文化方面属少数民族的儿童，以及来自其他不利处境或边际区域或群体的儿童”。[③] 自此，特殊需要教育与全纳教育成了国际性的议题。“特殊教育需要儿童”或“特殊需

---

① O' Hanlon C. Special Education Integration in Europe [M]. London: David Fulton Publishers, 1993: 39.

② 柯克，加拉赫. 特殊儿童心理与教育 [M]. 汤盛钦，银春铭，等，编译. 天津：天津教育出版社，1989：2.

③ 赵中建. 教育的使命——面向 21 世纪的教育宣言和行动纲领 [M]. 北京：教育科学出版社，1996：135.

要教育”逐步取代了“特殊儿童”和“特殊教育”，成为特殊教育领域中重要的专业性术语。“满足学生的特殊需要”亦成为特殊教育乃至整个教育改革活动的依据甚至“旗号”。这样，不少学者主张把特殊教育对象扩大到所有因文化背景差异而造成的处境不利儿童。

需要指出的是，无论是世界特殊需要教育大会，还是后来召开的多届国际全纳教育大会，其会议的目的、主题以及特殊需要教育概念的指向都不是专指特殊教育。会议引用“特殊需要”概念的目的主要是为了强调消除歧视、反对排斥的理念，以及实现全民教育发展目标应关注的重点对象。因此就国际文件本身来说，“特殊需要教育”、“全纳教育”与特殊教育是不同的概念，虽然它们在思想的渊源有着密切的联系。

（二）特殊教育对象的定位

1. 特殊教育对象定位的争论

“特殊需要教育”概念的提出对于特殊教育学科建设有着积极重大的理论意义。它超越传统的以医学为基础的缺陷补偿观，以及隐藏在背后的“慈善”、“怜悯”意识，而以人的特殊需要视角，通过对生命存在、发展的透视来重新审视特殊教育价值，把普通教育和特殊教育儿童在生命发展需要的概念上联系在一起，为“我们重新认识特殊教育中的个体差异、教育平等问题提供方法论的指导，也为我们研究教育平等、资源共享的教育政策提供了分析原则”①。正因为其积极的价值取向，“特殊需要教育”概念此后被许多国家特殊教育文件所引用。

在全纳教育思想的影响下，许多特殊教育研究者和实践者“把特殊教育置于多样性的保护伞下”，“通过‘歧视’、‘边缘化’的话语描述，使得残疾与种族、性别、语言、年龄、宗教、移民等遭受不公的现象在‘多样性’的话语系统中统一起来”②。这样一些西方学者提出了特殊教育对象重新定位的问题。较有代表性的人物是加拿大学者温泽（Winzer）。她提出了“多文化、多语言的特殊教育”概念，认为“特殊教育不能再被认为仅是关于残疾及其相应的干预策略的事情，由于学生群体构成转向更多元的文化背景、双语之家以及经济不利家庭，学校的特殊服务需要增加，特殊教育者必须考虑到包

---

① 盛永进. 特殊需要视野中对特殊教育研究的思考［J］. 中国特殊教育，2007（12）：20-21.

② Winzer, M. A. From Integration to Inclusion: A History of Special Education in the 20th Century［M］. Washington, DC.: Gallaudet University Press, 2009: 207.

括（而绝不能限制）具体文化、语言差异的服务对象范围的广泛性。当今以及未来，学校必须改进规划、教学方式和资源去教育多样性的学生，完善多元文化和语言背景下特殊需要学习者的特殊教育服务”①。温泽的定位观引起了激烈的争论，就连温泽本人也承认，“虽然在特殊教育中发现多样性是很容易的，但是这一概念基础本身还是很成问题的”②。美国著名的特殊教育专家考夫曼（Kauffman）指出，基于权利平等的角度，残疾与文化差异都是人的多样性的社会存在，但是把特殊教育称为文化的多样性是一个消极的“鸵鸟”策略，因为“回应残疾需求的差异与肤色、种族、性别以及许多其他形式的差异有着截然的不同”③。的确，由于教育的效果会因受教育者个人的天赋、机会与机遇而不同，基于教育公平的原则，必须给予包括残疾儿童在内的处境不利儿童特殊的教育政策和措施，从而使他们获得和其他儿童同等的权益。但是在解决平等的教育权利、机会的前提下，“残疾”与“多样性”两者的教育在内容、手段、方式及与心理学的联系上，是截然属于不同层面的问题。

扩大到以文化背景差异为基础的定位观，得到了我国一些学者的支持。有学者认为这是一种“大特教观”④。有学者把特殊教育的概念与特殊需要教育和全纳教育等同起来，认为“特殊需要教育（special needs education）及全纳教育（inclusive education），替代了特殊教育的概念”，“特殊教育是指残疾人的教育，也可以是促进每个人发展的特殊需要教育”。⑤ 还有的学者进一步具体地发挥，提出“人人都有特殊需要，人人都需要特殊教育”⑥ 的口号，主张“更新特教观念，扩大特教范围”，把特殊教育拓展到普教系统的特长教育、个性教育、青春期教育、性教育、乃至于社会非常时期教育、环境教育、安全健康教育等。于是特殊教育有了越来越多的意义，特殊教育范畴已无限扩大，以至于只要我们愿意，似乎任何活动我们都可以称为特殊教育，而任何与“特殊”有关系的教育研究都可以称为特殊教育研究，这显然是将特殊教育对象无限泛化了。

---

① Winzer, M. A, & Mazurek, K. Special Education in Multicultural Contexts [M]. Upper Saddle River, NJ: Prentice-Hall, 1998.: 1.

② Winzer , M. A. From Integration to Inclusion: A History of Special Education in the 20th Century [M]. Washington, DC.: Gallaudet University Press, 2009: 207.

③ Kauffman, J. M. Reflections on the field [J]. Behavioral Disorders, 2003 (28): 207.

④ 许家成. 试论大特殊教育观 [J]. 中国特殊教育, 1999 (2): 1-6.

⑤ 陈云英. 特殊需要教育是教育的保障工程 [J]. 中国残疾人, 2004 (3): 35-36.

⑥ 孟万金. 坚持科学发展观，开创特殊教育研究新局面 [J]. 中国特殊教育, 2006 (1).

2. 特殊教育对象范围的限定

任何一门学科都要有自己确定的研究对象，否则就很难成为一门确定的学科。定位特殊教育对象的范围是特殊教育学科存在和发展的前提。纵观目前国内外有关特殊教育对象的观点，我们可以按范围的大小把特殊教育对象分为五个梯次。

第一梯次是以人的多样性为基点，把特殊教育需要等同于每个人的特殊需要教育，即“人人都有特殊需要，人人都需要特殊教育”①。这实际上是把特殊教育对象泛化到每一个人，异化了特殊教育的属性，也虚无了特殊教育活动本身。

第二梯次是以人的社会、文化差异性，把包括身心障碍儿童在内的社会处境不利儿童归入特殊教育对象。处境不利儿童主要是指因为受经济、文化、民族、地域等因素影响而处于弱势的儿童，如贫困家庭子女、城市下岗工人儿童、随父母打工生活在城市的农民工子弟、边远落后地区的少数民族学生等。这个梯次仍然是以人的多样性为基点，把“残疾”、“障碍”等归于“多样性”之中。

第三梯次是以个体身心差异引发的特殊教育需要来划分，既包括超常儿童或某些特殊才能儿童，也包括身心障碍儿童。

第四梯次就是指身心障碍儿童。又可分为残疾儿童和问题儿童。残疾儿童是指身心有各种残疾的儿童，传统上又称缺陷儿童、损伤儿童。问题儿童是指没有生理残疾，但在情绪、行为或学习等方面存在着明显问题而导致发展障碍的儿童。

第五梯次是传统狭义的残疾儿童，不包括问题儿童和其他情绪、行为障碍儿童。

特殊教育需要的条件性告诉我们，仅以“特殊”的语言意义或人与人之间的“差异”来判断，就会导致特殊教育对象的极端泛化。基于前面对特殊教育特殊性的判断，以及我们对特殊教育的定义，我们认为：特殊教育对象是基于个体身心差异的显著性，为了获得身心的充分发展，在学习上有着特殊需要的学生，也就是上面我们论及的第三梯次划分（包含第四、第五梯次的范围，见图 1-1）。

---

① 孟万金. 人本特教宣言［J］. 中国特殊教育，2008（10）：3-4.

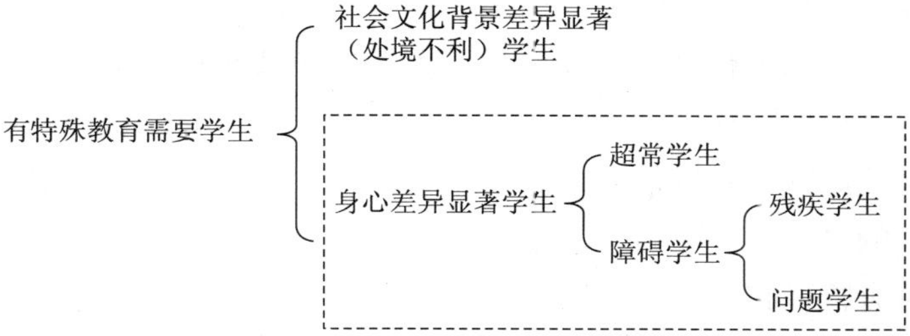

图 1-1　特殊需要学生划分示意图

这种限定对于特殊教育学科建设来讲，既具理论价值，又有实践意义。首先，在理论建设的层面上，这种限定明确地把特殊教育与全纳教育、公平教育、特长教育、艺术教育、个性教育、差异教育等相对区别开来，有助于相关教育自身的各自研究，理顺它们之间关系，促进各自领域的研究和发展。其次，在实践操作的层面上，它更符合当代特殊教育发展的客观现实以及当代历史阶段特殊教育所能承载的任务。因为，对以障碍儿童为主的特殊教育需要学生与处境不利儿童（无身心障碍）所采取的教育教学措施有天壤之别，无论是内容还是方法、手段乃至技术和策略都不能相提并论。我们不能用价值判断来替代事实判断，用理念代替概念。实际上，即使在"全纳已被日益广泛地视为一种为支持和欢迎实现学习者的多样性而进行的改革"① 的今天，许多国家和地区（包括美国）尽管在理念上倡导多样性的特殊需要思想，但在实践上（也包括法规层面）也是把特殊教育对象定位于上面我们所限定的范畴。

需要特别说明的是，本书所涉及的特殊教育对象概念，基本上是指基础教育中特殊教育对象，同时出于本书的风格和叙述的方便，本书主要以特殊需要学生来指称特殊教育对象，并仅限于本书所作的第三梯次范围的划分，不包括第一、第二两个梯次范围，另外也不对特殊需要学生的概念与特殊儿童以及障碍学生（儿童）和超常学生（儿童）的概念作详尽的区分，尽管这是不同的概念。

（三）特殊教育对象的鉴定

1. 特殊教育对象鉴定的意义

特殊教育对象是有着特殊教育需要的学生。那么谁有特殊需要？又有哪

① 联合国教科文组织. 关于全纳教育的初步报告［R］. 巴黎：联合国教科文组织，2001.

些特殊需要？满足这些特殊需要应采取哪些相应的教育教学措施？这些是开展特殊教育工作的前提，也是特殊教育活动的重要组成部分。因此，特殊教育活动的首要任务就是要对教育对象进行鉴定。所谓特殊教育对象鉴定，是指根据一定的原则，通过检查、测评或其他方式把有特殊教育需要的学生鉴别诊断出来的过程。特殊教育对象的鉴定有两个基本目的，一是鉴别诊断一个学生是否有特殊教育需要；二是如果有特殊教育需要，评估决定采取哪些相应的支持措施。

特殊教育对象的鉴定是件严肃而谨慎的工作。说它严肃是因为必须遵循一定的原则规范、程序步骤和方式方法，也包括在鉴定过程中人员的组成和内容的分布等，这些都有严格的要求。说它谨慎是因为它关系到一个学生发展的命运。采取严肃的态度、科学的方法、恰当的工具所得出正确的鉴定结果，能够使一个有特殊教育需要的学生得到及时、有效的教育，从而对他（她）的发展起着积极的推动作用。反之则会带来消极的后果。譬如，如果把一个正常发展的孩子，误诊为有障碍的学生，不仅贴上了消极的标签，还会给其身心带来极大的伤害，甚至会对学生的发展带来灾难性的后果。

2. 特殊教育对象鉴定的原则

特殊教育对象鉴定必须遵循下列几项原则。

（1）公正性

公正性要求特殊教育对象的鉴定必须秉持客观、公正的态度进行。任何科学的鉴定都应该是无偏见、无歧视性的，就是说在整个鉴定过程中，鉴定者不能渗透着个人的情感好恶，或者以某种先入为主的主观臆断色彩来影响鉴定工作。任何带有主观倾向性的成分介入到鉴定中，都会使收集的资料、检查以及分析、诊断等带有主观色彩而失去客观性。

（2）科学性

科学性要求特殊教育对象的鉴定必须以科学的方法和工具进行。鉴定本身就是一种科学的行动和过程，要保证鉴定结果的真实可靠，首先必须运用科学的方法和相应的评估工具。鉴定方法的选择要使用经过实践检验的有效的方法来检查，评估工具也最好是经过标准化了的或经过实践验证与鉴定对象实际情境最相关的工具。鉴定用语必须确定明晰，不能模糊，且不能有“大概”、“可能”、“差不多”等含混不清的词语。

（3）全面性

全面性要求特殊教育对象的鉴定必须达到一定的广度，不能以偏概全。

特殊教育对象的鉴定也是一项系统工程，在方法、工具、内容、队伍等方面，没有任何单一的东西可以作为鉴定的基础，必须做到全面、多样、具体。在鉴定的方法上，应该将测验、调查、访谈、观察等综合起来运用；在评估的工具的选择上，应该整合多样的不同的评估工具实施评估；在鉴定的内容上，要涵盖学生生理、认知、行为和发展的诸因素方面的情况；在成员的组成上，要有专业人员、教师、家长和学生等的共同参与。

3. 特殊教育对象鉴定的过程

特殊教育对象的鉴定是一个过程，不是一蹴而就即可下断语的行动。一般而言，特殊教育对象的鉴定需要经过筛查、干预、评估三个步骤。不过，由于特殊需要的不同，其鉴定过程的步骤也不尽完全一样。那些有着感官障碍或中度以上障碍的学生，如重度智力障碍、多重障碍等，在其生命的早期就可以识别他们的障碍，不需要过多的观察以及相应的干预反应就能直接实施特殊需要的评估程序。相反，不少学习障碍、轻度智力障碍或其他轻度障碍的学生在小学阶段，其某些发展领域落后于其他孩子，往往遭遇到学习或社会行为等问题。但是这些差异很小，与大多数普通孩子出现的学习困难相比看不出明显的区别，因此需要通过筛查、干预后，在仍然不足以解决问题的情况下，才需要进入诊断评估环节，经进一步确诊后才能实施具体的特殊需要评估测量。

（1）筛查

筛查主要是通过观察等来测查学生的学习、行为等表现进行特殊教育需要初步普查的活动，也是鉴定的起始环节。筛查可以是有组织的自觉测查，也可以是随机的自发测查。在美国，所有在校学生一般都将按惯例接受筛查测试，以便帮助学校鉴别哪些学生可能需要更进一步的测试以确定是否具有特殊教育的需要。随机自发的测查往往是家长、教师和其他人员在学生平时的生活和学习表现中，发现学生在学习速度、学习结果和适应性行为等方面有明显低于同伴的现象，进而通过作业、测验、考试和体检等来观察测试学生是否具有学习障碍、智力障碍或其他障碍的可能危险。筛查的目的是为了“帮助学校教师确定学生是否存在由轻度或隐性的障碍所造成的困难，决定他们是否需要进一步的检查和诊断障碍引起的原因”①。

---

① 路得·特恩布尔，安·特恩布尔，玛里琳·尚克，等. 近日学校中的特殊教育［M］. 方俊明，汪海萍，等，译. 上海：华东师范大学出版社，2004：58.

（2）干预

为了慎重起见，通过筛查怀疑具有轻度或隐性障碍造成学习困难的学生并不能立即进入诊断鉴别的环节，因为许多被疑似有潜在障碍的学生很可能经过一些积极的干预性训练，可以克服困难进入常规的学习状态。只有那些干预无效的学生才需要进入下一步的评定步骤。干预就是针对处于障碍危险的学生，采取相应的教育措施及时给予适当的帮助，使之克服学习困难的活动。如果在学龄前实施干预，一般称为早期干预，即对学龄前有障碍或存在着障碍危险的儿童提供系统的教育、保健等康复措施，以减轻或降低障碍（或可能发生障碍）所带来的消极影响。

当代特殊教育干预措施发展了一种全新的模式，称为干预反应（Responsiveness to Intervention，简称 RTI）。干预反应是随着全纳教育发展形成的一种新的分析学生学习、行为问题的方法，“主要用于向有学习困难或问题行为的学生提供系统的高质量的教学指导和行为支持，同时为学生的鉴定和学习规划提供数据和信息的干预模式”①。干预反应模式克服了传统评定模式的缺点，把学生的鉴定与教学紧密地结合起来。其主要目的有三：一是为那些处于障碍边缘的学生提供直接和必要的学习帮助；二是防止把学生误定为障碍，导致严重后果；三是为潜在障碍学生的鉴定和学习规划提供数据和信息。干预反应一般要经过以下几个步骤，即教师、家长和学校其他专业人员一起讨论，首先确定学生存在的问题的性质，进行系统分析、制订计划，然后付诸行动，并对这个行动进行评价。

（3）评估

评估是通过正式、全面的检查、测评或其他方式把特殊需要学生鉴别出来，确定其特殊需要的活动。对特殊教育对象的评估是整个鉴定过程中最重要、最严肃、最复杂、最具体的阶段，必须遵循无歧视的原则，进行正式、全面的鉴别诊断来确保鉴定结果的科学和公正。说它是正式的，是因为它必须遵循一定的原则、程序和规范来进行；说它是全面的，是因为鉴定是由不同的人员、工具和程序等组成。如果不遵从科学、规范的鉴定要求，“你可能会将一个学生错误分类，导致应该接受特殊教育的学生没有机会，或者不应该接受特殊教育的学生被划分到特殊教育对象的范围内，也可能同样会把具

---

① Michael S. Rosenberg, David L. Westling, James Mclesky. Special Education for Today's Teachers (2ed) [M]. New Jersey: Pearson Education, Inc, 2009: 81.

有某种特殊性的学生划入别的范围”①，这些都是不可取的。下面我们着重讨论特殊教育对象评估的内容。

4. 特殊教育对象评估的内容

特殊教育对象评估的内容广泛而复杂，涉及被测对象的诸多领域，主要分为以下三个方面。

（1）背景情况

首先应该了解被评估对象的基本情况、家族史、生育史和个人发展情况，包括在胎内生长期、孕期、出生和出生后的情况。

（2）身心状况

然后要从医学、心理、教育的角度分领域评估学生各种身心状况，包括健康状况、视力、听力、社会和情感状况、智力认知、学业表现、沟通交际情况以及运动能力等。

（3）特殊需要支持

根据身心状况各领域的评估，继续测评与学生教育需要相关的所有领域，以确定学生教育的特殊需要支持和帮助。如对一名低视学生的近视力、远视力、放大需求、色彩反差、辅助器具等进行进一步的评估确认，决定学生在学习中所需要的放大镜、大字课本，书写用纸等具体的特殊需要支持和服务措施。

第三节　特殊教育学科建设

一、特殊教育的学科属性

（一）特殊教育与特殊教育学

学科指一定科学领域或一门科学的分支。特殊教育作为科学研究的一个对象，需要进行系统、全面深入地研究，这是特殊教育产生、发展并最终走向成熟的必然条件，其标志就是作为一门独立学科——特殊教育学的形成。作为教育学分支的二级学科，特殊教育自 20 世纪 20 年代开始逐步发展成为

---

① 路得·特恩布尔，安·特恩布尔，玛里琳·尚克，等. 近日学校中的特殊教育［M］. 方俊明，汪海萍，等，译. 上海：华东师范大学出版社，2004：64.

一个需要特定知识与技能的职业领域，形成了自己独特的话语体系、概念范畴与研究领域，初步获得了独立学科的尊严①。尽管还没有构建起系统的、严密的、成熟的理论体系，但并不影响其作为教育学分支的二级学科地位。

在谈及特殊教育学科问题时，我们需要分清三个相关的概念及其关系，即特殊教育、特殊教育学与特殊教育理论。特殊教育是培养特殊需要学生的活动，是一种社会现象，是教育的一个组成部分；特殊教育学是研究特殊教育现象、特殊教育问题和特殊教育规律的科学，目的是深化人们对特殊教育的认识，更新人们的教育观念，并为特殊教育的发展和改进提供理论依据。特殊教育理论是特殊教育活动实践的概括和总结。特殊教育学作为研究特殊教育活动的一门学问，是特殊教育理论系统化、科学化的标志，特殊教育学依赖于特殊教育理论的发展与成熟。

（二）特殊教育学的学科性质

从教育学视角看，特殊教育学是教育学的分支学科，主要运用教育学的原理和方法对一种特殊的研究对象—— 特殊教育进行研究。这种研究，一方面，填补了教育研究的一个空白；另一方面，正是因为研究对象的特殊性，从而使得特殊教育学从教育学的学科群中进一步分化出来，成为一门相对独立的新学科。综合性、应用性是特殊教育学的基本特征。

特殊教育学是一门综合性学科。特殊教育学涉及教育学、心理学、医学、社会学等多学科知识，存在着诸多需要进行综合性研究的问题。首先，特殊教育作为教育中的一种类型，与普通教育一脉相承。普通教育学中有关教育的本质、教育的功能、教育的内容、教育的组织和管理、课堂教学的形式和方法等一系列理论大多数都适用于特殊教育。其次，特殊教育学与心理学，尤其是发展心理学、教育心理学和变态心理学的关系十分密切。从心理学的角度，采用心理学的方法来探讨特殊儿童的身心特点，是特殊教育必须贯彻的重要原则。再次，由于特殊教育的对象有一部分是感官障碍、身体障碍和脑瘫等儿童，因此与探讨人类疾病防治，增强健康、延长寿命的医学的关系也很密切。另外，由于特殊人群的产生、特殊教育的出现和发展是人类社会生活的一部分，特殊教育的发展需要全社会的支持，因此，以人类的社会生活及其发展作为研究对象的社会学也是特殊教育学的重要理论基础之一。概

---

① Winzer , M. A. The History of Special Education：From Isolation to Integration ［M］. Washington , D. C.：Gallaudet University Press，1993：210.

而言之，特殊教育学是一种多学科、多视角、多方法的综合性研究，具有明显的交叉性、边缘性、综合性的学科特点。

特殊教育学是一门应用性学科。相对于教育学这些基础性特点更为鲜明的学科而言，特殊教育学无疑是这些理论的应用和具体化。因此，它是一门应用性学科。特殊教育学的应用性还体现在特殊教育具有很强的实践性上，注重对学习者的特殊教育需要进行诊断、评估，在此基础上开展具体的个别化教学活动。因此，特殊教育学的理论建构，应坚持理论联系实际的原则，注重总结和归纳实践经验，增强学科的针对性、可操作性和实用性。

二、特殊教育的理论发展

尽管特殊教育已有两个多世纪的历史，但与普通教育相比，理论研究和学科建设还相当薄弱。因此“建构特殊教育理论”①、加强特殊教育学科建设，“建立具有中国特色的特殊教育学科”② 已成为当代特殊教育研究者的重要使命。了解特殊教育研究的概况，有助于我们加深对特殊教育学科建设的理解。

（一）早期朴素的特殊教育思想

特殊教育学的产生离不开特殊教育理论的发展，特殊教育理论的发展又离不开具体的特殊教育实践活动。虽然制度化的特殊教育产生很晚，但对特殊教育的朴素认识早已存在于人们的思想活动之中，这些认识主要体现在一些思想家、哲学家、医学家和教育家的言论或著作中。中国古代《礼记·礼运》中就提出“鳏、寡、孤、独、废、疾者，皆有所养”的社会理想；而在西方，尤其是在文艺复兴之后，英国思想家莫尔在其名著《乌托邦》中鲜明地发出了“应该给所有儿童以良好的教育”的社会呼吁。这些隐含了教育平等的理念为特殊教育的产生和发展奠定了坚实的思想基础。此后，有许多涉及特殊儿童教育的观点，尽管缺乏系统的论说，但包含着深刻而精辟的思想，对特殊教育理论的形成和发展产生了并将继续产生深远的影响。

---

① 陈云英. 建构特殊教育理论［J］. 中国特殊教育，2003（1）：1-4.

② 朴永馨. 努力发展有中国特色的特殊教育学科［J］. 特殊教育研究，1998（1）：1-3.

（二）国外特殊教育理论的传播

早期比较系统地介绍西方特殊教育的专著，当属20世纪20年代由华林一编写的《低能教育》和《残废教育》，这两本书于1929年由商务印书馆出版发行。次年，商务印书馆又出版了由陈德徵编写的《天才儿童教育》，该书也是较早关于超常教育的专著，其中许多章节的材料取自于国外学者的著述。新中国成立后，对我国特殊教育理论产生影响的首推苏联的有关著作，其中比较有代表性的是鲁宾什坦的《智力落后学生心理学》。该书由朴永馨教授翻译介绍到我国，并由人民教育出版社于1983年出版。特殊教育理论发展过程中，其理论成果比较丰富的时期始于20世纪。美国是当代世界强国，也是特殊教育大国，20世纪中期以来出版了许多有关特殊教育的专著，这些专著比较系统地总结了特殊教育经验，论述了特殊儿童心理及其教育。其中对我国影响较大的是著名的特殊教育专家柯克和加拉赫合著的《特殊儿童心理与教育》。该书阐述了特殊教育理论、特殊教育发展的趋势，重点论述了各类特殊儿童身心特点及其教育方法，具有重要的学术研究和应用价值，该著作出版后曾再版多次，被译成多种文字。1989年华东师范大学汤盛钦教授等将其译成中文介绍到我国，由天津教育出版社出版，对我国特殊教育理论研究和应用起到了积极重要的推动作用。近年来，影响比较大的是美国学者路得·特恩布尔等撰写、华东师范大学方俊明教授组织编译的《今日特殊儿童与教育》丛书，丛书一套4本，反映了当代美国特殊教育的发展状况。除了专著外，还有许多其他介绍国外特殊教育的文献，通过报刊等形式介绍到我国。

（三）中国特殊教育理论的奠基

从20世纪二三十年代开始，中国已有一些学者在研究盲、聋、智力落后儿童的心理、教育问题，并提出一些学术观点，基本的学术思想已经存在。朴永馨先生是新中国特殊教育理论的主要奠基者，他以自己的品格和学识为我国特殊教育学科建设、人才培养和学术发展作出了重要的贡献。1991年他主编的《特殊教育概论》（华夏出版社）、1996年主编的《特殊教育辞典》（华夏出版社）和1995年主编的《特殊教育学》（福建教育出版社）是我国特殊教育学科理论的主要奠基之作。他主编的《特殊教育学》也是我国第一部以“学”命名的特殊教育专著。该书以马克思主义理论为指导，把缺陷补偿理论作为特殊教育学科建设的重要基石，比较系统地阐述了特殊教育的对象与分类、特殊教育的产生与发展、特殊教育的体系与模式、特殊教育的理论基础、各级各类特殊儿童的心理与教育、特殊教育的组织和管理以及特殊教育评价等。

20 世纪 90 年代以来，中国的特殊教育进入了前所未有的大发展时期。特殊教育理论研究也进入一个活跃的时代，一些特殊教育专著陆续出版，比较有影响的有汤盛钦主编的《特殊教育概论：普通班级中有特殊教育需要的学生》（上海教育出版社，1998）、方俊明编著的《当代特殊教育导论》（陕西人民教育出版社，1998）、顾定倩编著的《特殊教育导论》（辽宁师范大学出版社，2001）、刘全礼所著的《特殊教育导论》（教育科学出版社，2003）、陈云英主编的《中国特殊教育学基础》（教育科学出版社，2004）、方俊明主编的《特殊教育学》（人民教育出版社，2005）等。这些专著的出版为繁荣我国特殊教育理论研究作出了重要的贡献，每一部专著都有一些作（编）者独到的见解和创新，拓展了特殊教育理论研究的广度与深度。但是由于特殊教育理论研究还处于起步阶段，大部分专著基本上都受到了美国特殊教育教科书的影响，尤其在体例与内容上各类特殊儿童心理与教育占了大量的篇幅，没有大的新突破。

三、特殊教育学科的建设

从世界第一所特殊教育机构产生至今，特殊教育已有 200 多年的发展历史。在中国，虽然特殊教育机构产生落后于西方近一个半世纪，但新世纪以来特殊教育取得了前所未有的跨越式发展。不过，与蓬勃发展的特殊教育实践相比，特殊教育研究还非常薄弱，这也是制约特殊教育学科发展的瓶颈。

（一）特殊教育学科研究面临的问题

从学科建设的角度来看，应该说中国的特殊教育理论概括度不高，不少成果还滞留于经验层面，正如有学者指出的那样，特殊教育“还没有成型的理论”①。由于理论建设的滞后性、复杂性和艰巨性，目前特殊教育理论建设存在的主要问题有如下几方面。

1. 学科定位上还不够准确，没有深入地概括特殊教育的本质特征

早期特殊教育产生多是源于医学探究的尝试，因此传统的特殊教育实践

---

① 陈云英. 建构特殊教育理论［J］. 中国特殊教育，2003（1）：1-4.

所依赖的理论源头基于一种“差异病理学”的理论，这种医疗教育模式是“一种宽泛的医学化观念，其本质是把‘个体’看成有‘某种缺陷’的人，进而设想这些人需要特殊教育”①。这往往导致了特殊教育学科的医学化倾向。在提倡“医教结合”时，会出现重医而轻教的现象。

2. 学科理论分化程度低，没有突出反映特殊教育各要素的关系

我国现有的特殊教育理论专著基本以特殊教育对象为基本内容展开论述。在学科内容上，有关各类特殊儿童的身心特点占全部内容的三分之二，甚至五分之三，而属于特殊教育活动各主要方面的内容没有系统全面地反映；在学科体系上，学科内部诸要素的各种关系仍然是松散的，相互之间缺乏严密的联系，特别是“考虑到了施教者和受教者的认识逻辑，但对特殊教育理论自身的逻辑考虑尚不够深入”②。

3. 学科理论框架模仿多，没有跳出美国式的论述模式

前面提到的大部分已有的专著，其理论框架大多是借鉴美国有关特殊教育专著的结构线索，特别是把各类障碍儿童身心特点、诊断等作为学科的主要内容，而美国绝大部分此类专著的内容是根据美国特殊儿童委员会（ The Council For Exceptional Children ，简称 CEC）的《每个特殊教育者必须知道什么——有关特殊教育教师准备和资格的国际标准》来建构框架并进行内容陈述的，因此它与特殊教育学科理论框架不是一回事。正因为如此，如何形成具有中国特色的特殊教育学科建设的论述框架，还有待进一步的探索。

4. 学科的前沿成果吸收少，没有全面反映特殊教育现实问题

今天，中国的特殊教育正处于前所未有的大发展时期，特殊教育由普及开始走向提高，教育改革的视点也由“缺陷补偿”转向“潜能开发”并重，特殊教育模式也逐步从医学养护、心理发展走向社会生态模式，“满足特殊教育需要”已成为中国特殊教育改革的重要价值取向。那么，什么是人的特殊需要？什么是特殊需要教育？为什么要满足学生的特殊教育需要？又如何满足学生的特殊教育需要？如此等等都没能在现有的理论中有足够反映。

---

① 黄志成，等. 全纳教育——关注所有学生的学习和参与［M］. 上海：上海教育出版社，2004：14.

② 雷江华. 中国特殊教育学学科论初探［J］. 华中师范大学学报：人文社会科学版，2005（7）：132-136.

（二）影响特殊教育学科建设的原因

特殊教育尚未能形成自己的成熟理论，这里面有复杂的主客观原因，主要有以下几个方面。

1. 学科形成的时间较短

任何一门理论从酝酿到成熟，都要经过一段漫长的历史时期，特殊教育理论也不例外。特殊教育作为一门学科而存在，是从1760年莱佩创办世界上第一所聋校开始的，迄今才两个多世纪。要求这门学科在如此短暂的时期内成熟是不可能的。

2. 学科研究力量薄弱

与其他学科相比，特殊教育是学科之林中的一株幼苗，许多人还不怎么了解它，甚至对它十分陌生。虽然从一开始就有一些优秀人才从事特殊教育事业，但是这远远不能满足这一事业的发展需要。迄今为止，许多优秀人才仍未注意到它。另一方面，它自身也没能吸引住更多的优秀人才来关注它、研究它。特殊教育需要有更加广泛领域的人才去研究它。

3. 学科研究方法不足

特殊教育之所以尚未形成理论，与他的研究方法有很大的关系。许多人认为，改进研究方法是发展特殊教育理论的关键。但是过去的特殊教育研究恰恰缺乏方法方面的自省，基本上是跟着经验感觉走，经验性的方法居多。经验总结的研究方法，决定了它的理论范式是描述性的，只是对特殊教育实践程序的描述。经验式描述性研究当然是必要的，也有它独特的价值，但是这种研究往往缺乏符合逻辑概念的解释，它无法对特殊教育作出本质的、逻辑的归纳和概括。真正有深度的理论是解释性的，理论如果只能描述而不能解释，这种理论是缺乏深度的，是不完善的。

（三）加快特殊教育学科建设的意义

没有实践的理论是空洞的理论，没有理论指导的实践是盲目的实践，这是颠覆不破的真理。然而实际上，许多同学包括特殊教育学校第一线的老师对特殊教育实践怀有浓厚的兴趣，对理论却淡然漠视之。他们认为教育理论枯燥无味、不切实际，甚至一无用处。这种埋怨和批评一方面是由于我们没有深刻地认识理论的指导意义，另一方面也因为现有的特殊教育研究经验具多，而所谓的“理论”确实令人难以琢磨，没有自己的线索和灵魂，难以对实践发挥有效的指导功能。一些特殊教育方面的专家很虚心地承认这一点，但是不能就此迁怒于教育理论本身。教育理论不是空洞的，它从教育实践中来，容纳了实践中丰富多彩的内容；教育理论不是无用的，他一旦进入人的头脑，纳入行动者的认知结构以后，就会产生巨大的指导功能。我们承认特殊教育理论要从实践中来并要接受实践的检验，但同时我们也要强调，如果特殊教育不能上升为理论，并确立其独立的学科地位，特殊教育也就不可能有质的突破。

所以，深度的理论研究已到了刻不容缓的地步，特别是面对全纳教育的改革浪潮，加快理论研究，努力建构具有时代特征、体现中国特色的特殊教育理论，从学科建设上开展对特殊教育的研究，探明特殊教育的内在规律，对于我们自觉地按照规律办事、提高特殊教育的人才培养质量具有十分重要的意义。

四、学习特殊教育学的意义

（一）有助于全面系统地认识特殊教育活动，树立先进的特殊教育理念

学习特殊教育学，有助于全面系统地认识特殊教育活动，树立先进的特殊教育理念。特殊教育学是研究特殊教育现象、特殊教育问题和特殊教育规律的科学，它包含着特殊教育的基本概念、基本知识、基本方法和基本理念。因此，通过学习特殊教育学，可以全面、系统地熟悉特殊教育理论，加深对特殊教育活动的不同层次和各个侧面的认识，并在学习和实践中，逐步树立起先进的教育理念，从而提高从事特殊教育教学工作的理性自觉。同时，作为特殊教育专业的基础课程，它又为特殊教育专业的其他课程提供了理论依据，有助于我们更好地去理解和掌握其他专业课程的学习，不断地提高特殊教育理论素养，为专业学习和实践打下坚实的基础。

（二）有助于形成正确的特殊教育职业观，培植坚定的特殊教育信念

学习特殊教育学，有助于形成正确的特殊教育职业观，培植坚定的特殊教育信念。特殊教育教师的职业观是特殊教育工作者对于自身职业的看法和观点。积极的、正确的特殊教育职业观是特殊教育工作的精神动力，反之则是导致特殊教育工作内在缺陷的一个主要原因。特殊教育工作是最具有人文精神特征的职业，它需要强烈的人文关怀意识和励志献身特殊教育的坚定信

念。如果把特殊教育工作仅仅作为一种谋生的手段，或者仅仅看成一种行善的义举，是干不好特殊教育工作的。因此，拥有正确的特殊教育职业观和坚定的特殊教育信念，其本身就具有强烈的特殊教育意义和伟大的人文力量。然而，无论是特殊教育职业观还是特殊教育信念，都不是凭空形成的，也不是特殊教育者一时的感情和冲动，或是狭隘感觉经验的产物。它们与特殊教育知识，特别是特殊教育理论知识的获得有着直接的关联。很难想象一个特殊教育知识贫乏的人会是热爱特殊教育事业的人。因此，特殊教育学的学习和研究，是形成一个人正确的职业观，培植坚定的特殊教育信念的一个入口或基础。

（三）有助于运用理论指导特殊教育实践，提高特殊教育实际工作能力

学习特殊教育学，有助于运用理论指导特殊教育实践，提高特殊教育实际工作能力。没有理论的实践是盲目的实践，没有实践的理论是空洞的理论。实践需要理论的指导。要当好一名合格的特殊教育教师，不但要有特殊教育理论知识和正确的特殊教育观，懂得特殊教育规律，而且还要学会运用所学的特殊教育理论来指导具体的特殊教育实践，即把理论运用于具体的教育教学技能、技巧和组织学生活动的各种实践。特殊教育学通过总结历史经验教训，根据当前的特殊教育实际，为我们提供了理论方法，提炼出了特殊教育的基本原则。学习特殊教育学，有助于我们运用已有的理论、原则和方法，指导我们的特殊教育实践，改善提高我们的实际工作能力。理论指导作用的要义在于能够帮助实践工作者少走弯路，提高工作的规范性和有效性，从而取得事半功倍的效益。

（四）有助于增强特殊教育者的反思研究能力，促进教师专业的自我发展

学习特殊教育学，有助于增强特殊教育者的反思研究能力，促进教师专业的自我发展。当代国际教师教育发展的趋势，是培养反思研究型的教师，不断地促进教师专业的自我发展。所谓反思研究，是指教师在教育教学实践中，能够批判地审查自身的教育行为表现及其依据，借以提高教育能力，促进自我发展的过程。所谓自我发展，是指教师能够通过反思研究，不断地超越自己已经达到的特殊教育境界，追求某种更高的发展境界。无论是反思研究，还是自我发展，都是不可能仅在经验领域内完成的，都需要理论的引领，而理论的引领又必须通过学习才能实现。特殊教育学的学习和研究恰恰可以帮助我们获得大量的特殊教育理论知识，丰富我们的理论思维；同时，也可

以丰富我们的批判精神，学习如何思考特殊教育问题，如何表述自己的见解，如何与不同的特殊教育观点对话，在不断的自我反思中发展自我、完善自我和实现自我。

*　　　　*　　　　*

【练习·思考·实践】

一、名词解释

1. 个体差异
2. 特殊需要
3. 特殊教育
4. 特殊教育对象
5. 干预反应
6. 特殊教育学

二、思考回答

1. 如何理解学生的特殊教育需要?
2. 怎样理解特殊教育的内涵?

三、实践活动

访问一些特殊教育学校和特殊教育教师，了解特殊教育理论在日常教育实践中的价值。

【扩展阅读】

请利用课余时间阅读以下文献,并做好读书笔记。

1. 盛永进. 理解特殊需要与特殊需要教育[J]. 上海教育, 2008(07A)

2. 柯克,加拉赫. 特殊儿童心理与教育[M]. 汤盛钦,银春铭,等,编译. 天津:天津教育出版社,1989:第一章,第二章.

第二章

特殊教育的发展

历史是现实的明镜，现实是历史的延续，回顾特殊教育的发展历程，对于继往开来有着特殊的意义。本章首先沿袭历史发展的脉络，介绍特殊教育产生的背景，包括西方早期的特殊教育思想与机构、我国早期特殊教育的产生。随着社会进步，特殊教育的发展开始由传统的隔离走向融合。因而，本章接着重点介绍世界范围内特殊教育融合改革运动的起源与发展，涉及一系列的重要概念与理念，如正常化思潮、回归主流、一体化运动以及全纳教育等。最后介绍当代中国特殊教育的发展情况，包括对我国台湾、香港、澳门等地区的特殊教育的发展进行初步梳理。

特殊教育的萌芽与产生，是人类历史发展和社会存在的必然选择。回顾人类整个特殊教育的发展历程，能够让我们更深刻地理解特殊教育，并能够形成一种历史的、发展的眼光来审视当代的特殊教育。

第一节　特殊教育的产生

任何新生事物的产生都要符合特定的历史条件，这是辩证唯物主义的基本观点。特殊教育的产生不是一蹴而就的，它既是残疾人教育需求与社会发展矛盾运动的产物，也是和一定历史条件相联系的。特殊教育的产生有其特定的思想基础、科学基础与实践基础。

一、西方特殊教育的产生

（一）西方残疾观的演进

特殊教育肇始于残疾儿童的教育，因此如何看待残疾现象，如何对待残疾儿童，决定了特殊教育的思想态度。从历史上来看，中西方的残疾观都有一个从野蛮蒙昧渐渐走向民主文明的过程。特殊教育也随着人们对残疾儿童态度的变化经历了一个从无到有、从小到大、从不受重视到受重视的过程。①美国著名的特殊教育学者柯克与加拉赫认为，历史上人们对残疾人的态度可分为四个阶段，即公元前的歧视或虐待、基督教布道时的保护和同情、18 世纪和 19 世纪开始的收容和训练、20 世纪后开始的融合改革运动。② 从人类社会形成到 1760 年世界第一所特殊教育学校诞生，我们可以把历史上人们对于残疾儿童的观念与态度大致归纳为“遗弃”、“歧视”到“救济”以至“教育”的四个阶段。

1. 遗弃阶段

在西方文明的发源地古希腊和古罗马，针对残疾人的教育几乎是不存在的。当时的社会生产劳动中，只有拥有健壮的身体、健康的心理才能维护城邦的稳定和政权的强大，反之则成为社会的负担和累赘。因而，古希腊对新出生的婴儿实施严格的筛选。体质羸弱、有残疾或被认为很难养活的婴儿直接被丢弃或扼杀，有些人甚至还希望出台法律来消灭那些存在缺陷或被认为不能为城邦作出贡献的儿童。古罗马也与此类似，父亲在传统上拥有绝对的权威，他们可以任意将畸形婴儿杀死或丢弃，只有那些体格健壮的儿童才能存活下来。虽然到了古希腊和古罗马的后期，开始限制杀婴，但残疾人依然缺乏受教育的机会，他们经常会沦落为乞丐或被愚弄，成为供人玩耍取乐的对象。残疾人的生存始终面临着极大的威胁。

2. 歧视阶段

从古代到中世纪的奴隶社会、封建社会，在阶级的分化过程中，残疾人虽然逐渐不再面临着被遗弃的命运，但残疾被视为严重的缺陷，成为“无能”

---

① 朴永馨. 特殊教育学［M］. 福州：福建教育出版社，1995：31.

② 柯克，加拉赫. 特殊儿童心理与教育［M］. 汤盛钦，银春铭，等，编译. 天津：天津教育出版社，1989：3-4.

的同义语。特别是在中世纪末期之前，由于西方长期处于宗教的控制之下，自然科学的发展相当缓慢。受自然科学水平的限制，人们一直对残疾现象缺乏正确的认识，缺少从心理学、医学等方面对残疾的成因及表现的科学分析。所以，残疾人经常总被看成“上帝的惩罚”、“恶魔的化身”，即对残疾这种现象充满了恐惧和排斥，又同时认为残疾人是无法受教育的。因此，残疾人是不必受教育的观点一直占据主流位置。这与人类长期以来对残疾人的观念和认识有密切的联系。对残疾人认识的不足和根深蒂固的偏见、歧视使得专门针对残疾人的教育很难有产生和发展的土壤。

3. 救济阶段

我们知道，始于中世纪的各种宗教布道过程中，基督教、伊斯兰教宣导救济弱者的慈悲情怀，使得一些残疾人得到收容养护，但怜悯慈悲掩盖不了歧视的本质。近代产业革命以后，随着产业发展，生产得到了重视，为了维护社会秩序，一些国家制定了一些公共扶贫制度，设立了一些养护机构，包括残疾人在内的劳动能力低下的老人、病人和其他弱势个体得到了救济辅助，在救济养护的过程中，开始逐渐意识到对残疾人群的教育问题。

4. 教育阶段

随着人类文明的进步，人们对残疾人的认识和态度在逐渐发生着改变，而意识形态上的变化又为特殊教育的产生奠定了必要的思想准备。思想意识上的转变主要得益于欧洲中世纪以后的两个重大变革：其一是文艺复兴，其二是法国的启蒙运动。文艺复兴和启蒙运动对人类重新认识自我、认识人类自身，以及间接地为人们认识残疾人、重视残疾人的平等地位奠定了思想基础。这使得人们可以冲破原有观念的束缚，从人性平等的角度来看待残疾人，并为他们争取受教育的机会。另一方面，文艺复兴的兴起使得自然科学，尤其是医学、解剖学、精神病学得到蓬勃的发展。自然科学研究的深入使人们对残疾的原因、类别、影响和康复有了更深层次的认识，并进而催生了对残疾人实施有针对性的教育的探索。如瑞士医生菲普拉特杰尔（1537—1614）首次把智力障碍与精神病分开。此后法国精神科医生皮内尔（1745—1826）又明确区分了白痴、精神病和智力落后①。这些具有划时代意义的突破性探索，为特殊教育实践打下了坚实的理论基础。越来越多的思想家、医生、神职人员和教师开始了对残疾人教育的重视和研究，进而直接促成了后来专门的特

① 顾定倩. 特殊教育导论［M］. 辽宁：辽宁师范大学出版社，2001：36-38.

殊教育机构的产生，使得残疾儿童迎来了开天辟地的教育时代。

（二）西方早期的特殊教育思想

西方早期的特殊教育思想主要散见于许多著名思想家的言论及著作中，其中有影响的重要人物有莫尔、夸美纽斯、卢梭、狄德罗等。

1. 莫尔

托马斯·莫尔（Thomas More，1478—1535）是文艺复兴时期英国著名的人文主义者和空想社会主义思想家。在其著作《乌托邦》一书中，莫尔描写了一个理想的社会，在这个理想的乌托邦岛国中，“所有儿童，不分男女、平等接受教育”①。莫尔并不是一个特殊教育者，然而莫尔的空想社会主义思想，特别是空想社会主义思想中所蕴涵的人人平等接受教育的思想，对于长久以来根深蒂固的残疾人不可教育、残疾人不必接受教育的传统认识是一种颠覆，对于推进人们对残疾人的公平认识起到了潜移默化的作用。

2. 夸美纽斯

夸美纽斯（Johann Amos Comenius，1592—1670）是 17 世纪捷克著名的教育家。他在其论著《大教学论》中提出了“泛智”的概念，表述了其教育民主与平等的思想。他认为：“所有城镇乡村的男女儿童，不论富贵贫贱，都应该进学校。”② 这种平等受教育权的思想无疑也是对残疾人公平接受教育的一种促进和推动。为了说明人人都可以接受教育得到发展，夸美纽斯还特别批驳了儿童由于智力迟钝而不宜学习的论点。“世上找不出一个人的智性孱弱到了不能用教化去改进的地步。”他还非常重视儿童的差异与后天教育，提出对于这些不同素质与性格的儿童，教师应该用合适的训练使他们变得有德行。

3. 卢梭

卢梭（Jean-Jacques Rousseau，1712—1778）是法国启蒙运动时期著名的思想家。在其名著《爱弥儿》一书中，他对残疾人的感觉与意识等问题有较多的描述，尤其是明确地提出了缺陷补偿的思想。譬如，“我们知道盲人的触觉比我们的触觉正确而精致，因为他们缺乏一种感觉，不得不用触觉来补偿视觉的功用”③。另外，他也谈及了聋人用触觉代替听觉的一些认识。卢梭还

---

① 朱文富，韩卫东. 莫尔空想社会主义教育思想及其历史意义［J］. 河北大学学报：哲学社会科学版，2007（6）：29-36.

② 夸美纽斯. 大教学论［M］. 傅任敢，译. 北京：人民教育出版社，1984：52.

③ 卢梭. 爱弥儿［M］. 李平沤，译. 北京：商务印书馆，1982：91.

提出了自然教育的思想，认为对儿童的教育要归于自然，顺应天性。

4. 狄德罗

狄德罗（Denis Diderot，1713—1784）是法国启蒙运动时期的另外一位著名的思想家。他倡导无神论思想，反对封建迷信，强调知识来源于感觉。“他不仅在众多的论文中涉及了聋人、盲人的认识问题，还专门写出两篇论文《供明眼人参考的谈盲人的信》（简称《论盲文书简》）和《给听说健全者参考的论聋哑人书简》（简称《论聋人书简》）。”① 在这些文章中，狄德罗强调了盲人触觉在感知事物时的代偿作用。他还认为，一个天生的盲人是不能凭视觉区别一个球形和一个立方体的。在其教育思想中，狄德罗还提出，学校应该向一切儿童广开大门，没有任何等级的差别，初等学校应是强迫的、普及的和免费的。

（三）西方个案实践的先驱

在学校形态的特殊教育出现以前，西方已有不少仁人志士开始了个案教育式的探索，成为制度化特殊教育之前的先驱人物。

1. 庞塞和伯内特

庞塞（Ponce，1520—1584）和伯内特（Bonet，1579—1629）都是 16、17 世纪西班牙尝试聋童个案教育的先驱。庞塞是一个修道士，用自己设计的聋教育方法，对某些西班牙富有家庭的后代进行教育。他首先教孩子写字，然后指出书写的字母所代表的物体，最后将书写与发音联系起来，让孩子反复不断进行发音操练。庞塞的成就或许不在教聋童学习说话，而在于他第一个肯定了残疾人具有学习更多知识的能力，还在于他是第一个成功的特殊教育者。②

伯内特是一名牧师，他在庞塞创造的聋人教学方法中又加入了手语的成分，发明了一套单手食指字母，即采用手指语、手势和常规语言共同作为教学手段进行教学，并且强调看话的作用。1620 年，他发表了第一篇有关聋人教学艺术的实用论文《手指字母的简化和手势语的教学方法》，这是人类历史上第一篇关于残疾人教育实践的论文。③

---

① 顾定倩. 特殊教育导论［M］. 大连：辽宁师范大学出版社，2001：35.
② 张福娟，等. 特殊教育史［M］. 上海：华东师范大学出版社，2000：22.
③ 同②，23.

2. 阿曼

阿曼（Amman，1669—1724）是荷兰的一名医生。他因受人之托，教一位女聋童学习口语说话获得了成功，继而开始了聋童的言语语言训练。他强调口语教学对聋人的重要性和可行性，总结了一套通过矫正发音部位和方法的口语教学方法，并发表了许多相关的论文专著。

（四）西方早期的特殊教育机构

1. 听障教育机构

听障教育在早期兴起的时候，教育者们多采用个别教学的形式，专门的特殊教育机构还没有出现。1760 年，法国神父莱佩（Charles Michel de l' Epée，1712—1789）在巴黎建立了世界上第一所聋校，这也是世界上第一所真正的特殊教育机构。法国随后又陆续建立了很多聋校。

在欧洲，其他国家聋校也雨后春笋般涌现。1773 年，英国人托马斯·布雷沃（Braidwood Thomas）在伦敦开办了英国第一所聋童学校。1778 年，德国教师海尼克（Heinicke，1727—1790）在莱比锡建立了德国第一所聋校，他进一步发展了纯口语教学方法，强调唇读和发音技能训练，成为听障教学史上口语派的先驱倡导者。

1817 年，美国人加劳德特（Gallaudet，1787—1851）和法国的聋人教师克拉克（Laurent Clerc，1785—1869）共同创建了美国第一所聋校，1864 年加劳德特又创建了加劳德特聋人学院，这是世界特殊教育史上第一所残疾人高等学校。到了 19 世纪末 20 世纪初，欧洲国家的聋校数量已非常多，极大地推动了听障教育的开展。

表 2-1　19 世纪末 20 世纪初部分国家聋校和师生数量统计①

国　别	聋校数（所）	教师数（人）	学生数（人）	调查年份（年）
法国	65	—	3894	1907
德国	89	829	7226	1909
奥地利	38	277	2339	1901
比利时	12	181	1265	1901
丹麦	5	57	348	1901

① 朴永馨. 世界教育大系·特殊教育［Z］. 长春：吉林教育出版社，2000：34-35.

续表

国　别	聋校数（所）	教师数（人）	学生数（人）	调查年份（年）
意大利	47	234	2519	1901
荷兰	3	74	473	1901
挪威	5	54	309	1901
葡萄牙	2	9	64	1901
俄罗斯	34	118	1719	1901
西班牙	11	60	462	1901
瑞典	9	124	726	1901
瑞士	14	84	650	1901
加拿大	7	151	832	1910
美国	145	1673	12332	1910

2. 视障教育机构

当16、17世纪听障教育开始蓬勃兴起的时候，视障教育并没有像听障教育一样得到太多的关注。但听障教育的成功使人们对残疾人教育的观念有了很大的改观，一些教育家开始把残疾人教育的视角转向了盲人，到了18世纪，视障教育机构开始出现。

1784年法国慈善家阿羽依（Haüy，1745—1822）在巴黎建立了世界上第一所盲人学校。他的盲人教育以感觉主义的“替代刺激”为理论基础，教学内容包括阅读、音乐和地理，教学材料则采用了有着凸起文字字母的书籍、乐谱和地理学习所用的地图等。后来他的学生布莱尔（Louis Braille，1809—1852）创造了用凸起的点字代替字母的方法，经不断完善形成世界通用的布莱尔点子系统。

1791年英国的利物浦开办了盲校，1804年奥地利建立了盲校。1806年法国、1807年俄国、1808年荷兰等也陆续建立了盲校来开展盲人教育。1829年，美国第一所盲人教育机构“新英格兰盲人养育院”在波士顿建立，这就是现在著名的帕金斯盲校的前身。

3. 智障及其他教育机构

开创智障教育个案探索的先驱人物是曾担任过聋校校医的法国医生伊塔德（Itard，1775—1838）。1798年他在法国南部山区森林里发现一个自幼被野狼虏走而在狼群中长大的男童阿韦龙（Aveyron），年约 10—12 岁，不晓人言、习性如狼。1799 年伊塔德开始了长达 5 年的对这个“狼孩”的教育训练研究。他设计了一套社会化行为和感觉训练的方法，以培养阿韦龙的社会性习惯。经过长期的训练，狼孩学会了一些基本技能，同时也学会了使用简单的语言，比如他想喝牛奶的时候，就用字母拼出这个单词。并且，他慢慢开始表达一种与爱、感激相关的情绪。比如，他会轻抚对方的膝盖，或者用力压几分钟，有时他还会把嘴唇贴在上面。虽然阿韦龙最终也没有学会说话，伊塔德也没有达到试验的预想效果，但他是第一位探索智障儿童个案教育的先驱者，对后来的智力障碍教育产生了深刻的影响，也促使他的学生谢根在巴黎创办了世界上第一所智障学校。

1837 年伊塔德的学生，法国精神病医生谢根（Séguin，1812—1880）在巴黎创办了世界上第一所弱智者训练教育学校，并使用感觉运动训练的方法教育训练弱智儿童。以此为标志，专门化的弱智教育机构开始形成，并不断得到发展。1848 年，受谢根的思想影响，美国人在波士顿开办了全美第一所弱智儿童学校。随后，1855 年丹麦、1859 年德国、1864 年英国、1882 年俄国也纷纷建立了智力落后学校，以此来收容和教育弱智儿童。1876 年，美国成立了至今仍在世界上有重要影响的“美国智力落后协会”（The American Association on Mental Retardation，AAMR），将智力落后者的权益和教育推向了纵深发展。

在智障教育发展史上，值得一提的是意大利著名的医生、幼儿教育家蒙台梭利（Maria Montessori，1870—1952）。蒙台梭利在对智障儿童的治疗训练中，认真研究和借鉴法国伊塔德和谢根的教育思想和方法，她以感官训练为核心，结合认知、生活技能训练，取得了很大的成功。1898 年，她鲜明地提出“智力缺陷主要是教育问题，而不是医学问题”的观点。她后来将自己独创的方法运用于正常儿童的训练，同时发明了许多独特的教具，并总结出一套系统而有效的幼儿教育方法分别被称为蒙台梭利教具和蒙台梭利教学法，风靡了整个西方世界，深刻地影响着世界各国。

除了专门的聋校、盲校、弱智学校，19 世纪一些其他类型的特殊教育机构也开始出现。1832 年德国慕尼黑、1845 年法国、1851 年英国、1861 年美国等陆续建立了针对肢体残疾者的专门学校。针对行为不良者的学校于 1817

年在法国出现，随后德国（1819）、美国（1825）、英国（1840）也分别建立。[①] 早期西方特殊教育的产生具有探索性质，其办学主体基本为私人，其教育者多为医生和神职人员，当时的教育手段、教育方法还相对不够完善。但这些专门的特殊教育机构的出现，以及各种特殊教育思想的不断深入，为随后近代特殊教育的快速发展起到了不可磨灭的奠基作用。

二、中国特殊教育的产生

（一）中国古代的残疾观

回顾整个中国古代史，残疾人同样遭遇着被歧视的历程。不过与西方文明产生之初对残疾人实施遗弃甚至野蛮杀戮的态度行为相比，中国古代的残疾观显得更为理性些，对残疾现象的认识也有自身的特点。

1. 闪耀着人文光辉的“仁爱”思想

“仁爱”是我国优秀传统文化思想的重要组成部分，至今闪耀着深刻的人文光辉。“仁爱”思想以尊老、慈幼、扶弱作为社会道德伦理的核心价值观。从仁爱思想出发，一些思想家们把保障残疾人在内的弱势群体的基本生存境遇作为社会理想的一项追求。如《礼记·礼运》中就鲜明地提出了“鳏、寡、孤、独、废、疾者，皆有所养”的主张。《国语·晋语七》就有悼公“荐积德，待鳏寡，振废淹，养老幼，恤孤疾”的记载。可见，在中国古代的思想家眼里，已把残疾人看作社会弱势群体中需要积极救助的一部分，并试图把这种行善助弱的义举上升为一种理想的社会行为和制度。也就是说，我国古代朴素的“仁爱”思想已渗透了社会正义的理想。

2. 形成了朴素的残疾现象认识观

在遥远的中国古代，我们的祖先在生活实践中已对残疾形成的障碍现象有所了解。这些认识零星地散见于一些典籍文献，虽然并不系统，也无专论，但归纳起来已在障碍的产生、障碍类别以及障碍影响的层次方面有了较为朴素的经验性认识。在残疾产生的原因方面，如《吕氏春秋·尽数》记有“轻水所多秃与瘿人”，意思是讲缺碘的水喝得多会秃顶和成为不会说话的人。[②]

---

① 朴永馨. 世界教育大系·特殊教育［Z］. 长春：吉林教育出版社，2000：33.

② 顾定倩. 特殊教育导论［M］. 大连：辽宁师范大学出版社，2001：47.

在关于残疾的类别方面，许多典籍借助汉字的表意性有着详细的区别，如盲、聋、哑、瘸、痴等，其中对某类残疾形象还有着更为详细的划分，如“聋”与“聩”、“瞽”与“瞢”等含义的不同。在关于残疾造成的障碍方面，《宋书·南君王义宣传》提及“生而舌短，涩于言论”，意思是指一些聋哑人由于舌头结构存在问题，造成说话迟钝。

3. 实施过怀柔的“宽”、“养”政策

在我国古代浩瀚的文献中有许多关于残疾人的宽待政策的记载。① 这种宽待政策主要表现在两个方面：一是“宽疾”政策，即根据残疾人的具体情况，从赋税徭役上实施减免，所谓“废疾非人不养者，一人不从役”②，即对有伤残、疾病而不能自养的家庭，可以免除一人的劳役。这种政策在夏、商、周时就已实施。二是“养疾”政策，即对盲、聋、喑、哑、跛足等残疾人实行收养、治疗并供给衣食。如《管子·人国》主张行“九惠之教”，其中第四项便是“养疾”，即对“聋、盲、喑、哑、跛、偏枯、握递不耐自生者，上收而养之疾，官而衣食之，殊身而后止”。此后各朝各代也都不同程度地规定了对残疾人的特殊保障措施，如唐代对于“诸鳏寡孤独贫穷老疾不能自存者，令近亲收养，若无近亲，付乡里安恤”③。

（二）中国特殊教育思想萌芽

中国古代虽然已经有了一些特殊教育的思想萌芽，但是，一方面，不够系统，离真正意义上的特殊教育理论体系尚有遥远的距离；另一方面，与西方早期特殊教育思想相类似，一些特殊教育思想多散布于一些思想家的言论或著作中，而这些思想家从严格意义上来说，并不是真正的特殊教育研究者，他们是在关注整个社会或教育的同时对特殊教育有所涉及。代表性的人物有孔子、洪仁玕和郑观应等。

1. 孔子

孔子（公元前551—公元前479）是中国古代最著名的教育家、思想家。孔子的思想中包含着一些对现代特殊教育依然有着重要启发意义的观点，如有教无类和因材施教等。有教无类的意思就是无论什么人都应该平等接受教

---

① 顾定倩. 特殊教育导论［M］. 大连：辽宁师范大学出版社，2001：46.

② 《隋书·食货志》

③ 《唐令拾遗·互令第九》

育。有教无类的提出蕴涵着朴素的全民教育思想，它为中国古代对于残疾人宽容、帮扶的态度作了很好的注解。因材施教是指对学生既要有基本的共同的要求，又要善于发现和注意培养学生的某些特长，适应个别差异去进行教育，使之各尽其才。孔子的因材施教的思想包含着对个体差异的辩证理解。

2. 洪仁玕

洪仁玕（1822—1864）是太平天国后期的领袖之一。1860 年被洪秀全封为“精忠军师”、“干王”，总理太平天国朝政。执政之年，作《资政新篇》，提出一套统筹全局的革新方案。在《资政新篇》中，洪仁玕提出要借鉴西方的特殊教育经验对我国的残疾人实施教养或教育：“兴跛盲聋哑院。有财者自携资斧，无财者善人乐助，请长教以鼓乐书数杂技，不致为废人也。”这是有史以来，中国政治家第一次在施政纲领中明确提出兴办特殊教育的主张，对于中国的特殊教育而言有着重要的历史意义。遗憾的是，随着太平天国运动的最终失败，这一政策并未及展开和实施。然而，《资政新篇》中所提及的特殊教育思想及举措仍然具有不可磨灭的重要价值，它是中国的政治家系统思考残疾人教育的思想总结，蕴藏着公平、公正的朴素人文精神和相对先进的特殊教育理念，是近代国人系统思考和开展特殊教育的肇始之作。

3. 郑观应

郑观应（1842—1921）是晚清时期著名的维新思想家、实业家和资产阶级改良主义者，也是教育家、文学家、慈善家和热忱的爱国者。郑观应从西方资本主义思想出发，逐渐形成了他的改良主义思想，在其著作《盛世危言》中他阐述了关于教育改良的思想，其中也提到了他的特殊教育观。郑观应强调一种新式教育，在新式教育中不论贫富，男女儿童从小就应该接受强制性的义务教育，否则其父母就会获罪。他十分关注社会上的弱势群体，包括盲人、聋哑人、孤儿及罪童等。他非常赞赏德国在教育上的处理方法，不仅不论男女贫富，从小就得一律入学，甚至“更有农政院，……训警院、训聋暗院、训孤子院、训罪童院。务使国中人无一弃材，均有裨于公私，以广其用”①。也就是说，即使是盲人、聋哑人、孤儿及罪童，也要和正常的人一样一起接受教育，只有这样才能使得国人无一弃材，实现“国无不学之人，则贤才不胜用”的良好局面。应该说，郑观应的新式教育思想已经蕴藏着全民教育的雏形了。

---

① 陈建文. 郑观应思想研究［D］. 济南：山东大学，2008：45.

（三）中国非制度化教育的实践

在中国特殊教育的发展历史上，人们对残疾人的认识与西方有着明显的不同。在西方文明产生之初，对残疾人实施遗弃甚至野蛮杀戮的时候，中国对残疾人的弱势境遇却有了许多理性的关注，甚至有了一些非制度化的教育形式。

1. 盲人乐师的训练

据《尚书》记载，早在尧、舜、禹时期，残疾人就开始参与部落文化教育的管理活动。到了奴隶社会，周代的宫廷、官府设有培养乐师的组织，并由大师、小师具体负责“教瞽矇”的任务。周代的瞽矇教育已具备相当的规模，一支300人的盲人乐队分成上瞽（40人）、中瞽（100人）和下瞽（160人），由2名大夫和4名士兵分别担任大师和小师。这些大师和小师本身也是从优秀的盲人乐师中提拔出来的，既具有较高的专业水平，又有作为盲人的亲身经历。由于学生多，教师少，据推测已采用了课堂教学与个别教育相结合的形式。①

2. “神童”的培养

在中国古代社会中，对超常儿童（通常称为“神童”）的教育也受到了广泛的关注。中国古代的典籍中留下了诸多关于“神童”教育的传说或故事。在汉代就有了选童子郎的做法，从唐代开始，选拔人才的科举考试制度中已单独设立童子科，称之为童试，以此来选拔资质禀异的神童，对其实施培养和教育。

3. 盲女随班附读

1835年9月30日，传教士郭士立（Gutzlaff）夫妇在印度暨东方女子教育促进会（The Ladies Association for Promoting Female Education in India and the East）的赞助下，设澳门女塾（附带招收男生）。曾在塾中就读的容闳有记载：“其后此塾因故停办，予等遂亦星散。古（郭）夫人携盲女三人赴美，此三女乃经予教以凸字读书之法。”② 这是我们所见到的教会在华授教盲人的最早记录，反映了基督新教在华办学之初，就已经向残疾人群打开了教育大门。但是，澳门女塾不是专门盲校，盲女在其中也只是附读，更不是一种制度化的

① 张福娟，等. 特殊教育史［M］. 上海：华东师范大学出版社，2000：203-204.
② 容闳. 西学东渐记［M］. 长沙：湖南人民出版社，1981：3-4.

教育安置形式，所以这还不能算作制度化的特殊教育形态。①

在回顾整个中国古代特殊教育发展历程的过程中，我们还必须指出的是，虽然早在远古时代就产生了特殊教育的萌芽，但从整个中国特殊教育发展的历史来看，残疾人依然处于被忽略或漠视的地位，对残疾人实施的教育更多的是零星的、分散的，没有系统的特殊教育机构或体制。这种教育也是随着统治者的主观意志而存在的，或兴起、或被废除。特别是到了漫长的封建社会时期，中国的特殊教育并没有得到应有的发展。

（四）中国早期的特殊教育机构

第二次鸦片战争之后，西方的特殊教育思想随着国门的打开也逐步传入我国，其中一些传教士的办学，对我国特殊教育的发展起到了推动作用。

1874 年，英国苏格兰长老会（United Free Church of Scotland Mission）传教士威廉·穆恩（W. Murray）在北京东城甘雨胡同创办瞽叟通文馆，后曾改名启明瞽目院，招收社会盲童学习文化和劳动技能，传播宗教。这是中国近代的第一所盲校，也即现今的北京市盲人学校前身。北京瞽叟通文馆在教学中最早引入了布莱尔盲文体系，结合中国的语言文字特点，创建了中国历史上的第一套盲文系统——“康熙盲字”，又称“瞽目通文”，在中国视障教育史上具有里程碑意义。

1887 年，美国北长老会（North American Presbyterian Mission）传教士米尔斯（A. T. Mills）夫妇在山东登州（今蓬莱）创办了中国第一所聋校——启喑学馆，后移之烟台，改名为烟台启喑学校，即现烟台市聋哑学校。从此，作为西方近代文明产物的启喑教育，正式落户中国，开创了中国听障教育的新时代。

除了著名的瞽叟通文馆和启喑学馆，外国教会在清末这一时期还在中国兴办了一些特殊教育机构。如 1888 年，英国循道会在湖北汉口创办了大卫希尔盲人学校，1894 年，法国天主堂圣母院在上海徐家汇创办了聋哑学校。到了 20 世纪初期，更多的特殊教育机构出现了。中华续行委办会（The China Continuation Committee）曾提供了一份调查表格，反映了当时基督教会在中国兴办特殊教育机构的基本情况（见表 2-2）。

---

① 郭卫东. 基督新教与中国近代的特殊教育［J］. 社会科学研究，2001（4）：123-128.

表 2-2 清末基督教会在中国兴办的特殊教育机构①

省	城	校名	主办团体	开办年份	学生（人）	教员（人）	毕业生（人）	教徒（人）	学制（年）	经费来源
奉天	沈阳	盲人女子习艺所	联合委员会	1902	44	3		12	3	C，D
直隶	北京	启明瞽目院	苏格兰长老会	1874						
直隶	北京	希利尔盲童学校	差会联合	1917	18	2				C，D
直隶	北京	模范讲习所	中国教徒		10					
直隶	北京	第一盲校	中国教徒		10					
山东	曹县	盲校	孟那福音会	1915	7	1				E
山西	朔州	盲校	内地会	1918	5	1	5	5	2	A，C，D
江苏	上海	盲童学堂	联合	1912	40	8	14	5	10	B，C，D
江苏	通州	盲哑学校	美国基督会	1917	6	2			4	D
河南	开封	盲童男校	北美信义会							
湖北	汉口	大卫希尔盲校	英国循道会	1888	23	6	31	30	11	A，C，D
湖北	武昌	协和女子盲校	联合委员会	1919	6	1				C，D
湖北	均州	中国盲人收容所	挪威路德会	1917	4	2			9—11	A，B
湖南	长沙	女子盲童学校	内地会	1908	27	5	8	13	7	C，D
湖南	长沙	导盲学校	中国教徒	1915	16	6	9	1	3	D
湖南	益阳	盲童男校	挪威信义会	1913	16	4	4	11		A，C
福建	福州	灵光盲校	英国圣公会	1893	54	10	18	52	11	C
福建	福州	女子盲童学校	英国圣公会	1900	45					
福建	古田	盲人学校	英国圣公会	1896	23			18		C

① 中华续行委办会．中华归主——中国基督教事业统计（1901—1920）［Z］．中国社会科学院世界宗教研究所，译．北京：中国社会科学出版社，1987：770.

续表

省	城	校名	主办团体	开办年份	学生（人）	教员（人）	毕业生（人）	教徒（人）	学制（年）	经费来源
福建	建宁	盲人学校	英国圣公会		20					
广东	广州	明心盲校	北美长老会	1891	184	19	18		7	A，B，C，D
广东	广州	慕光女子盲校	美国浸信会		20					
广东	嘉应	喜迪堪盲人会	德国喜迪堪会	1912	30					
香港	九龙	盲人学校	英国圣公会	1901	48	4	13	44		A，C，D
澳门	澳门	五旬会学校	美国上帝教会		23					
广东	韶州	喜迪堪盲校	德国信义会	1907	22	2		22	9	A，D
广东	肇庆	女子盲童学校	美国圣道会	1909	33	6	1	19	8	A，C
广西	浔州	明心学校	美国宣道会	1914	42	4		33		C，D
四川	绵州	社会服务盲校	中国教徒	1920	6	1				D
12 省	23 城	29 校			784	87	121	269		

注：A 代表差会款项，B 代表基金，C 代表外国捐款，D 代表中国捐款，E 代表自由捐款。

在这份不完整统计的表格中，我国清末特殊教育机构设置的基本情况得以反映，教会在其中扮演着重要的角色。它带来一些全新的理念、方法和思想，对中国特殊教育普及和特殊教育机构发展的影响是深远的，此后由中国人自己创办的特殊教育学校开始不断涌现。

1915 年，盲人刘先骥在长沙创办了湖南导盲学校，这是中国近代教育史上由中国人自己创办的第一所规模较大的特殊教育学校，从而打破了特殊学校都由外国人来创办、特殊教育都由外国人支配和管理的尴尬局面。此后我国民间人士分别创办了河北沧县训盲学校（1909）、广州信立瞽目女校（1911）、福建心光盲校（1915），著名的实业家张謇创办了著名的南通市盲哑学校（1916）。

1927 年 10 月，南京市政府创建立了南京市立盲哑学校，这是近代中国第一所由政府创办的公立特殊教育学校。

民国时期，国民政府虽然将特殊教育纳入国民教育体系之中，但由于连年战争、动荡不安，由政府兴办的特殊教育及机构并没有得到蓬勃的发展，这使得中国的特殊教育在民国时期持续处于一种较缓慢的发展水平，与欧美国家相比是非常滞后的。有研究表明，到新中国成立之前，中国的特殊教育学校一共才有 42 所，在校学生 2380 人。

表 2-3　1928—1948 年中国盲聋教育发展一览表①

年　份	1928	1930	1932	1934	1936	1938	1940	1942	1944	1946	1948
学校（所）	7	21	23	26	30	11	12	10	5	40	42
学生（人）	276	1275	666	955	1417	382	650	434	364	2322	2380*
教职员（人）	—	80	138	165	185	50	60	98	66	324	360

*：2380 名学生中，聋生 1726 人，盲生 654 人。

第二节　特殊教育融合改革运动

自 18 世纪 60 年代第一所特殊教育机构的诞生一直到 20 世纪中期，特殊儿童只能进入专门的特殊学校或其他的特殊教育机构。这种把特殊儿童与普通儿童分别隔离的教育安置方式，使得特殊教育与普通教育成为泾渭分明、分立而行的双轨体制。这种隔离式的特殊教育一直延续了近两个世纪。到了 20 世纪中叶前后，随着各种社会思潮的涌现，人们对社会公平和教育公平有了更深刻的认识与理解，开始呼吁给残疾人更公平的融入社会的机会，随之特殊教育的观念与认识也在不断地发生变化，开始反思长期以来的隔离式教育形态，由此引发了一场延续至今的以融合为导向的特殊教育改革运动。特殊教育融合改革运动是 20 世纪中期开始掀起的反隔离教育安置形式，旨在促进特殊儿童融入普通教育和主流社会中的教育改革活动，并持续地发展反隔离、反排斥、反歧视，力争在同一教育体制内接纳所有学生学习，进而追求有质量教育的“全纳”变革运动。在特殊教育发展过程中，融合改革运动从根本上说是一个过程，一个不断地促进特殊儿童融入普通教育与主流社会的过程。从发展的视角来审视特殊教育的融合改革运动，它在西方主要经历了这几个重要阶段：“正常化”、“回归主流与一体化”、“全纳”等阶段。

① 朴永馨. 特殊教育学［M］. 福州：福建教育出版社，1995：42.

一、融合改革运动产生的背景

（一）经济的发展与教育规模的扩大

第二次世界大战之后，西方的经济逐步复苏，在经济发展的背景下，加大对教育（也包括特殊教育）的投入成为了可能。随着政府对特殊教育的资金投入越来越多，特殊教育机构显著增多，越来越多的残疾人有机会接受教育，特殊教育的规模在不断地扩大。例如，从 1948 年到 1968 年的 20 年间，美国公立学校中特殊班级的学生人数从 357000 人猛增至 2252000 人。① 在这一时期，西方的很多国家特殊教育规模都在不断地扩大，特殊教育在整个教育体系中的影响力也在逐年增加，特殊教育不再仅仅是提供给残疾人进行教育安置的可有可无的教育方式，而是真正成为了教育系统中的一个重要组成部分。特殊教育规模的扩大与接受教育的残疾人的增多，使得国家和民众对特殊教育的重视程度不断加深。因而，不仅要为残疾人提供受教育的机会，更要为残疾人提供有质量教育的呼声逐渐高涨。经济的飞速发展以及随之带来的对教育更高质量的追求给西方反思和改革特殊教育体制提供了必要性和可能。

（二）多元均等的社会文化基础

自文艺复兴以来，民主、自由、平等的思想渗透于西方的各个领域，成为西方最重要的文化基础。对民主和平等人权的不断追求促进了人们对社会各个领域的反思，并掀起了一系列为处于社会弱势地位的民众争取更公平的社会地位的运动。

第二次世界大战以后，受欧洲民权运动思想的深刻影响，美国黑人为反对隔离与歧视、争取民主权利掀起了轰轰烈烈的民权运动。针对当时黑人与白人在教育、生活、地位等多方面的隔离状态，民权运动提出了“分开就是不平等”的口号，要求不同种族平等参加社会生活。民权运动虽然是美国黑人争取平等地位、反对隔离的斗争，但它促进了民主、平等观念的深入人心，特别是民众对受教育权在内的人权意识的进一步觉醒。民权运动也为人们反思残疾人的人权问题和隔离式的特殊教育产生了重要影响。同时，从国际形

---

① 张福娟，等. 特殊教育史［M］. 上海：华东师范大学出版社，2000：293-294.

势来看，国际社会也普遍重视包括受教育权在内的残疾人的人权保障。1948年12月10日，联合国大会第217号决议通过了一份旨在维护人类基本权利的文献——《世界人权宣言》，宣言中指出，“人人都有受教育的权利”。而特殊教育发展到20世纪中叶之后，特殊教育的规模在显著扩大，残疾人却始终是处于与外界主流社会隔绝、封闭式的受教育状态，那么这种将特殊儿童与普通儿童分开教育的安置方式是不是一种不平等呢？隔离式的教育安置方式一定是最佳安置方式吗？对这些问题的反思为打破残疾人教育的隔离状态、促使融合改革运动的产生奠定了重要的思想基础。

（三）隔离式教育的反思与批判

到了20世纪五六十年代，隔离式特殊教育学校或特殊班这种教育安置形式的弊端与问题也日渐浮现，引起了教育者和特殊儿童家长更广泛的关注与质疑，人们开始对隔离式教育方式进行反思和批判。批判的视角主要指向了两个方面。其一，隔离式的特殊教育方式未必是对残疾人最合适的安置方式。一些研究者比较了特殊儿童在隔离班级和普通班级接受教育的情况，认为特殊儿童被限制在特殊班级中接受教育并不一定有效。而且，特殊学校或特殊班存在着教学效率低下、教学设备陈旧、教师缺乏训练等问题。特殊儿童在隔离式的特殊教育体系中所获得的教育效果并不明显，反而造成了与主流社会的隔绝，造成了残疾人社会适应能力的薄弱与低下。因而，这种安置方式开始成为人们批评的焦点。其二，隔离式的教育方式造成了显著的标签效应，与社会追求公平、人权的诉求相违背。在专门的特殊教育学校、特殊班安置特殊儿童，会给特殊儿童添加一种明显的标签，这种标签的消极作用就是容易人为地造成社会对残疾人的偏见与歧视。隔离式特殊教育体系的存在，一方面，使得普通教育能够挑选他们愿意接受的学生，而把不愿意接受的学生推给特殊教育机构，这实际上强化了残疾、异常或者各种学习困难儿童的存在，给各类残疾儿童贴上了“特殊儿童”的标签。另一方面，由于特殊班内教师缺乏培训，在课堂内提供“打折扣”的课程以及低质量的教学，使学生备受歧视，导致这种标签更加明显：即进入特殊班的都是没有希望的、有各种问题的学生。因而，从人权和民主的角度来审视隔离式的教育，它与西方所追求的价值观体系产生了背离。故此，越来越多的教育工作者、专业人士和特殊儿童的家长在反思和批判隔离式教育的基础上开始寻求一种更为合理的特殊儿童安置方式，融合改革运动就成为了必然的选择。

二、融合改革运动的兴起

从20世纪50年代北欧“正常化”思潮的产生，到欧美掀起轰轰烈烈的“回归主流”、“一体化”教育改革运动，我们可以把这段时期视为融合改革运动的兴起阶段。

（一）正常化思潮

在融合改革的酝酿过程中，北欧率先出现的正常化（Normalization）思潮对融合改革运动的发展起到了直接的奠基和推动作用。

1. 正常化思潮的起源

正常化思潮是20世纪五六十年代发端于北欧的一种文化思潮，其核心理念是帮助所有人拥有正常的生活，认为隔离的养护机构使许多残疾者终生远离主流生活，因此应让他们从被隔离的机构、学校回到社区，回归到正常的主流社会生活中来。“正常化”这个概念最初是北欧国家针对智力落后人士的教育所提出的。1959年，丹麦议会颁布了《智力落后法案》，法案中针对智力落后人士，提出了智力落后教育政策与行动的基本准则，其中最重要的一个准则就是正常化。法案中指出，正常化就是智力落后人士应该能够尽可能地接受正常人的生活方式。正常化的基本起点是保障残疾人和其他公民平等的权利和义务。这个法案后来被人们称为《正常化法案》。1968年，瑞典学者本格特·尼尔耶（Bengt Nirje）对正常化的思想作了介绍，提出要使残疾人能够在与正常人的要求相同或近似的条件下生活。①

2. 正常化思潮的影响

正常化思潮直接导致了去机构化运动，就是让特殊个体离开各种类型的公共隔离机构，到各种以社区为基础的生活环境中生活。它要求改革原有的隔离封闭形式的特殊教育学校、养护机构，将他们安置到正常社会环境中生活和学习，以便使其适应社会生活。正常化的实施途径主要有两种：一是通过改造特殊教育、养护机构，使其在隔离的环境中提供尽可能正常的设施与环境等；二是使残疾儿童融合到普通教育机构，与普通儿童、主流社会文化

---

① Hallahan D. P，Kauffman J. M. Exceptional Children：Introduction to Special Education［M］. Boston，1994：46.

保持联系。①

正常化思潮的涌现虽然最初仅是针对智力落后人士的教育，但随之延伸到了整个特殊教育领域。人们开始意识到，所有的残疾人都应该给他们提供正常化的环境，让他们与主流社会环境相融。正常化思潮蕴涵着一种更加公平与民主的理念，反映了人们对特殊教育公平的理解和认识，反映了人类对人权与平等的诉求，适应了人们对革新隔离式特殊教育方式的迫切愿望。因而，正常化思潮出现之后，便迅速地传播到了西欧和北美，成为影响特殊教育发展轨迹的一股重要的思潮，并直接导致了对隔离式特殊教育更具革新意义的回归主流（一体化）运动，极大地推动了融合改革运动的迅速发展。

（二）回归主流运动

在正常化思潮的传播和影响下，20 世纪 60 年代后西欧和北美的国家开始反思传统的隔离式特殊教育，并力图将正常化理念融入和践行到特殊教育改革之中，从而产生了特殊教育史上具有里程碑意义的以融合为导向的特殊教育改革运动，并从根本上打破了特殊教育与普通教育之间的藩篱。正常化思潮下的融合运动在以美国为代表的北美洲通常被称为回归主流运动（Mainstreaming），而在以英国为代表的欧洲国家则被称为一体化运动（Integration）。所谓回归主流，是指在正常化思潮影响下兴起于美国的特殊教育融合改革运动，它提倡通过让特殊儿童在最少受限制的环境中接受教育，从而使特殊教育的“支流”回归到普通教育与社会的“主流”之中。美国回归主流运动的兴起和发展，有两个重要的标志。

1. 选择性连续安置模式的形成

1968 年，美国学者劳伊德·邓恩（Lloyd Dunn）针对美国特殊教育存在的问题提出了尖锐的批评，他指出隔离式特殊教育的存在只是为了维护普通教育教师和学生的权益，隔离式教育的公正性存在着很大的问题。在邓恩观念的影响下，1970 年，另一位美国学者伊夫林·迪诺（Evelyn Deno）提出了特殊儿童选择性连续安置模式（Continuum of Alternative Placements），又称瀑布式特殊教育服务体系（Cascade of Special Education Services）。根据特殊儿童的障碍程度，将特殊儿童安置到“最少受限制环境”（Least Restrictive Environment）之中，即残疾儿童的教育要尽可能地安排在与健全学生在一起的环

---

① 柳树森. 全纳教育导论［M］. 武汉：华中师范大学出版社，2007：10-11.

境中进行。确定教育安置形式和制订个别化教育计划时，均须根据教育对象的生理、心理条件，选择最适合其受教育并且与外界隔离程度相对最低的教育环境。

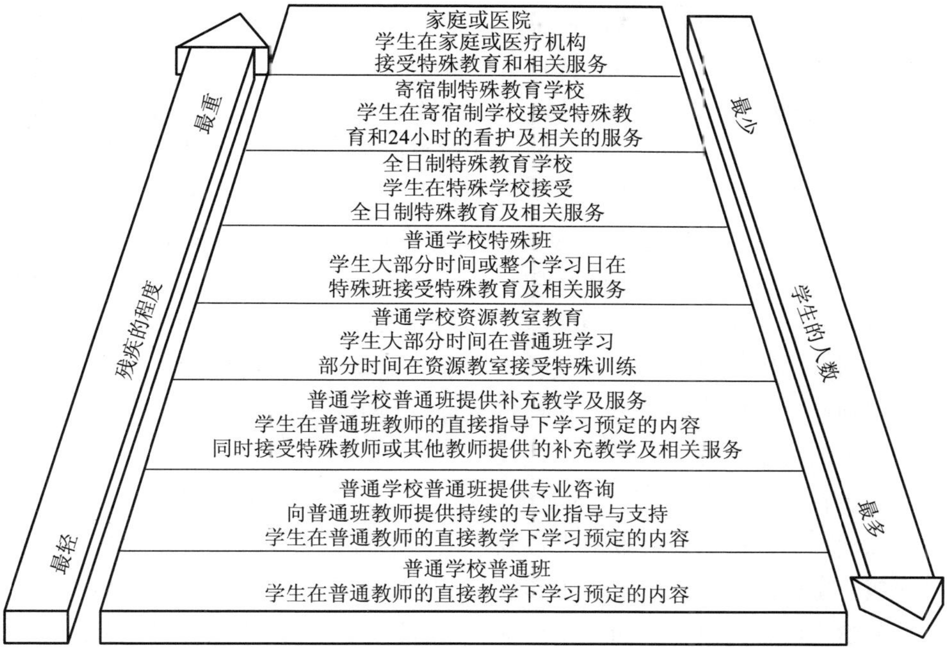

图 2-1　选择性连续安置模式①

选择性连续安置模式体系是根据特殊儿童的残疾程度和不同教育需求，以最少受限制的环境提供从普通班级到最少限制环境（不具备教育性的医院或其他养护性机构）的多个服务层次。如果颠倒看待，这种模式也被称为"倒三角体系"、"倒金字塔体系"或"瀑布式体系"。选择性连续安置模式是一个上下贯通、允许流动并可供选择的结构，它充分体现了回归主流的哲学思想，即认为存在着普通教育与特殊教育两种不同的、各自平行发展的教育体系，应尽可能地使特殊儿童从隔离式的环境向融合的主流环境流动，从而促进特殊教育与普通教育的融合，实现教育公平的目标。选择性连续安置模式的特殊教育服务体系的提出，从操作层面上推进了融合改革运动的发展，它展示了一种安置特殊儿童回归主流社会的实用方式。

① William L. Heward. Exceptional Children: An Introduction to Special Education [M]. 9th ed . New Jersey: Person, 2009: 75.

2.《所有障碍儿童教育法》的颁布

美国历来都有通过立法来保障国民权利、推行政府政策的传统，针对残疾人的教育也不例外。在正常化思潮影响下，为保障残疾人回归主流社会，为残疾人教育提供公平的权益和保证，1975 年美国总统福特签署了《所有障碍儿童教育法》（Education for All Handicapped Children Act，简称 EHA，也称为 94-142 公法）。这部法案的目标是：确保所有障碍儿童可以接受免费的、适当的公立教育。免费的、适当的公立教育以关注障碍学生的差异，并为他们提供相关服务以满足障碍学生的独特需求为出发点，保护障碍儿童和父母以及监护人的权利，帮助州及地方政府为所有障碍儿童提供教育，评价并确保提供给这些障碍儿童的教育的有效性。《所有障碍儿童教育法》提出了障碍儿童教育的六个基本原则，即零拒绝、免费而适当的教育、无歧视性评估、最少限制的环境、程序保障和家长、学生的参与。以法律形式出现的这六个基本原则奠定了回归主流运动在特殊教育发展中的地位，使回归主流运动有了法律上的依据和保障。

《所有障碍儿童教育法》的实施，确定了最少受限制环境的原则和瀑布式的特殊教育服务体系，大量学生得到了适当的特殊教育，而且所提供的特殊教育服务也得到了相应提高。到 1984 年，美国在隔离学校或隔离环境中接受教育的学生已不到 70%，而且在正常学校就读的特殊儿童至少有三分之二的学生是在普通班级进行的。①最少受限制环境的原则和瀑布式的特殊教育服务体系极大地推进了融合改革运动的发展，促使更多的特殊儿童开始从特殊教育的“支流”回归到普通教育的“主流”中来。

（三）一体化运动

几乎与美国的回归主流运动在同一时期，以英国为代表的欧洲国家兴起了一体化运动。所谓一体化运动，是指在正常化思潮影响下于欧洲（主要在西欧国家）兴起的一种将特殊教育学校与普通学校进行重组合并，从而使特殊教育与普通教育合并为一轨，为特殊儿童有更多机会进入普通学校和主流社会的教育改革运动。

1.《沃诺克报告》

为了解决特殊教育发展中的一系列问题，为残疾儿童提供更公平的教育，

---

① 张福娟，等. 特殊教育史［M］. 上海：华东师范大学出版社，2000：299.

英国于 1974 年成立了沃诺克委员会，专门调查特殊教育问题，力求为英国特殊教育的发展提供决策和建议服务。1976 年，沃诺克委员会向政府提交了题为《特殊教育需要》（Special Education Needs）的报告，这就是著名的《沃诺克报告》。报告针对在此之前英国存在的关于改革特殊儿童安置方式、实施一体化运动的争议，肯定了一体化的思想，认为绝大多数残疾儿童可以而且应该进入普通学校学习，要求普通学校提供有效的特殊教育；该报告提出了“特殊教育需要儿童”（Children with Special Education Needs）这一术语，并认为在普通学校中，需要得到特殊教育服务的儿童约占 20%，患有严重身体、感觉、智力或情绪障碍的儿童约占 2%。报告提出了一体化教育的三种形式：“第一种形式是指提供特殊教育的场所。场所‘一体化’是指在普通学校里设立特殊班级或特殊单位。它还指一所特殊学校和一所普通学校共用一个校舍。……第二种‘一体化’形式是指它的社会方面，即参加特殊班级和单位的儿童和其他儿童一起用餐、游戏和交往，可能还和其他儿童一起参加有组织的课外活动。……第三种‘一体化’形式最充分，它是指功能‘一体化’。这种‘一体化’只有在有特殊需要的儿童与他们的同伴由场所联合和社会联合发展成联合参加教育活动时才能取得。”①这三种一体化形式相互联系，形成了一个渐进的阶段。《沃诺克报告》对英国特殊教育发展产生了巨大的影响。报告发表之后，很多地方当局开始重组特殊学校和普通学校，不仅特殊学校与普通学校之间建立了紧密的联系，而且很多特殊学校也进行了转型，转变为了当地的“资源教室”或“资源基地”，或者直接并入了主流学校。

2. 回归主流与一体化的关系

通过以上对英美两国融合改革运动实践的分析，我们可以看出，一体化与回归主流二者之间实际上只是称谓上存在差异，其核心理念与实施模式都是趋同的，都是在正常化思潮影响下将特殊儿童融入普通教育机构和主流社会中的实施活动。从特殊教育整个历史的发展轨迹来看，回归主流（一体化）对融合改革运动的推进具有重要贡献，它对于人们更深刻地认识特殊教育，为特殊儿童争取更公平的权益提供了可靠的实践和理念。回归主流和一体化运动形成的一些理念和思想，如最少受限制环境、个别教育方案、资源教室等，极大地推动了融合改革运动的实践和发展，隔离式的特殊教育逐渐成为了过去式，特殊教育与普通教育以前所未有的态势交织在了一起。残疾儿童

---

① 瞿葆奎. 英国教育改革（教育学文集第 22 卷）［M］. 北京：人民教育出版社，1993：427-428.

有了更多的机会融入到主流社会之中，受到更有针对性的教育，教育的公平和权益得到了进一步的保障。

3. 关于回归主流（一体化）的质疑

理性地看待回归主流（一体化），我们还要指出，虽然回归主流（一体化）极大地促进了特殊儿童与普通人群和主流社会的融合，但这种融合在发展中依然存在着一些问题。人们对回归主流（一体化）所蕴涵的公平、人权的理念表示赞同，但在实施过程中仍然伴随着批判与质疑。例如，回归主流（一体化）在实施中并没有包含所有特殊儿童，主要是轻度或中度障碍的儿童，重度、极重度障碍的儿童依然留置在特殊学校或专门的特殊教育机构或养护机构之中。资源教室以及个别教育方案虽然已经提出和建立，在实施中却因为教师素质和培训水平所限，没有体现出应有的效果。最重要的是，有批评者指出，回归主流（一体化）虽然是建立在对隔离式教育批判与反思的前提下，但它并没有完全打破隔离式教育的窠臼。迪诺的瀑布式特殊教育服务体系虽然以其系统、流动、可操作的结构为特殊教育者所称赞，但它仍然是一个等级森严的安置体系，本质上仍然是以部分特殊儿童应该在普通教室以外的、隔离的环境中受教育为前提的。它要求特殊儿童必须达到某种预定的标准（鉴定结果）才能到普通教室就读。这意味着特殊儿童必须通过自己的努力去争取、赢得在普通教室接受教育的权利，如果不能达到某项标准，则只能在限制程度较多的环境中学习。这一原则看似有理，其实它通过环境限制的分级以及建立相应的分级标准将有限制的环境（如特殊教育学校、特殊班）的存在合法化了。因而，“这种严密的、根据残疾程度的不同决定教育环境的制度本身就违背了回归主流所追求的教育平等的理想与‘零拒绝’的哲学，是不公平的等级制度”①。

总而言之，回归主流（一体化）真正开启了融合改革运动的实践，但它在发展和实施中还存在着一些无法解决的矛盾和问题，对其实施模式的批评与反思特别是对教育公平的根本诉求，引导了人们开始思索更合理的融合改革运动发展形式。20 世纪 90 年代后，全纳教育的出现迎合了融合改革运动深化的需要。

---

① 邓猛．从隔离到全纳——对美国特殊教育发展模式变革的思考［J］．教育研究与实验，1999（4）：41-44．

三、融合改革运动的发展

20世纪下半叶，世界教育的发展出现了两个具有重要影响力的思潮，分别是20世纪60年代兴起的终身教育（lifelong education）和20世纪90年代兴起的全民教育（education for all）。这两大思潮从根本上改变了人们传统的教育认识，对世界教育的发展产生了极其深远的影响。其中，兴起于90年代的全民教育对全纳教育（inclusive education）的形成起到了直接的奠基作用，而全纳教育理念的建立，又进一步推动了特殊教育融合改革运动的深化和发展。

（一）全民教育的全纳化

在“人人享有受教育的权利”这个理念的引领下，针对世界教育发展中存在的包括基础教育水平低下、教育发展不平衡、未入学儿童和成人文盲数量居高不下等问题，联合国教科文组织于1990年在泰国宗滴恩（Jomtien）召开了世界全民教育大会。会议通过了《世界全民教育宣言：满足基本学习需要》的纲领性文件，发出了在全球范围内实施全民教育的号召。宣言指出全民教育的根本目标是满足每一个人——儿童、青年和成人的基本学习需要，并要求通过普及教育机会来实现基础教育机会均等，积极消除教育差异。宣言还明确指出：“残疾人的学习需要应受到特别的关注。必须采取步骤为各类残疾人提供平等的受教育机会，并以此作为教育制度的一个组成部分。”

全民教育就是指教育对象的全民化，其宗旨是教育必须向所有人开放。对于一个国家而言，即全体国民都有接受教育的基本权利并必须接受一定程度的教育，国家要通过各种方式满足基本的学习需求。全民教育确立了教育要满足每一个人基本学习需要的目标，不应使穷人、街头流浪儿和童工、农村和边远地区人口、游牧民和移民工人、土著居民，种族、民族和语言方面属于少数的群体、难民、因战争而流离失所者以及被占领区居民等受到任何形式的歧视。全民教育反映了全人类对教育公平的诉求，是全球教育发展所要追求的共同目标和愿景。而事实上，由于世界各国经济、政治体制等诸多方面的影响因素，许多处境不利的儿童、青少年往往被排斥在教育系统之外，或即使享有教育的机会，也不能保证有质量的教育需求，全民教育要在短期内实现“满足每一个人基本学习需要”的目标是非常困难的。因而，主要包括残疾儿童在内的“有特殊教育需要的儿童”，便率先受到了关注。全民教育希望首先通过对残疾人在内的有特殊教育需要儿童教育的全纳化，来实施和推进全民教育的发展，于是全纳教育的概念应运而生。所谓全民教育的全纳化，是指力图通过全纳的手段或方式来推进实现全民教育。

（二）全纳教育的提出

为了实现全民教育目标，1994 年联合国教科文组织在西班牙萨拉曼卡召开了世界特殊需要教育大会（World Conference on Special Needs Education），会议通过了《萨拉曼卡宣言》和《特殊需要教育行动纲领》，并正式提出了全纳教育的概念。全纳教育倡导教育应当满足所有儿童的需要，每一所学校必须接受服务区域内的所有儿童入学，为这些儿童都能受到自身所需要的教育提供各种条件，并通过合适的课程、学校管理、资源利用及与所在社区的合作，来确保教育质量。虽然全纳教育的概念在随后的理论与实践中不断被各国重新认识和解读，但全纳教育的基本理念却固定下来，并不断走向深入。这次会议的目的就是讨论通过开展全纳教育的方式，来满足所有儿童的特殊教育需要，从而推进全民教育的顺利展开，进一步实现全民教育的目标。

《萨拉曼卡宣言》中阐述了全纳教育的基本思想：每个儿童都有受教育的基本权利，必须给他实现和维持他可接受水平的学习机会；每个儿童都有其独特的特性、兴趣、能力和学习需要；教育制度的设计和教育计划的实施应该考虑到这些特性和需要的广泛差异；有特殊教育需要的儿童必须有机会进入普通学校，而这些学校应以一种能满足其特殊需要的儿童中心教育学思想接纳他们；以全纳性为导向的普通学校是反对歧视态度、创造受人欢迎的社区、建立全纳性社会以及实现全民教育的最有效途径；此外，普通学校应向绝大多数儿童提供一种有效的教育，提高整个教育系统的效率并最终提高其成本效益。

本次会议还正式提出了全纳学校的概念。学校不能只为一部分正常儿童服务，而将另一部分儿童拒之门外。一方面，普通学校应逐步成为全纳学校，另一方面，特殊教育学校将逐步减少，并加强同普通学校的联系。① 全纳学校是指学校应该接纳所有的儿童，而不考虑其身体的、智力的、社会的、情感的、语言的或其他任何条件。这就应包括残疾儿童和天才儿童、街头流浪儿童和童工、边远地区或游牧人口的儿童、语言或种族或文化方面属少数民族的儿童，以及来自其他不利处境或边际区域或群体的儿童。② 《萨拉曼卡宣言》的发表正式奠定了全纳教育在全球教育发展中的重要位置。它以其追求公平的人权观、容纳多样与差异的教育观、倡导民主与平等的价值观对世界各国的教育和社会发展产生着深远的影响。全纳教育、全纳学校以及全纳社会的理念深入人心，并成为了世界各国的共识和 21 世纪教育和社会发展普遍追求的目标。

2008 年，联合国教科文组织为了更好地推行全纳教育，实现全民教育的目标，在日内瓦召开了第 48 届世界教育大会，这次教育大会的主题就是《全纳教育：未来之路》。这次会议以国际全纳教育研究为依据，对全纳教育的主要问题加以概述，重点对全纳教育的概念、政策、结构与体系、实践进行了阐述。针对自 1994 年以来人们对全纳教育概念的争议，会议提出：全纳教育是一种转变学校及其他学习中心，让所有儿童，包括男童和女童、少数民族学生、受艾滋病感染的儿童以及残疾儿童和有学习障碍的儿童，都有机会接受教育的过程。全纳教育的宗旨是，消除因人们对种族、社会阶级、民族、宗教、性别和能力方面的多样性所持态度和所作反应而引起的社会排斥现象。并呼吁各国政府为推行全纳教育，建立支持系统，形成支持政策，改革课程、资源，创设全纳文化。应该说，第 48 届世界教育大会进一步明确了全球教育发展的目标，即走向全纳。以 2008 年的世界教育大会为标志，全纳教育进入了一个更加蓬勃发展的时期。

综上所述，在我们看来，所谓全纳教育就是自 20 世纪 90 年代兴起的国际教育思潮，它强调普通学校接纳所有学生共同参与和学习，反对教育中的歧视和排斥，主张在同一教育体制内通过适应不同差异的教育措施满足所有儿童的特殊教育需要，从而提供有质量的教育，促进所有儿童应有的发展。

---

① 赵中建．教育的使命——面向二十一世纪的教育宣言和行动纲领［M］．北京：教育科学出版社，1996：129.

② 同①，135.

（三）全纳教育的实践

近些年来，全纳教育在世界范围内进入了探索与发展时期。世界各国几乎不约而同地将全纳教育定位为本国教育发展的未来目标与方向，开始了自觉的实践与探索。譬如，美国、英国、意大利、葡萄牙等欧美发达国家开始通过更加完善的全纳教育立法来推动全纳教育发展，并力图改革整个教育体制以顺应全纳教育的需求，包括教师教育改革、课程改革等多种方式。在英国，独立设置的特殊教育学校几乎消失殆尽，取而代之的是转型后的全纳教育资源中心或辅助中心。葡萄牙通过立法规定教师在职前培养阶段必须要修习足够的特殊教育学分，并通过严格的教育实习，才能取得教师资格证书，担任全纳学校的教师。另外，像芬兰、南非等国在探索全纳教育实践方面也独具特色，积累了较丰富的经验与实践模式。

我国目前正在广泛开展的特殊儿童随班就读，既是特殊教育融合改革运动的实践，实质上也是全纳教育探索的一种模式。随班就读是指特殊儿童在普通教育机构普通班中和普通儿童一起接受能满足其特殊需要的教育安置形式，它是呼应融合改革运动潮流，结合中国国情发展特殊教育的一个创举，对于保障特殊儿童受教育的机会与权利起到了重要的促进作用。虽然它现在还不成熟，在发展中还存在很多问题。譬如，随班就读的质量不高、随班就读还只是吸纳部分有特殊需要的儿童、随班就读的支持保障体系建设不完善等。但随班就读的确是中国走向全纳教育的第一步，随着未来随班就读教育对象的扩大、支持体系建设的增强，随班就读的发展过程必然会成为全纳教育的实现过程。① 作为一种新兴的教育思潮，全纳教育的理论研究与实践探索还有漫长的路要走。

（四）全纳视野中的特殊教育

全纳教育的提出，对特殊教育领域内的融合改革运动影响极为深远。全纳教育要求创设能够满足所有儿童教育发展需要的全纳学校，容纳多样性和差异，反对歧视与排斥。全纳教育的理念将特殊教育融合改革运动的发展推向了一个新的高度。因为在回归主流（一体化）阶段，融合改革运动还没有完全打破隔离的教育状态，特殊学校与普通学校、特殊教育系统与普通教育系统依然并存，不同类型的儿童仍然被处于不同的教育安置方式之中。全纳教育为融合改革运

---

① 李拉. 当前随班就读研究需要澄清的几个问题［J］. 中国特殊教育，2009（11）：3-7.

动的进一步推行提供了理念上的依据和实践上的指导。在全纳的理念下，特殊学校与普通学校将真正地走向融合，特殊儿童将彻底打破被隔离的状态，被平等地安置在全纳学校接受教育。同时，课程与资源也作出了相应的调整，从而为满足他们的特殊需要提供最优化的支持和服务。在这个意义上，说全纳教育是特殊教育融合改革运动发展的理想形态是不为过的。

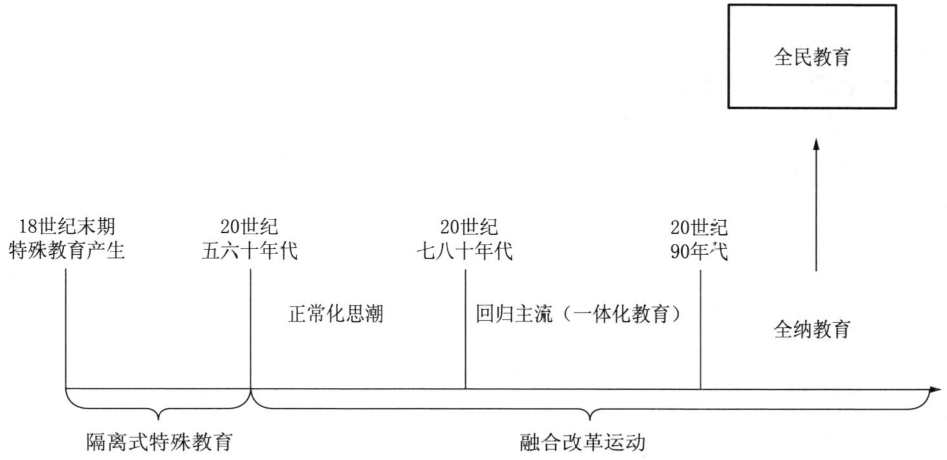

图 2-2　融合改革运动发展脉络

然而，我们必须要认识到，全纳教育与特殊教育是两个不同的概念。虽然从特殊教育发展轨迹的角度来看全纳教育，它是特殊教育融合改革运动的必然走向和理想目标，但全纳教育又不仅仅局限于特殊教育领域。“在推进全纳教育的发展过程中，若只把发展重点局限于特殊教育，那就会造成对全纳教育的片面理解及体系建构的缺失与断裂。”① 全纳教育是一个包含特殊教育、普通教育等整个教育领域在内的更广泛的概念。全纳教育关于特殊教育需要的理念来自于特殊教育，而它的提出动机和背景直接来源于全民教育。因此，它指向的对象不仅包括特殊需要学生，也包括所有的学生，其重点关注对象则是包括特殊需要学生在内的所有处境不利的儿童。全纳教育发展的目标是构建全纳学校、全纳社会，最终实现全民教育。全纳教育的实现，需要整个教育政策、资源、课程、师资等全方位的调整和改革。因而，从整个教育发展的横向角度来看，全纳教育又远远超越了特殊教育的范畴。对二者

① 盛永进，甘昭良．全纳走向下特殊教育本体的认知定位——兼论特殊教育概念的泛化［J］．外国教育研究，2009（9）：50-55.

关系的辩证认识，有助于我们在特殊教育融合改革运动的理论研究与实践中，以全纳教育的先进理念为指导，认真探索有中国特色的融合改革运动之路，从而更好地促进特殊教育的发展。

第三节 当代中国的特殊教育

一、大陆的特殊教育

1949 年新中国成立后，特殊教育开始进入了一个崭新的发展时代。按照时间顺序，可以把新中国成立后发展至今 60 余年的特殊教育分为三个不同的时期。

（一）新中国特殊教育的起步

新中国成立之后，百废待兴，整个教育的发展都面临着重新整顿、梳理和完善。新中国成立之前主要以慈善和民办性质存在的特殊教育，在新中国成立之后翻开了新的一页，特殊教育越来越得到了国家的关注和重视，特殊教育迎来了新的发展生机。

在教育政策层面，特殊教育开始得到重视，被纳入到新中国国民教育体系中，成为其中一个不可或缺的组成部分。1951 年 11 月，周恩来总理签发了《关于改革学制的规定》，指出“各级人民政府应设立聋哑、盲目等特种学校，对生理上有缺陷的儿童、青年和成人实施教育”。将特殊教育学校纳入新中国学制，打破了旧中国特殊教育片面的慈善、救济性质，标志着特殊教育真正成为新中国教育体系中的组成部分。随后，国家又陆续出台了一些政策、条例、意见等，对特殊教育的师资、经费、学校发展等作出了更加细致的规定。新中国成立后，这些教育政策的出台，对于特殊教育的发展起到了极大的规范和推进作用。

在特殊教育研究方面，盲、聋等教育开始得到系统的研究和发展，一些专门的教育方案和出版物开始涌现。1952 年，黄乃在旧盲文字母符形的基础上加以综合、调整，提出以注音字母为基础，采用分词方法拼写普通话的《新盲字方案》，1953 年得到推广，从而统一了全国盲文文字，并沿用至今。1953 年 1 月，魏巍的作品《谁是最可爱的人》被译为盲文出版，这是新中国成立后的第一本盲文读物。1958 年，成立了盲文印刷所，由中国盲人福利会领导。除了普及盲文读物，还出版了一批中高级读物，以满足盲人学文化、学技能的需求。1959 年，内务部、教育部发出《关于试行聋人汉语手指字母方案的联合通知》。《聋人汉语手指字母方案》于 1963 年 12 月 19 日颁布施行。

然而，就这一时期特殊教育整体而言，特殊教育的发展还是相当缓慢的。特殊教育的体系还不够完善，新中国成立后很长一段时期，智障儿童教育都处于被忽略的位置，直到 1979 年，我国才开始试办智障教育。特殊教育的发展还受到了“文化大革命”的冲击，很多特殊学校被迫解散，特教师资流失严重。

（二）特殊教育现代化的努力

到了 20 世纪 80 年代后，随着国家的改革开放，在“教育要面向现代化，面向世界，面向未来”的方针指引下，特殊教育开始了现代化的努力，我国特殊教育迎来了一个快速发展时期。

首先，通过政策和立法，大力推行残疾儿童少年义务教育。1982 年，残疾人教育被写进了中国的根本大法——《宪法》，第 45 条规定：“国家和社会帮助安排盲、聋、哑和其他有残疾的公民的劳动、生活和教育。”1985 年《中共中央关于教育体制改革的决定》中指出：“在实现九年义务教育的同时，还要努力发展幼儿教育，发展盲、聋、哑和弱智儿童的特殊教育。”1986 年的《义务教育法》中明确把残疾儿童、少年的教育列入义务教育范围。1988 年的 11 月，在北京召开首次全国特殊教育工作会议，对特殊教育的全面发展提出了要求。1989 年 5 月，国务院办公厅转发国家教委等 8 部门制定的《关于发展特殊教育的若干意见》，对特殊教育的发展方针、政策、目标与任务、领导与管理等作出明确规定。1990 年 12 月，中国保护残疾人的第一部专门法律《中华人民共和国残疾人保障法》通过，2008 年 4 月修订，进一步明确了“残疾人教育，实行普及与提高相结合、以普及为重点的方针，保障义务教育，着重发展职业教育，积极开展学前教育，逐步发展高级中等以上教育”。1996 年 5 月的《残疾儿童少年九年义务教育实施方案》对残疾儿童少年九年义务教育提出了明确的质量要求，并根据分类指导的原则，对不同类型地区提出了具体的目标任务。相关政策文件的出台，从法律和制度层面上推动了我国残疾儿童少年义务教育的发展，提高了适龄残疾儿童少年的入学率。

其次，开展特殊教育师资培养培训，加强特殊教育研究。特殊教育的发展需要大量的特殊教育师资，为了解决特殊教育师资短缺问题，20 世纪 80 年代后国家设立了一些特殊教育师资培养培训机构。1982 年，国家创办了我国第一所专门培养特殊教育师资的师范学校——南京特殊教育师范学校。随后几年，北京师范大学、华东师范大学等高校开始设立特殊教育专业或特殊教育系，培养专科及本科层次的特殊教育师资。特殊教育师资培养正规化、系统化的模式逐渐形成，为特殊教育的推行提供了有力的资源支撑。同时，一批特殊教育研究机构也相继成立，特殊教育研究进入专门化阶段。1982 年 11 月，中国教育学会特殊教育研究会在南昌成立。此后，北京师范大学特殊教育研究中心、中央教育科学研究所特殊教育研究室等专门的研究机构也陆续设置。

最后，推行特殊儿童随班就读，特殊教育格局走向多元化。从新中国成立到 80 年代中期，特殊儿童接受教育的方式主要是在专门设立的特殊教育学校。虽然有研究者指出，早在 20 世纪 50 年代，我国在四川大巴山地区就有残疾儿童少年就近入普通小学就读的现象①，但这仅是极少数的个案。80 年代中后期，随着九年义务教育的普及，为满足大量特殊儿童接受义务教育的需求，我国开始实施特殊儿童随班就读的实验。1987 年，以徐白仑为主导的“金钥匙盲童教育计划”启动，率先开始探索盲童随班就读的实验。1989 年，国家教委委托河北、黑龙江、江苏、山西、北京等省市开展盲童随班就读实验。1994 年国家教委在江苏盐城召开了全国残疾儿童随班就读工作会议，总结交流了各地开展随班就读工作的经验。盐城会议之后，国家教委于同年 7 月印发了《关于开展残疾儿童少年随班就读工作的试行办法》，成为各省市自治区开展随班就读工作的遵循和依据。1996 年国家教委、中国残疾人联合会共同颁布的《全国残疾儿童少年义务教育“九五”实施方案》，进一步推动了随班就读的发展，其中指出，我国要“普遍开展随班就读，乡（镇）设特教班，30 万以上人口，残疾儿童少年较多的县设立特殊教育中心学校，基本形成以随班就读和特教班为主体，以特殊教育学校为骨干的残疾儿童少年义务教育格局”。随班就读以及特教班的出现，打破了单一的特殊教育学校安置方式，特殊教育格式的发展开始走向多元化。

（三）进入 21 世纪的特殊教育

进入 21 世纪，随着世界特殊教育的发展和我国特殊教育理论研究与实践

---

① 华国栋. 残疾儿童随班就读现状及发展趋势 [J]. 教育研究，2003 (2)：65-69.

探索的深入，我国特殊教育开始迈入一个更快的发展轨道。21 世纪最初的 10 年，是我国特殊教育快速发展的 10 年。

在此期间，国家召开了两次专门的特殊教育工作会议。2001 年 4 月，教育部、民政部、中残联召开第三次全国特殊教育工作会议，总结特殊教育改革发展的经验和成绩，部署工作。2009 年 5 月，第四次特殊教育工作会议在京召开，将特殊教育的发展推向了纵深。

党和国家对特殊教育的关注进一步提高。党的十七大报告明确提出“关心特殊教育”，这是在党的报告里首次提到特殊教育，反映出在时代发展和文明进步的背景下，特殊教育已经成为了一个备受国家和社会关注的事业。

与此相对应的是，我国特殊教育学校的数量以及残疾儿童少年入学人数和比例也逐年增加，特殊教育正在稳步发展。据教育部《2009 年全国教育事业发展统计公报》显示，到 2009 年我国已有特殊教育学校 1672 所，在校残疾儿童 42.81 万人。更有大量的残疾儿童少年随班就读，在普通学校随班就读和在附设特教班就读的残疾儿童在校生数已占到特殊教育在校生总数的 62.87%。

2010 年 7 月，《国家中长期教育改革和发展规划纲要（2010—2020 年）》颁布，这是指导我国未来 10 年教育改革发展的纲领性文件。在《纲要》中，特殊教育作为教育发展的八大任务之一，第一次被单独列为一章表述，从而彰显了特殊教育在我国教育事业改革与发展格局中的重要位置。这些政策文件的出台，必将极大地推进我国特殊教育的快速发展，特殊教育即将迈入一个飞速发展的快车道。

二、港、澳、台地区的特殊教育

受近代历史的影响，我国香港、澳门、台湾三地的特殊教育与大陆特殊教育之间呈现着不同的发展态势与特点。

（一）香港的特殊教育

1. 香港早期的特殊教育机构

1863 年，香港出现了第一所特殊学校，是由嘉诺撒（Canossa）修女创办的嘉诺撒盲女院，后改名为启明盲童学校，1987 年停办。1897 年，德国喜迪堪援助盲人协会女传教士布丝乐在港岛租屋收容 4 名被遗弃的失明女孩并开始教育，这就是现在香港心光盲校的前身。1934 年英国圣公会的两位女传教士与加拿大青年会派到香港成立青年会的总干事黎理悦女士筹划建立了香港第一所聋校“真铎启喑学校”。[①] 一直到20世纪60年代，香港特殊教育基本是传教团体和慈善机构的工作，政府多是通过资助或政策指导的方式介入特殊教育。直到1960年香港教育司署成立了一个新的专门事务组——特殊教育组，特殊教育才开始有政府行为介入。

2. 香港特殊教育的规范发展

自20世纪70年代后，港府通过公布一些政策性文件来领导和保证特殊教育的实施与发展。同时，受欧美回归主流、一体化教育等的影响，将特殊儿童并入普通班级的融合改革开始成为香港发展特殊教育的主流政策。1977年9月发布的康复白皮书《群策群力协助弱能人士更生》成为指导香港特殊教育基本方针和政策的重要文件。康复服务的总目标是“提供必要的综合性康复服务，使弱能人士按其弱能情形，充分发挥其体力、智力及社交能力”。康复白皮书中认同了融合改革运动的理念，建议所有学龄儿童，包括严重伤残者，均应享有均等教育机会，享有九年免费义务教育；要求实施融合式教育，或在普通小学里开设特殊班，让有特殊需要儿童进入普通学校就读。对于暂时不能融入普通班级的儿童，要设立专门的各种类型的特殊学校。随后的一些年，香港开展了长期的、大量的实践与理论探讨，积累了较丰富的融合改革运动经验。1993年香港政府提出了《香港学校教育目标》，明确提出学校教育服务应使包括特殊需要儿童在内的每个儿童的潜质得以发展。1995年香港康复政策及服务白皮书《平等齐参与，展能创新天》，对香港聋童教育政策提出了详尽的规定。

3. 香港回归后的特殊教育

1997年香港回归祖国后，香港特别行政区政府设立了教育局专门来管理全港的教育。教育局在特殊教育领域内的工作范畴为：负责各项特殊教育设施的策划、发展、监察与运作，并在组织、课程、教学法及学位安排上提供意见。作为特殊教育管理部门的教育局，还同时为特殊教育的发展提供支持服务。教育局有关人员要接受各类特殊教育有关培训，可为公营的普通学校和特殊学校、非政府机构及政府其他部门提供专业意见。教育局设有两所特殊教育服务中心，分别位于九龙塘及葵涌，提供评估和支援服务。评估服务除了为在学习及行为上有问题的儿童提供教育心理、社区适应及学业的评估

① 朴永馨. 世界教育大系·特殊教育［M］. 长春：吉林教育出版社，2000：355-356.

之外，还包括为被怀疑有言语障碍的学童提供言语评估及为听觉方面有障碍的儿童提供听觉评估。支援服务包括为听障儿童提供的教育听觉服务，为有言语障碍的学童提供的言语治疗支援服务，为有学习或行为问题的学童提供的专业支援，为残疾儿童家长和教师提供的专业咨询等。

在 2009 年香港特别行政区教育局公布的《特殊教育便览》中，指出香港特殊教育的目的，是为有特殊教育需要的儿童提供适当的教育，以帮助他们充分发展潜能，使他们成为社会上一个独立而有适应能力的人。在特殊儿童的安置方式上，香港在推行融合改革的前提下采取灵活的安置形式，教育局会根据专业人士的评估、建议和家长意愿，转介有严重或多重残疾的学童入读特殊学校，以便接受加强支援服务，而其他有特殊教育需要的学童则可入读普通学校。截止到 2009 年 9 月，香港共有特殊学校 60 所。其中视障与听障各 2 所，肢体伤残学校 7 所，群育学校（为有适应困难儿童而设）7 所，智障儿童学校 41 所，医院学校 1 所。

（二）澳门的特殊教育

1. 澳门特殊教育的诞生

从查阅到的资料来看，中国近代施行特殊教育最早的地点就在澳门。① 前文在回顾我国近代特殊教育的发端时，就已经提及。1834 年，普鲁士籍传教士郭士立（Charles Gutzlaff）入澳门，其夫人随行，次年 9 月 30 日，在“印度暨东方女子教育促进会”的赞助下，设“澳门女塾”（附带招收男生），女塾曾以一盲女为教学对象，以凸字法为读书之法，实则是开启了中国近代盲字的先河。1839 年，中英关系因鸦片问题而紧张，广东当局下令驱逐英国人离华（包括澳门），郭夫人系英人，于是女塾停办。澳门女塾虽然还不是专门的盲校，但它的存在无论在澳门特殊教育史上还是中国特殊教育史上都留下了浓墨重彩的一笔。澳门女塾可以看作澳门特殊教育的发端。受近代战争和时政格局的影响，澳门特殊教育近代的发展一直缓慢，有据可查的资料也相当之少。直到 1967 年基督教圣保罗学校兼招弱能学生，并与 1978 年更名为专收聋童的路德会圣保罗聋哑学校，现称协同特殊教育学校，这才产生澳门的第一所特殊教育学校。

2. 澳门特殊教育发展现状

到了 20 世纪 90 年代，澳门开始通过行政立法等手段推行特殊教育，特殊

---

① 郭卫东. 论近代中国特殊教育的发端 [J]. 教育学报，2007 (3)：91-96.

教育的发展步入了规范化阶段。澳门发展特殊教育的信念主要表现为：有特殊教育需要的学生同样能融入社会、贡献社会；让所有学生均有发挥潜能、适合其身心发展的特殊教育机会。[①] 在这样的一种教育信念下，澳门陆续颁布了一些相关法令文件来推动本地区特殊教育的发展。1991 年 8 月，澳门颁布了《教育制度法》（第 11/91/M 号），明确要求将特殊教育作为教育的一部分，指出特殊教育的宗旨是在保证教育机会均等的原则下使因精神特征、感官能力、肌肉神经及身体特征、感情及社会行为、沟通能力、多种缺陷等原因而有特殊教育需要的人能适应社会。同时这也是对有特殊教育需要人士的类别进行的明确界定。1996 年，澳门通过了《特殊教育法令》（第 33/96/M 号法令），对特殊教育的适用范围、指导原则、特殊教育制度、特殊设施、学校硬件配备、课程安排、评估、教学辅助、个别教学计划等作出了详细的规定和要求。

目前，澳门的特殊教育格局由三部分构成：融合班（不超过 25 人，融合生不超过 3 人）、小班（8—15 人）、特殊班（8—15 人）。特殊儿童安置方式的选择遵行一定的标准（详见表 2-4）。

表 2-4 特殊需要儿童的教育安置[②]

类　别	学生能力	每班人数	课　程
融合班	学习或学校环境上须作特别辅助，如：生理方面的障碍、智商范围处于临界状态、学习障碍等	25—30 人（每班融合生不多于 3 人）	学习内容与该班同学类别，可采用一般教科书学习
小班	学习有显著困难，智障属于轻度	每班 12—15 人	采用普通教育课本，但须按学生个别情况作调适
特殊班	学习出现严重困难，智障属中度或以下	每班 8—15 人	教师自编主题教材，学习内容包括基本学科知识、自理、沟通、社会适应及生活技能

到 2007 年，澳门特殊教育共设立特殊教育机构 30 所。公立特殊教育机构占了 19 所，其中融合班 11 所，特殊班 5 所，小班 3 所。私立特殊教育机构 11 所，其中融合班 6 所，收 0—6 岁有特殊教育需要学生的机构 2 所，收 1 岁以上

①② 草兰．澳门特殊教育之旅．http：//www. seshk. org. hk/other/Macau/Macau educatedtrip. pdf 2011/5/4.

有听障及语障学生的机构 1 所，收 6—19 岁有特殊教育需要学生的机构 2 所。

（三）台湾的特殊教育

1. 台湾早期的特殊教育机构

台湾最早的特殊教育学校可以追溯到 19 世纪末。1890 年 2 月，英国长老会牧师甘雨霖（William Cambel）在台南教堂内设立训盲院，招收盲人学生，教以圣经、点字、手艺等。1900 年，改由台南慈惠院接办，于台南市文昌庙内成立盲人教育部。1915 年，增设了聋生部，改称为台南盲哑学校。1956 年，在丰原镇成立盲哑学校分部，1960 年该分部正式独立，定名为省立丰原盲哑学校。1968 年，实施盲聋分校措施，台南盲哑学校的盲生与丰原盲哑学校的盲生合并，另行择址于台中新设立省立台中启明学校。原有的台南盲哑学校则改制为省立台南启聪学校，原有的丰原盲哑学校改名为省立台中启聪学校，专收聋生。另外一所历史悠久的特殊学校，是 1917 年由日本人本村谨吾在台北创办的台北盲哑学校，1928 年改制为公立学校，称为台北盲哑学校，1967 年改名为台北市立盲聋学校。1975 年 8 月，该校盲生部另于台北市敦化独立设校，称为台北市启明学校。原校改名为台北市启聪学校，专收聋生。除此之外，1966 年彰化建立了第一个肢残儿童学校“省立彰化仁爱实验学校”。1975 年，台南市建立了台湾地区的第一所智障儿童学校——台南启智学校。由此，台湾地区的特殊教育学校开始往各自分类独立设置的方向发展。

2. 台湾特殊教育的“法规”建设

台湾重视通过“立法”的形式来建立特殊教育行政体系及制度，推进特殊教育的规范化、法制化。1968 年，台湾当局颁布了“九年国民教育实施条例”，其中第十条规定：“对于体能残缺、智能不足及天才儿童，应施以特殊教育或予以适当就学机会。”台湾“教育部”1970 年 10 月颁布了《特殊教育推行办法》，1974 年颁布《特殊儿童鉴定及就学辅导标准》，1975 年颁布《特殊学校教师登记办法》，1979 年颁布了“国民教育法”，1984 年颁布了“特殊教育法”，对特殊教育的目的、内容、课程教材等作了规定。1987 年进一步颁布了“‘特殊教育法’施行细则”，使“特殊教育法”的推行更趋于具体和完善。1997 年，台湾当局又重新颁布了“特殊教育法”，以使特殊教育的政策“法规”更能适合特殊教育发展的需要。在台湾特殊教育“法规”中，特殊教育对象的范围涵盖超常（资赋优异）学生和身心障碍学生，其中身心障碍分成智能障碍、视觉障碍、听觉障碍、语言障碍、肢体障碍、身体病弱、严重情绪障碍、学习障碍、多重障碍、自闭症、发展迟缓及其他显著障碍共 12 类。纵观台湾特殊教育的“法规”建设，可以说“立法”层次较高，范围广也相对完善，对特殊教育的良性发展起到了关键的推动和保障作用。

3. 台湾的融合改革运动

台湾融合改革运动的兴起与世界融合改革几乎同步。20 世纪 60 年代之前，台湾发展特殊教育的主要方针是设立各种类型的特殊教育学校，之后受西方融合改革运动思想的影响，台湾开始大力推行融合改革运动，特殊儿童的安置方式也趋向于多样化。1962 年，台北市中山国小成立了智能障碍儿童教育实验班，特殊教育儿童开始在普通学校附设的特殊班里接受教育。1963 年，台湾屏东市仁爱国小成立了肢体障碍儿童特殊班。同时，为了让视障学生能在住家附近学校就读，扩展就学机会，并避免隔离，台湾于 1967 年开始大力推行视觉障碍儿童混合教育计划，即将视障儿童融入到普通班级中学习和生活。从 1978 年起，开始推动在国民中小学增设资源班，增加了特殊需要学生在融合的环境下接受教育的机会。

由此，台湾形成了如下几种主要的特殊教育安置形态：特殊学校、特殊班（附设于普通学校而以特殊学生为招收对象，学生进入该班后，一切活动均在班级内进行，又称为自足式特殊班）、资源班（接受该种措施的特殊学生部分时间在普通班与一般儿童一起上课，部分时间到资源教室接受资源教师的辅导）、巡回指导（将特殊学生安置于普通班中，但由经过训练的巡回指导教师机动性对特殊学生提供直接服务）、床边教学（特殊情形下的特殊教育。接受床边教学的学生包括三种情形：其一，卧病治疗期间在 3 个月以上，6 个月以下，为免学业中断，影响康复后上学的学习进度者。其二，病情严重，不适宜继续上学，但须提早准备将来生活适应。其三，卧病于医院或疗养院中，无法离开病床者）。① 安置方式的多样化基本满足了各类儿童接受教育的需要。

4. 台湾特殊教育师资的培养

台湾同时特别注重特殊教育师资的培养培训。1974 年台湾师范大学成立了特殊教育中心，1975 年彰化师范学院成立了特殊教育系，1986 年台湾师范大学开始设特教硕士班，1990 年设本科专业，1992 年设立特殊教育博士班。

---

① 台湾师范大学特殊教育学系．“中华民国”特殊教育概况［M］．“教育部”特殊教育工作小组，1999：29.

目前，在台湾的3所综合性大学、9所师范学院均成立了培养特殊教育师资和科研的机构。① 台湾的特殊教育已经形成了以学士、硕士、博士共同组成的系列完备的师资培养体系。

台湾特殊教育近些年来一直保持良好的发展势头。根据台湾地区2006年特殊教育统计年报，2006年台湾地区已入学（高中及以下普通学校和特殊学校）的身心障碍学生有83113人，资赋优异的学生有133806人，在大专院校学习的身心障碍学生有7020人。

根据以上对香港、澳门、台湾三地特殊教育的简要介绍，我们可以看出，由于历史背景与发展历程的差异，三地的特殊教育各具特色。特别是台湾与香港在融合改革运动（香港称为统合教育）方面展开了各自的探索与实践，并形成了可资借鉴的经验，对大陆特殊教育的发展具有重要的启示意义。

*　　*　　*

【练习·思考·实践】

一、名词解释

1. 融合改革运动
2. 正常化
3. 回归主流
4. 一体化
5. 全纳教育
6. 随班就读
7. 选择性连续安置模式

二、思考回答

1. 西方早期特殊教育的产生有哪些历史条件？
2. 中外特殊教育机构的诞生有哪些主要特点？
3. 早期特殊教育的先驱人物有哪些？其主要贡献是什么？
4. 融合改革运动的发展经历了哪几个阶段？分别有哪些特点？
5. 全纳教育的基本理念是什么？如何理解其与特殊教育的关系？

---

① 朴永馨. 世界教育大系·特殊教育［M］. 长春：吉林教育出版社，2000：341.

三、实践活动

1. 走访随班就读学生、老师和家长，谈谈你对融合改革运动现状的思考，尝试写一篇简短的调查报告。

2. 查阅当前关于融合改革运动研究的相关文献，进一步了解融合改革运动的发展趋势。

【扩展阅读】

请利用课余时间阅读下列文献,并做好读书笔记。

1. 朴永馨.世界教育大系·特殊教育[M].长春:吉林教育出版社,2000.
2. 张福娟,等.特殊教育史[M].上海:华东师范大学出版社,2000.

第三章

特殊教育的功能

特殊教育之所以必要，之所以发生和发展，都源于人和社会发展的需要，这是本章论述的起点。特殊教育学视野中，个体的发展是普遍性与特殊性、可能性与现实性、有限性和无限性的统一。就人的发展来说，特殊教育在确认人的生命价值、唤醒人的生命意识、提供人的生命动力、挖掘人的生命潜能、发挥人的生命力量方面具有重要而特殊的作用。就社会发展来说，特殊教育的突出功能主要表现为：在政治方面，通过教育平等促进社会平等；在经济方面，通过提高潜在的生产劳动能力，支持社会经济的发展；在科学方面，通过对教育辅助技术的创新追求，促进科学技术的进步；在文化方面，构成了人文关怀、博爱奉献、自强不息的独特文化，生动而现实地阐释着人文精神的核心内涵。

教育功能是教育对人以及由人所构成的社会所产生的一切作用或影响。教育对人和社会的意义或作用构成了教育价值的核心内涵。对特殊教育进行意义判断，反映了人们对特殊教育价值的认识追求。我们知道，教育受制于一定的社会条件，又反作用社会。同样，作为整个教育的一个组成部分，特殊教育一方面受到社会诸多因素的制约，它的发展需要一定的社会基础和历史条件来保证；但另一方面又对社会发展和人的发展发挥着重要的作用，表现出独特的社会价值和个人价值。首先，从个人的发展层次上看，特殊教育既是确保每个特殊学生享有受教育的权利并借以促进社会平等的根本保证，也是个人获得生存发展能力的基本手段。其次，从社会或国家发展的层次看，特殊教育既是社会进步带来的必然结果，是社会走向文明、和谐、实现繁荣的必然选择，也是促进全人类走向和谐、繁荣的需要。因此，正确认识特殊教育的价值和功能，不仅是制定特殊教育发展政策、处理好特殊教育与社会及人的关系的前提，也是具体有效地开展特殊教育活动的思想基础。

第一节　特殊教育的本体功能

教育的本体功能就是教育本身对培养人所具有的作用和价值，是教育本质的一种体现。教育是人的生存与发展所不可或缺的动力，它直接或间接地影响个体的人和整个人类的生活方式。无论是从个体还是群体的角度来看，特殊教育的价值都在于能够在不断地改善和促进人自身（个体和群体）生存方式质量提高的同时，探索人的最大限度的发展。

一、个体发展的概念

个体发展是教育价值的重要依据。但是对于身心有障碍个体的发展，尤其是对于重度障碍的学生，不少人会存有诸多的疑问：他们如何发展？能不能发展？能发展到何种程度？确实，这既是一个重要的理论问题，也是特殊教育实践面临的挑战。我们如何理解他们的发展？又如何理解特殊教育对于他们的价值？对此，任何一个特殊教育工作者都必须有正确的认识。

个体发展是指复杂整体的个人在从生命开始到生命结束的全部人生过程中，不断发生变化的过程，特别是指个体的身心特点向着积极的方面变化的过程，也是人的各个方面的潜在力量不断转化为现实的过程。个体发展包含身体的发展和心理的发展两个方面，身体的发展是指机体的自然形态和组织器官及其技能的发展完善，包括正常发育和体质的增强；心理的发展是指人的心理过程和个性心理的发展，包括认识、情感、意志和各种高级社会性的发展。

个体身心发展的一般规律表现为不平衡性、顺序性、阶段性、互补性和差异性。个体的最终发展是遗传、环境和教育相互作用的结果，其中教育起着主导作用。特殊教育就是通过具有针对性的个别化教育形式和适应性的教育内容，促进特殊教育对象身心在已有的基础上尽最大可能地发展。

二、特殊教育的个体发展观

要理解特殊教育对个体发展的作用，首先必须树立一种辩证的特殊教育发展观。在特殊教育学的视野中，个体的发展是普遍性与特殊性、可能性与现实性、有限性和无限性的统一。

（一）发展的普遍性与特殊性的统一

所有学生既有与他人相似的共性，也有与他人不同的个性。因此无论如何特殊，也不管是超常还是低常，特殊需要学生终归是学生，他们首先是学生。但是，每一个学生，就其本质而言，都是特殊的，是有别于他人的和独一无二的。

1. 发展的普遍性

从哲学的共性与个性分析，特殊需要学生个体的发展是普遍性与特殊性的统一。特殊需要学生首先是人，其次才是有着特殊教育需要的人。这就意味着，特殊需要学生的身心发展首先遵循着个体身心发展的一般规律。不管是超常还是低常，也不管障碍的类别或程度的轻重有何不同，他们身心发展的基本规律与一般学生相一致。在生理上，绝大多数特殊需要学生的身高、体重、内脏器官的功能、大小肌肉的运动能力等，都会随年龄的增长而增长。在心理上，特殊需要学生的感知觉、记忆、语言、想象、思维的认识活动，以及情绪情感、意志等的进行和发展，也都遵循着从简单到复杂、从感性到理性、从不完善到逐渐完善的普遍规律。特殊需要学生发展的普遍性告诉我们，特殊教育与普通教育的基本规律、基本原则和基本要求也是相通的，是互相联系的。我们不能因强调特殊而忽视最基本的普遍规律。

2. 发展的特殊性

但是，与一般学生相比，身心之间的巨大差异又决定了特殊需要学生发展的特殊性。这种特殊性主要表现在三个方面：一是身心条件存在着很大的落差，不仅影响着发展的起点，也影响着发展的过程和结果。二是在发展过程中，障碍给学习认识活动带来许多不便和困难，影响着发展的速度和深度。三是个体特殊需要的差异性，使得特殊需要学生的发展各具特点，呈现出更为复杂多样的特殊性。特殊需要学生发展的特殊性又决定了他们发展中的特殊需要。从特殊教育的角度看，只有满足这些特殊需要才能获得良好的发展，重要的是认识这些特殊性的表现、原因及差异的意义，努力创造条件，来满足学生的特殊教育需要，促进他们身心发展。

（二）发展的可能性与现实性的统一

在特殊需要学生的发展中，没有人怀疑智力超常学生的发展，但对于有着身心障碍的学生往往疑虑重重，尤其是对那些重度智力障碍或多重障碍的学生。实际上，所有特殊需要学生的发展不仅是可能的，也是现实地展开的。

1. 发展的可能性

生命的发展规律证明有机体有着无穷的生命发展能力，生命的成长也是应然的发展，只要是自然的生命体，它就遵循着生命发展中新陈代谢的一般规律，有着自然的成熟和本能。同时生命的发展不是被动地发展，而是积极、主动地适应发展的需要。特殊需要学生发展的可能性首先是基于自身的生命物质基础，主要表现在三个方面。

一是自然生命体的发展具有适应性。当遭遇恶劣的环境条件时，自然生命体就会以适应的方式来顽强地维持自己生命的发展。如一粒种子，即使在岩缝、墙头，只要有可能，就会扎下根来，生长发芽。

二是自然生命体发展过程中具有特定的代偿能力。现代科学研究表明，人的整个机体统合于一个系统之内，各个部分之间相互联系并协调作用，其中任何一个器官或其功能的损伤或丧失，都会导致整个机体功能的重新组合，结果是健全器官将在一定程度上替代受损器官的功能，或是机体发展出新的功能来弥补原有功能的不足。如，失去双臂双手的人，可以用双脚来打毛线；双目失明的人，可以通过双手的触摸来辨别币值。这就是通过机体的代偿功能进行的生理性“缺陷补偿”，“缺陷补偿”在特殊教育中有着重要的教育教学意义，我们将在后面的章节中详细阐述。

三是人的自然生命体的发展可塑性。人的自然性与其他动物不同。一方面，人具有与动物不同的高度发达的高级神经系统、大脑和语言等，使人的心理发展产生质的飞跃。另一方面，人生来就具有潜能，它是区别于动物的根本标志，也是能够实现人的发展的前提条件。正是人的结构特征和生理机能的可塑性，为人的发展提供了无穷发展空间，也使得特殊需要学生具有接受教育的可能。

2. 发展的现实性

特殊需要学生的发展不仅是可能的，也是无数事实所证明的。从左丘明到张海迪，从海伦·凯勒到霍金，古今中外无数个现实的典范，已经成为最充分的例证。但是，我们要清醒地认识到，人的可塑性毕竟只是一种潜在的可能性，个体的生命发展必须通过活动才得以实现。因此，特殊需要学生的发展，由可能的发展变为现实的发展，还依赖于以下三个主要条件。

其一，个体的主观能动性。人是能动的实践活动的主体，具有认识自己改造自己的能力。著名精神分析学家阿德勒指出，人因缺陷而来的自卑感，能够使人产生一种摆脱自卑、补偿缺陷和在更高程度上完善自我的内在压力，“自卑感本身并不是变态的，它们是人类地位之所以增进的原因”。① 历史和现实中许多残疾人不懈奋斗的事实也证明：残疾人对于自身生存状态中的种种缺陷和不足之处的认识与反思，以及由此而生的超越自身局限性的愿望，对其生理机能补偿和精神生活的发展水平具有重大影响。根据这样的认识，特殊教育教师应特别重视对学生进行身残志坚的激励教育作用，正确地、科学地引导他们认识和对待自身存在的身心障碍，用坚强的意志、乐观的态度发奋学习。

其二，活动的环境支持。外部环境支持是促进特殊需要学生发展成为现实的外因条件。活动地点可分为家庭环境和社会环境。家庭环境中最重要的支持就是家长的正确态度和积极采取的早期干预措施；社会环境中又可分为物质环境支持和文化环境支持。物质环境主要包括无障碍设施、康复训练的设备技术等；文化环境支持主要包括文化精神、政治法律政策等。

其三，教育的主导作用。人的潜能很少自动地表现出来，人的潜能的充分实现，必须通过教育与学习才能实现。对特殊需要学生进行教育，也是一种外部条件的环境支持，但它具有特别的意义，即教育对学生发展的主导促进作用。首先，特殊教育是有目的地引导和促进学生的发展，并把缺陷补偿和潜能开发作为特殊教育的主要任务；其次，在内容和方法上，通过全面、科学、系统的个别化训练来尽量满足学生的特殊教育需要。

可以说，对特殊需要学生的发展可能的充分信心，以及对特殊需要学生实现发展过程中重要条件的高度重视，特别是对特殊教育在其发展中的价值的清醒认识，是每个特殊教育教师必须具备的教育信念。

（三）发展的有限性和无限性的统一

特殊需要学生在其发展的方向和程度上，是有限性与无限性的统一。

---

① 阿德勒. 自卑与超越［M］. 黄光国，译. 北京：作家出版社，1986：50.

1. 发展的有限性

发展的有限性首先表现为个体自身生命的周期是有限的。因为，个体的生命存在是有限的，生命结束，个体的发展也就随之结束。其次，发展的有限性还表现为某一方面的发展程度上，当某一方面存在着障碍影响，也就必然在一定程度上限制了这一方向发展。如，一个先天聋童，由于听力损伤，很难发展成为一个音乐家；同样，对于一个先天盲童，由于视力损伤，也很难培养成为一名画家。此外，特殊需要学生的发展受到社会经济、科学文化等现实条件的制约。正因为如此，在生产水平低下的古代社会，许多具有优异潜能的儿童，最终被湮灭。即使在今天，由于人类对自闭症的发生机制和规律还没有认识清楚，受此限制，在低功能性自闭症儿童的教育训练中，其发展也是很有限的。发展的有限性启示我们，在具体的教育教学活动中，应客观地、具体地对待特殊需要学生的发展。

2. 发展的无限性

发展的无限性首先是指个体所蕴藏的生命发展潜能是无限的，只要生命存在，发展就不会停止，就有着无限的可能，这是生命存在与发展的规律。其次，如果把个体发展放在人类群体代代相继的历史长河中，作为连续发展链接的一部分，其作用也是无限的。生命相继的连续性发展总是一代超越一代，永不停步。这犹如体育竞技，人类力量的发展是不断地向着自身极限挑战的过程，而每一次“极限”的征服，又预示着下一个极限的挑战目标，永无止境。在这个意义上，特殊教育有着有别于普通教育的特殊意义，特别是对于那些重度智障学生，或是兼有多重障碍学生的教育，也许今天我们付出许多辛苦与努力，他们的发展也是很有限的，但是这种努力不仅仅是着眼于现实的发展成果，而是更多地包含着指向未来的探索意义，包含着对未来生命进一步发展所具有的奠基作用。

三、特殊教育的个体发展作用

同普通教育一样，特殊教育对个体的发展起到主导作用，具有促进个体社会化和个性化的功能，也具有个体的谋生和享用功能，比如学会一技之长，获得生存的基本能力等。但由于教育对象的特殊性，特殊教育对个体发展的促进作用，更多地体现为教育过程中对人的生命及其价值的尊重，以及超越生命局限，对以个体为代表的整个人类生命存在、发展价值的确认和探寻，努力实现人的最大限度的发展。

（一）确认生命发展价值

“教育是因为人的生命而存在，生命的生长需要才是教育的基本内容”。① 特殊教育的个体发展意义首先在于确认特殊需要学生个体的生命价值。人的生命价值，是指人在世界中的地位得到肯定，人的作用（物质的、精神的）得到发挥，人的尊严得到保证。特殊教育对于个体发展价值的独特性在于对特殊需要学生内在生命发展价值的肯定和尊重。无论是“超常”，还是“低常”，都是基于人的生命存在。在人的生命发展价值确认的意义上，特殊教育的责任在于不断提高人对自身价值的认识，提高对人与人、人与社会、人与自然关系的认识；充分认识人的生命价值、人的主体地位、人的个体的独特的尊严。因此，对特殊需要学生进行教育的过程，既是确认特殊需要学生生命价值的过程，也是不断发现整个人类价值的过程。

（二）唤醒生命发展意识

特殊教育的一个重要任务是通过引导个体的发展方向，激励个体与障碍作斗争的勇气，思考生命存在的意义，进而唤醒生命潜能发展的意识，实现自身生命发展的超越。意识与自我意识是生命之魂，是人自主发展的力量。“当人的发展水平达到较清晰的自我意识和达到自我控制的水平时，人能有目的地、自觉地影响自己的发展。”② 我们在生活中看到，许多自我发展意识强的人，进取心就强，能够焕发出令别人也令他自己都惊异的潜能。从海伦·凯勒到霍金，从张海迪到邰丽华，无不如此。但是，人的生命发展意识在逆境中往往受到遮蔽干扰，尤其是残疾、病痛有可能消解人的生存意志，降低人的生命发展意识，乃至于使人绝望。这就需要唤醒，唤醒就是要使学生正视残疾、障碍，鼓起勇气，树立希望，从而走出危机，走向生命潜能的发展之路。从这个意义上说，特殊教育“本质上就是一种唤醒人的生命意识，启迪人的精神世界，建构人的生活方式，以实现人的价值生命的活动”③。

（三）提供生命发展动力

生命发展动力来自于物质的帮助和精神的激励。特殊教育的本质就是运

---

① 冯建军. 生命与教育［M］. 北京：教育科学出版社，2004：2.

② 叶澜. 教育概论［M］. 北京：人民教育出版社，1991：217.

③ 郭元祥. 生活与教育［M］. 武汉：华中师范大学出版社，2002：90.

用人类社会发展起来的物质和精神手段，对特殊个体的特殊教育需要进行补偿，提供个体生命发展的动力，以促进他们的最大限度的发展。这里的“补偿”超越生理学、医学的意义，是一种全面性的教育补偿和援助。“一方面，特殊教育担负着补偿残疾人生理机能缺陷的任务，要对他们的全面发展负责；另一方面，特殊教育与其他教育一样，更主要的是向残疾人提供精心组织的精神陶冶，来弥补他们本能和机能上的双重缺陷。”① 因此，可以说，特殊教育实质上是一种从身心两个层面上援助特殊个体完成自身发展的活动，即通过全面性的教育补偿，唤醒特殊个体生命的发展意识，提供生命发展的动力，为提升和完成他们的生存价值打下良好的生理和心理基础。

（四）挖掘生命发展潜能

任何人生来都具有一定的潜能，甚至巨大的潜能。人的发展过程，在一定的意义上，就是潜能不断开发的过程。潜能不仅潜藏在“超常”个体上，同样也潜藏在“低常”个体上，在多元智能理论视野中没有“残废”的概念，只有智能结构的差异。但是，潜能很少自动地表现出来，潜能的充分实现，必须通过教育，通过学习才能实现。特殊教育的过程既是传授知识、技能，训练生存适应能力的过程，也是对特殊个体潜能开发的过程。特殊教育的“最充分发展”的规定性，就意味着给予发展可能性以最大空间，最大限度地开发个体的潜能。因此，特殊教育在某种意义上就是挖掘潜能的教育，是不断超越局限、探索生命发展的教育。特殊教育的要义不在于残疾缺陷本身，而在于个体有什么样的发展，为克服障碍获得发展提供什么样的教育支撑，也就是为他们潜能的发挥搭建什么样的平台，进而，通过有目的、有针对性、个别化的教育教学，努力挖掘每个个体生命发展的巨大潜力，使其优势潜能得到最大化、最优化的发展，最终实现生命的发展解放。

第二节　特殊教育的社会功能

特殊教育对社会的政治、经济、科技和文化具有重要的价值，而且，相比较而言，特殊教育的文化价值更加明显，更具有独特的现实意义。

---

① 葛新斌. 人的基本特征与特殊教育的开展——哲学人类学对特殊教育的启示［J］. 辽宁师范大学学报：社会科学版，1997（6）：26-29.

一、特殊教育的政治功能

从特殊教育产生来看，特殊教育是随着社会进步特别是人权进步实现的，它是社会民主和政治进步的一种体现，必然蕴涵着权利平等的政治诉求与民主、自由的价值意蕴。特殊教育的政治功能，突出地体现为它的教育民主化特征，并通过教育民主的追求，进而促进社会民主。教育民主化是社会政治民主化在教育领域中的体现，一般包括两个方面：个体具有越来越多的受教育的机会；个体受到越来越多的民主教育。教育民主化的关键在于教育平等。教育平等是人类的基本理念之一，也是一个社会公正程度的基本标准。作为教育民主化的一个重要内容，“教育平等是指人们不受政治、经济、文化、民族、信仰、性别、地域、身心条件等的限制，在法律上享有同等的受教育权利、在事实上具有同等的受教育的机会”①。特殊教育正是通过教育平等的实践，确认和保障每一个个体（尤其是社会弱势个体）的受教育权和学习权，进而推进社会政治民主的发展。

（一）保障特殊需要学生的权利

从个体角度看，特殊教育在促进社会政治平等方面主要表现为为特殊需要学生的教育和发展提供政治保障。

1. 确认特殊需要学生平等的受教育权

受教育权是指个体享有某种不可剥夺的接受教育的权利。许多特殊需要学生由于身心障碍的影响，往往处于社会边缘，成为典型的被排斥、被歧视的弱势群体，因此提供特殊需要学生的学习机会，就是承认他们享有受教育的权利，也就是承认他们与其他人同样平等的政治权利，承认他们作为人的基本尊严、基本价值和基本权利。确认特殊需要学生平等的受教育权，不仅是特殊需要学生在法律上获得政治平等的象征，同时也是他们今后平等参与社会各项政治活动的基础。因为“满足他们基本学习需要的受教育机会，是人们为能生存下去、充分发展自己的能力、有尊严地生活和工作、充分参与发展、改善自己生活质量、作出有见识的决策并能继续学习所需要的”②。所

① 袁振国. 当代教育学［M］. 北京：教育科学出版社，2005：342.

② 赵中建. 教育的使命——面向二十一世纪的教育宣言和行动纲领［M］. 北京：教育科学出版社，1996：15-16.

以，特殊教育既体现了教育平等的理念，也是实实在在付诸教育平等的实践行动，它将使每个社会成员都享有受教育权利并借以促进社会平等。

2. 保障特殊需要学生平等的学习权

"学习权是立足于学习者主体的角度，对受教育权利、学习机会、学习成功机会的确认。从更深层意义上说，学习权和生存权、自由权是等同的一种基本人权。"① 它主要强调的是在入学机会平等的基础上，个体享有均等的学习过程（受教育过程）和学业成功的机会（教育效果）。

确认个体的教育权利，仅仅是为个人平等地接受教育提供了一种保证，要实现事实的教育平等，还必须保障特殊需要学生有均等的教育机会。由于个别差异的存在，教育的过程、方法和效果会因个体的特点、条件和境遇有所不同，机会均等不可能机械划一地实现，要实现教育机会均等，就必须采取差别性对待的教育原则。《学会生存》一书认为："给每个人平等的机会，并不是指名义上的平等，即对每一个人一视同仁，如目前许多人所认为的那样。机会平等是要肯定每一个人都能受到适当的教育，而且这种教育的进度和方法是适合个人特点的。"② 特殊教育的一个重要特征就是采取差别性对待原则，针对复杂多样的个别差异，不同的身心障碍及其智力、能力、学习条件等引起不同的特殊教育需要，采取个别化的教育教学措施，最大程度地满足学生的特殊学习需要，保障每一个特殊需要学生的学习权益，实现教育平等。具体而言，就是通过适当的课程、组织安排、教学方法、教学策略、资源使用以及与社区的合作，来满足学生不同的特殊需要，确保每个人获得平等的学习机会。

（二）推进社会民主政治进步

从社会的角度看，特殊教育在促进社会政治平等方面主要表现为改变人们的社会观念，宣传平等思想、推进社会民主政治。特殊教育作为一项社会活动，其本身就是张扬公平、正义、民主、平等的过程。因此特殊教育的施行必然会对推动社会民主意识的产生以及国家政治进程产生积极影响。这主要表现在两个方面：一是特殊教育的施行，通过宣传和潜在影响，在社会中有力地教育和鼓舞了公民，使他们用新的视角和平台来重新认识社会民主建

---

① 袁振国. 当代教育学［M］. 北京：教育科学出版社，2005：351.

② 联合国教科文组织国际教育发展委员会. 学会生存［M］. 北京：教育科学出版社，1996：105.

设，引导公民在社会生活中的价值选择，促进他们进一步增进民主、平等的社会意识。在我国，越来越多的社会人士、社会组织自觉参与残疾人的教育等服务就显示了特殊教育对推动社会民主建设的巨大力量。二是特殊教育在国家政策、法律体系中的地位，及其在各级政府落实公共服务职能过程中，一方面完善了国家民主政治建设框架，体现了国家政治生活中更广泛的民主和平等，都明确规定了残疾人教育公平等内容。另一方面，国家和各级政府对特殊教育的有关政策的施行过程就是推广民主思想、推动社会文明进步的一个重要举措。也就是说，特殊教育本身就是推动民主思想和社会文明进步的工具。

二、特殊教育的经济功能

特殊教育也是社会经济生活中的一个因素，它一方面受到社会经济发展的制约，另一方面，它对社会经济发展同样具有积极的推动作用，只不过特殊教育的社会经济价值更多地体现出一种潜在的特征，通过释放潜在的生产劳动能力，来支持社会经济的发展。

（一）直接丰富劳动力数量，提高生产能力

教育担当着再生产劳动力的重任，它通过培养人的劳动能力，提高劳动力的质量和素质，使潜在的生产力转化为现实的生产力。特殊教育再生产劳动力的重要功能首先表现为改变劳动力的形态，直接提高潜在的社会生产劳动能力，即把一个可能丧失劳动能力的人训练为具备一定劳动能力的自食其力的劳动者，或者把一个简单劳动力训练成一个复杂的劳动力，也可把一个体力劳动者培养成脑力劳动者。

特殊教育对象大多是身心有障碍的学生，如果没有教育，他们中的许多人只能单纯地成为社会经济的消费者，从小到大都要依靠家庭和社会来养活他们。有的或许能够从事一些简单的手工劳动，但由于缺乏教育，文化水平程度很低，只能勉强维持自己的生计，有时仍然需要社会的帮助。特殊教育的一个重点就是社会适应训练和职业技术教育，在接受文化学习的同时，进行劳动技能方面的训练，使他们成为能够独立生活的自食其力的劳动者，不仅可以减轻家庭的经济负担，也可以扩大社会劳动力的数量，把可能影响社会经济发展的消极因素转变为支持社会经济的积极力量。

（二）间接释放生产能力，促进社会经济发展

通过减轻家庭、社会成员负担，解放家长、亲友的身心体力，从而专心于社会工作，这是特殊教育提高潜在的社会生产劳动能力的间接方式。身心障碍学生的出现不仅给家长带来了难以言说的思想精神负担，也为他们带来了沉重的体力负担。比起一般孩子，他们要花更多的精力去照顾这些学生，有些家长甚至为此辞去工作专门照料自己的孩子。如果没有特殊教育，家长既要在生活上照料孩子，还要在教育上苦心费力，这些既影响他们社会工作的投入和效率，也变相限制了社会劳动能力的发挥。特殊教育间接释放生产劳动能力的途径有二：一是通过国家的特殊教育制度，确认保障特殊需要学生的受教育机会，由学校承担教育康复的主要任务，这实际上为减轻家庭过多的负担作了法律规定。我国的《义务教育法》、《残疾人教育条例》、《残疾人保障法》等，均对有关问题作了相关规定。二是通过学校的教育影响，让家长从学校教育成功的事例上，看到了孩子成长的希望，从而能理性、科学地对待孩子的身心障碍，一方面积极配合学校的教育，一方面以积极健康的心态投入到自己的社会本职工作中去。

三、特殊教育的科技功能

近代以来，“人类心智的探索从来也没有像科学技术那样获得如此巨大的成功，也从来没有一项活动能像科学技术那样无微不至地影响到我们生活的各个方面”①。在与科学技术发展的关系中，特殊教育与科学技术密不可分。可以说，没有科学技术的创新与支撑就没有特殊教育的深化和发展；同样，特殊教育以其学科自身的特点，通过对科学技术的依赖，反过来影响着科学技术的发展。特殊教育对科学技术的推进作用最集中地表现为特殊教育过程中通过对教育对象的认识、教育方法的选择和教育技术的开发，推进科技创新。

（一）通过对特殊教育对象的认识推进科技创新

特殊教育对象是个体差异显著而又复杂多样的群体，无论是“超常”还是“低常”，其形成的原因、机制及补偿的原理都有许多未知的领域。在教育

---

① 袁振国. 当代教育学［M］. 北京：教育科学出版社，2006：360.

过程中，这些影响学生发展的问题对科学技术的研究不断提出了新课题，成为科技创新的助推器，而这些新课题往往又是综合性的，涉及科学技术的多个领域。譬如，感官障碍的成因、补偿涉及的主要是医学，心理行为障碍的矫正与康复涉及的主要是心理学、语言学，而特殊学生的教育安置和社区帮助又涉及社会学等。许多科学研究都是在特殊需要学生个案研究的基础上获得成果，并推广造福于整个人类。因此，对特殊教育对象的特殊复杂性认识，决定了它在教育中对科学技术创新的追求，并不断地推动着科学技术的发展。

（二）通过对特殊教育方法的选择推进科技创新

特殊教育学本身就是一门科学。特殊教育对象的特殊性决定了教学方法选择的特殊性。特殊学生在教学方法上有其特殊需要，教育方法的选择必须考虑到这些特性和需要的广泛差异，而教学方法的选择本身就是一种科学研究，因为教学是学习者在教师指导下探索别人已知而自己未知事物的过程，与科学研究过程有着相似的内在心理机制。特殊教育中许多教学方法的探索，不仅推动了特殊教育学的发展，而且也成为整个教育领域教学方法改革创新的例证。著名的蒙台梭利教学法就是一个典型的例子。

（三）通过对特殊教育技术开发推进科技创新

特殊教育活动中有效地运用教育技术对于缺陷补偿、提高教育质量、强化教育效果、改善教育方法有着极为重要的意义。同样，由于特殊教育对象的特殊性，特殊教育过程中对现代教育技术的创新追求呈现出专门化的特色，许多技术已成为科学技术领域中独树一帜的成果。譬如，教育信息的替代性呈现要求，催生了盲文、手语的发明；感官补偿辅助器具的设计使用要求，发明了电子耳蜗、沟通板；特殊教育的信息化开发需求，迎来了盲用点字显示器和电子导盲技术……可以预言，随着教育的深化和发展，特殊教育对科学技术创新的要求也越来越多，科技成果也会越来越多地运用于特殊教育。

第三节　特殊教育的文化功能

特殊教育对社会影响最深远的是它的文化价值，因此本章以专节进行阐述。

一、文化与教育

“文化”是一个使用十分普遍而有无数定义的概念，不同的学科、不同的视角对文化的理解和界定也有所不同。尽管如此，不同的文化定义都有其共性的内涵，大多学者比较认同英国文化学家泰勒在《原始文化》一书中提出的概念。文化“乃是包括知识、信仰、艺术、道德、法律、习俗和任何人作为一名社会成员而获得的能力和习惯在内的复杂整体”①。因此，以共性的内涵来分析，我们可以看出，文化是与自然和先天相对应的一种概念，它是人类在改造自然、社会和自我过程中所创造的物质财富和精神财富的总和。

文化与教育具有十分紧密的关系，特殊教育作为教育的一个重要组成部分，其文化价值在当代社会中日益突出。正如罗尔斯指出的：“教育的价值不应当仅仅根据经济效率和社会福利来评价。教育的一个作用是使一个人欣赏他的社会文化、介入社会的事务，从而以这种方式提供给每一个人以一种对自我价值的确信。教育的这一作用即使不比其他作用重要，至少也是同等重要的。”② 罗尔斯强调的正是教育的文化价值。“文化的本质就是人的自我生命存在及其活动，文化世界的本体就是人的自为的生命存在。”③ 教育要以人为本，就是要从人的生命本性出发，突出人的本体价值。特殊教育不仅是一种教育现象，同时也是人类的一种特有的文化现象，是人类文化的一个有机组成部分。特殊教育在构成文化本体以及在传递、改造和深化文化价值内涵方面有着特殊的作用，其最突出的表现就是特殊教育的人文化取向和特殊教育学校形成的独特的文化特点。

二、特殊教育的人文化

人文化是特殊教育的文化价值取向。所谓特殊教育的人文化，就是在特殊教育的认识和实践上，特殊教育首先应该被看作一种超越生命局限，探寻人的生命存在、发展与解放，促进所有人平等、和谐发展的精神文化，而不是一项功利性的实践活动。这种价值取向的核心内容就是人文精神。人文精

---

① 庄锡昌. 多维视野中的文化理论［M］. 杭州：浙江人民出版社，1987：99-100.

② 联合国教科文组织国际教育发展委员会. 学会生存［M］. 华东师范大学比较教育研究所，译. 上海：上海译文出版社，1999：101.

③ 李鹏程. 当代文化哲学沉思［M］. 北京：人民出版社，1994：4.

神是一种主张以人为本，重视人的价值，尊重人的尊严和权利，关怀人的现实生活，追求人的自由、平等和解放的思想行为。简单地说，人文精神的基本含义就是：尊重人的价值，尊重精神的价值。

特殊教育的人文价值尺度首先在于它对教育对象的内在生命价值的确认和尊重，体现了“人之为人”和“人皆为人”的价值起点；其次，由于教育对象的特殊性，决定了特殊教育的目标不是培养社会所需的出类拔萃的人才，而是尽可能地实现特殊需要学生最大程度的发展。因为社会向特殊教育投入各种资源时，首要的目的不是通过教育获得多少物质利益，而是它的人文价值。因此，特殊教育的价值重心既不在物质层面，也不在它的结果状态，而在于人的精神层面，即教育过程中所体现的人性光辉——对人的尊重、理解、关怀与援助以及超越生命局限对人的生命发展与解放的孜孜追求！可以说，特殊教育的文化灵魂就是高举人文旗帜、弘扬人文精神、实践人文关怀。在这个意义上，特殊教育的发展状况，从一个侧面反映出人文精神氛围的浓厚程度，特殊教育价值的独特性，则在于它体现了一个社会文明进步的水平。

但是，我们也应该看到，在传统的特殊教育文化观念中，还存在着一般的人道“慈善”观的文化取向，至今对特殊教育有着重要的影响。特殊教育的“慈善”观把特殊教育看成“仗义行善”的义举。定位于从善、慈悲的认识水平，显然是对特殊教育价值片面、肤浅的认识。“慈善”从社会心理角度看是一种同情，它是根植于人性之中最为基本的思想感情，它是滋养仁爱的深厚土壤，也是人类道德的情感基石，它会引发关切与爱护的情怀与行动，有它的积极因素。但是，仅仅“慈善”是不够的，因为伴随“慈善”更多的是怜悯，其背后隐藏的是“恩赐”、“施舍”、“敷衍”，是“高者”对“低者”的俯视，实际上是对平等、尊重的疏离。因此“慈善”的教育观实质是一种隐含了歧视性的教育态度——忽视了障碍儿童作为一个有生命的人、社会成员一分子应享有的平等权利！这种观念反映在特殊教育价值观上，就是把特殊教育学校当作一种慈善机构，把学生当作“收容”的对象，根本不会有积极的教育期望。

三、特殊教育文化的特点

特殊教育文化是以特殊教育学校为代表的教育机构在自身的发展过程中逐渐形成的独特的教育文化形态。特殊教育文化的基本特点是：人文关怀、博爱奉献、自强不息。

（一）人文关怀——特殊教育文化的灵魂

关怀不同于怜悯、同情，“关怀意味着对某事或某人负责，保护其利益，促进其发展”①。所谓人文关怀就是对人的生存状况的关怀、对人的尊严与符合人性的生活条件的肯定，对人类的解放与自由的追求。一句话，人文关怀就是关注人的生存与发展，就是关心人、爱护人、尊重人。

人文关怀作为特殊教育文化的灵魂，首先体现在特殊教育价值观上。即围绕为每一位有特殊需要学生的发展，把尽力满足学生的特殊需要作为特殊学校办学的核心理念，学校全体成员在对这些核心价值观达成共识的基础上，形成一种关怀、奉献的专业信念和充满活力、有特色的学校发展思路。

其次，体现在教育的制度上。即以人为本，关怀每一名学生的最佳发展的可能性，建立起相应的教育制度和教学计划，让所有学生都能充满发展的希望，也享受着成长的喜悦。

再次，体现在教育环境中。特殊学校的校园环境的无障碍、可及性、便利性，以及校园建筑、学校标识、校容校貌、校园绿化等方面，所体现的关爱呵护和激励警醒，都在努力创建富有人文关怀底蕴的教育环境。

最后，体现在教育行为上。人文关怀是理念，也是指一种行为。它体现在学校人际关系中，师生之间、同事之间以及学校与社会的互动中的所展示的尊重、理解和关心，营造出一种以关怀为基础的对话、合作、共享的文化氛围，从而为教学服务，为学习服务，为师生的共同成长服务。

总之，人文关怀既是特殊教育学校的办学理念，也是特殊教育精神文化的核心。它已成为特殊教育工作者的共同追求，渗透在学校的目标制度和行为实践中，并以此影响到学生、家长乃至整个社会成员，体现了促进人类进步、推动历史前进的求真、向善的积极力量。

（二）博爱奉献——教师文化的集中体现

博爱奉献是特殊教育教师角色的特点和风格在教师文化的集中体现。教师文化是教师群体的价值取向、集体风气、人际关系、角色特点的总体特征。特殊教育教师在保障和实现特殊需要学生受教育权、传播人类的文明、促进社会进步方面起着重要的作用。他们自身就是人文关怀的实践者，职业的规定性使他们担当起了以人道主义为基石的尊重生命差异、尊重生命权利的职

---

① 侯晶晶. 关怀德育论［M］. 北京：人民教育出版社，2005：65.

业使命，具有强烈的社会奉献意识和高尚的人文情怀。

博爱是一种崇高的爱，既是无私的，又是广大的。特殊教育教师的博爱精神首先表现为一种价值观，即“教育要人人平等”。特殊教师要有“有一颗热忱的心”。其次则表现为他们的亲身实践行为。教师对学生的眼神、表情、语言、声调、动作都体现了一种不嫌不弃的爱心、耐心、细心和关心。这些发自内心的虔诚尊重和珍爱，不是表演，不是敷衍，是真情的自然流露。特殊教育工作者所坚守的博爱氛围，造就了有博爱精神的校园，感染着全社会，这是有目共睹的。

奉献指满怀感情地为他人服务，作出贡献，而不计较回报。奉献也是一种崇高的精神文化。当一个老师面对特殊需要学生时，尤其是面对着重度障碍儿童时，老师的教育关怀和爱护，并未指望在将来获得什么报偿，也不可能奢望未来有着“桃李满天下，学子皆英才”的成就感。他们所能期盼的更是一种善尽人类职分的高尚情怀。对特殊需要学生施以教育而非简单地弃之于不顾，正如我们上面提到的，它不仅体现了人类敢于挑战命运的勇气和超越局限发展生命的探索精神，更重要的还显示出人类不同于其他物种的人性光辉。所以，无论是对个体还是对社会而言，特殊教育都体现出一种同情与关爱的人类情怀。

（三）自强不息——学生文化的典型特征

自强不息，是特殊需要学生文化的典型特征。学生文化是学生群体的价值取向。中国古代即有“天行健，君子自强不息”① 的激励和赞叹，意思是“天”（即自然、宇宙）的运动刚劲强健，与此相对应，君子处世应像“天”一样，力求自我进步，刚毅坚卓，发愤图强，永不停息。自强不息体现了人超越自我的精神力量。人的力量既是身体的力量，更是精神的力量。马斯洛指出：“精神生命是人的本质的一部分，从而它是确定人的本性的特征，没有这一部分，人的本性就不完满。”② 人作为一种社会、文化、历史和精神的存在物，对于自身生存状态中的种种缺陷和不足之处的深刻体察与认知，以及由此而生的超越自身局限性的愿望，能够使人产生一种摆脱自卑、补偿缺陷和在更高程度上完善自我的内在动力。这种动力也就是人的精神力量的源泉。从这个意义上，特殊需要学生自强不息的精神风貌也体现了独特的文化价值。这是因为，由于特殊需要学生自身的种种局限，使其在创造与健全人同等的物质或精神财富时，要付出无数倍于健全人的痛苦和汗水。“特殊需要学生超

---

① 《周易·乾卦》。

② 马斯洛，等. 人的潜能和价值［M］. 林方，等，译. 北京：华夏出版社，1987：223.

越局限奋斗不息的过程，本身就是一种警醒、感召和激励健全人奋发向上的牵引力量，这远比他们对社会的物质贡献更为重要。”① 因此，特殊需要学生自强不息的精神文化是人类奋发向上、超越自我追求发展的典型，它所蕴涵的“感悟性价值”和精神性意义，是人类精神文化的宝贵财富。

* * *

【练习·思考·实践】

一、名词解释

1. 个体发展
2. 教育民主化
3. 教育平等
4. 人文关怀
5. 特殊教育人文化

二、思考回答

1. 如何理解特殊教育视野中的个体发展？
2. 如何看待特殊教育的个体发展功能？
3. 谈谈你对特殊教育在促进社会平等方面的认识。
4. 特殊教育学校的文化特点是什么？

三、实践活动

采访一名优秀特殊教育教师或优秀特殊需要学生，简介他们的先进事迹，谈谈你的感想。

【扩展阅读】

请利用课余时间阅读以下文献，并做好读书笔记。

1. 葛新斌. 人的基本特征与特殊教育的开展——哲学人类学对特殊教育的启示 [J]. 辽宁师范大学学报：社会科学版，1997（6）.

2. 葛新斌. 关于特殊教育价值问题在探讨 [J]. 中国特殊教育，2002（2）.

---

① 葛新斌. 关于特殊教育价值问题再探讨 [J]. 中国特殊教育，2002（2）：10-14.

第四章

特殊需要学生

特殊需要学生是特殊教育的对象，是特殊教育目标指向结果的反应者。树立正确的特殊需要学生观，是我们开展特殊教育的思想基础。因此，探讨特殊需要学生观既是特殊教育学的基本内容，也是特殊教育人文精神的真正体现。本章首先从生命存在的意义上论述特殊需要学生的本质属性，阐明他们的权利地位，然后讨论特殊需要学生的分类及其争论问题，接着分析障碍对学生身心发展的影响，在此基础上再讨论特殊需要学生的学习特点。通过探讨特殊需要学生的存在、分类、发展和学习等基本问题，确立科学的特殊需要学生观。

与人类对自身的认识相伴随，人类对特殊需要学生的认识也经历了一个长期的演进过程。在历史发展的不同时期，受当时社会思想、文化、科学的发展和人类自我认识水平的制约，人们表现出不同的特殊需要学生观。在远古时代，由于生产力水平低下和科学的蒙昧，有残疾的儿童往往被视为“无用之人”，或是“魔怪”、“恶毒精神”的化身，而超常儿童则视为神灵下凡的超然之“物”。随着宗教的产生，“慈悲为怀”成为宗教怜悯、同情有障碍特殊需要学生的主流意识。近现代以来，科学的发展，尤其是医学的进步，为人类认识“残疾”、“超常”等提供了坚实的生理学、心理学基础。当代，根植于人文精神的特殊需要观，从人的生命视角，把特殊需要学生看成人的生命的独特性存在，而特殊教育的基本内涵就是满足这种生命发展的独特性需要，从而确立了面向未来并体现时代精神的特殊需要学生观。

第一节　特殊需要学生的存在

特殊需要学生的存在与发展问题是特殊教育学研究的基本问题之一，只有深刻理解特殊需要学生存在的本质属性，特殊教育工作者才能更好地帮助特殊需要学生获得社会生活的知识、经验与能力。

一、特殊需要学生的本质属性

特殊需要学生的本质属性是指他（她）们的种种属性中区别于普通学生的那些属性。特殊需要学生的本质属性问题，是特殊需要学生观的最初始问题，对这个问题的基本看法和观点，制约着人们对特殊需要学生的理解以及对特殊需要学生教育价值的认识和实践，也直接影响着人们处理特殊教育的基本原则。在这里我们需要从哲学的高度来认识特殊需要学生的本质属性。

（一）特殊需要学生首先是基于人的生命存在

特殊需要学生首先是学生，是有着生命的人。因此，基于人的生命存在，特殊需要学生有着人的生命价值、意义和尊严，享有作为人的一切权利。这是确立科学的特殊教育对象观的基点。人的存在，具有绝对性的价值，是一切价值（当然也包括特殊教育的价值）的基础、依据和目标。在这个意义上，特殊需要学生的生命发展权是任何人、任何理由都不能剥夺的。长期以来，那些有着身心障碍的特殊需要学生往往被看作没有独立性、主体性的存在，他们在社会上处于弱势、从属和依附地位，被当作家庭和社会的负担，受到许多歧视，甚至被剥夺生命。整个社会，忽视特殊需要学生的教育权、发展权的现象屡见不鲜。即使在今天，我们给予他们一些教育，许多人也只是从慈善、怜悯的角度来看待认识，没有把他们看作有独立价值存在的生命。强调特殊需要学生的生命存在，意味着强调特殊需要学生同样是社会未来的主人，有着独立的人格，并依法享有个人的社会权利。

作为特殊教育工作者，不仅要意识到他们的“特殊性”，更要意识到他们的普遍性。这就是说“特殊需要学生”和“我们”同样分享人类的尊严。因此，教育特殊需要学生和教育其他学生一样，不仅要帮助他们提高生存的能力，而且要帮助他们提高存在的智慧。

（二）特殊需要学生是人的生命的独特性存在

生命存在的独特性是人作为人的存在的重要特征之一。正如世界上没有两片完全相同的树叶，世界上也没有完全相同的人。即便是孪生兄弟，相同的基因遗传也因后天生活环境、实践活动以及教育的不同，而出现不同的发展，形成各自独特的生命体。特殊需要学生身心差异体现出的显著特征，集中地体现了人基于生命存在的这种独特性。

人属于生物体，作为自然生命的存在，人具有生物属性。生物学上的生命是一个系统，如人的生物性解剖，就可把人分为八大系统：消化系统、呼吸系统、循环系统、泌尿系统、生殖系统、运动系统、神经系统、内分泌系统。人的生命系统由不同的组织器官所构成，它们以各种方式相互联系，互相结合，聚合在一起，发挥着整体的功能。生命系统在其自身的生长、代谢及其与环境的交互作用中，是互动可变的。任何与生命相关的因素活动都会造成生命个体的独特性，表现出与众不同的“异常”性。如基因的变异与遗传、环境变化与动荡、生活的压力与挣扎等都会造成的人的生命常态的改变，从而产生缺陷和障碍。概而言之，我们可以把影响生命系统特异性的因素归纳为两个方面，即生物因素与环境因素。

因此，对特殊需要学生生命系统特征的认识，是对其身心差异的特殊性表现在人的自然生命存在方面的认识。生命系统的特征决定了物种的多样性、差异的普遍性、生命的变异性。这也就决定了人的身心差异的必然性。从这个意义上，特殊需要学生身心差异的特殊性，无论表现是“超常”还是“低常”，其产生与存在都是绝对的、不可避免的，是不以人的意志为转移的。

（三）特殊需要是人的生命面临的“存在”问题

人作为人的存在，其人生中必须面临生存、发展和死亡等问题。这些问题在不同人的不同阶段都会以不同的形式表现出来，哲学上把它称为人的“存在问题”。这里所说的“存在问题”区别于通常所说的“生存问题”。“生存问题”一般只涉及人的具体生活方式，而“存在问题”在哲学上是人生的根本问题，关系到人的存在本身的意义、价值和根据（或者说人的一生为什么要活着）。因此，在哲学的视野中，对人的存在问题的触及和思考，会更有益于人对生存问题的认识和解决。在这个意义上，可以说，特殊需要学生的特殊性也是人的生命所面临的“存在问题”，无论是“超常”还是“低常”，也不管是“残疾”或者“障碍”，都是其存在的一种特殊表现形式，是所有人必须共同面对的“存在问题”。

人与动物不同，人除了作为一种生物形式的“自然生命”存在，还作为具有社会属性的“社会生命”存在。因为人的生命既是个体的存在又是群体的存在，所以人的身心差异特殊性还表现为它的社会学意义。一般而言，大多数人对于超常儿童往往抱着羡慕、赞赏的积极态度，但对残疾儿童却怀有歧视、排斥的思想意识。如果我们从人的存在意义上，从社会学的角度、哲学的深度去分析残疾现象，就会有更深刻的理性认识。残疾作为一种消极的身心差异存在，不仅阻碍了个体身心的顺利发展，同时也是人类群体生命存在发展中必须面对的问题。从残疾发生的规律看，残疾现象的产生对于个体而言，具有偶然性，但对于整个人类社会群体则是一种必然，是无可逃避的，即使某个个体在当下是健全的，但并不能保证未来或后代不会发生残疾问题；从残疾产生的原因分析，生物与环境等因素在任何时候都会带来残疾的风险或灾难，谁都有可能遭受这种风险或灾难。这就意味着，在人类社会的生存和发展过程中，对残疾问题存在的不断研究和探索以及对包括残疾学生在内的特殊需要学生的教育问题，既是人类社会生存发展不可回避的事实，也是人类社会必须共同面对和解决的问题。因此，对特殊需要的学生，我们施以教育，不仅仅是一种慈善的道德义务，也不仅仅是因为他们的需要，而是包括他们在内的“我们”——人类生命存在发展的共同需要和应尽的责任。

（四）“残疾”是人的未完成性的特殊表现

哲学人类学认为，人具有未完成性。人的未完成性“包含着某种不完美性”。这意味着“人永远不会变成一个成人，他的生存是一个无止境的完善过程和学习过程”①。人的障碍缺陷也可以看作这种未完成性或不完美性的特殊表现形式。

人的未完成性是人类在漫长的生命进化过程中形成的遗传结构上待定化（未特定化）的特征，即人对环境的反应方式和生存能力具有不确定性和不完备性，要靠后天的学习才能逐渐适应生存环境的特性。哲学人类学研究表明：动物具有特定性和专门化了的本能，而人的器官及其功能却是非专门化和非特定性的。每种动物自出生时起就拥有自己所属的领域，就能够依靠自己的本能在这个领域里找到自己的生活方式，动物在依靠本能生活方面有着天然的优势。动物的这种专门化和确定性就是自然意义上的一种完善和一种完成

① 米夏埃尔·兰德曼. 哲学人类学［M］. 张乐天，译. 上海：上海译文出版社，1988：202.

性。然而，动物的这种完成性也往往将其限制在非常特殊的生活条件之中，它们只有在这种生活条件中才能生存。与此不同，人在本能方面却是贫乏的，是不确定的和不完善的。人的这种非特定性和非专门化特征，一方面使得人类靠本能生活的能力极其低下，但另一方面却又赋予人以持续的可塑性、巨大的潜能和无限发展的可能性，同时也赋予人以教育的可能性和必要性。

在哲学人类学视野中，人的“未完成性”或“不完善性”、“不完美性”是人在遗传结构上的必然特征。它是先天既定的，又是后天在生命发展过程中展现的。以此来看“障碍”、“缺陷”或“残疾”，同样是人的一种未完成性和不完美性的特殊表现形式。只是这种“缺陷”具有双重的比较意义：“一是与健全人一道同动物的比较；二是残疾人同健全人的比较。从健全人的未完成状态到残疾人的未完成状态，以及从健全人的不完美性到残疾人的不完美性之间，是一个统一和无本质差异性的连续性空间。与其他动物比较，未完成性和不完美性是残疾人与健全人的共同特征；残疾人与健全人的不同，仅在于其未完成性和不完美性更为严重，可以视其为人类未完成性和不完美性的一种极端或夸张化了的表现形态。”①因此，残疾、缺陷同样是可以通过教育克服的发展障碍，而且，在人的未完成性意义上，特殊教育是最典型的不断挖掘生命潜能、追求生命完善发展的教育。

（五）特殊需要学生有着特殊的教育需要

特殊需要学生个体差异的特殊性决定了除了一般的教育需要以外，还有着特殊的教育需要。特殊教育需要是学生基于个体差异的显著特征，在身心发展上对特殊教育条件不可缺少的依赖性。这种“不可缺少的依赖性”意味着：满足特殊教育需要是特殊需要学生能生存下去、充分发展自己的能力、有尊严地生活和工作、充分参与发展、改善自己生活质量所必需的教育条件。在学校教育教学过程中，特殊需要学生的特殊教育需要表现在多个方面，大致可以归结为五个方面：教育环境的特殊需要，如无障碍环境设施的建设；教学信息传输的特殊需要，如盲文、手语的使用；课程设置的特殊需要，如以功能性训练为主的补偿性课程；教材呈现的特殊需要，如供低视力阅读的专门放大的大字课本；教学工具的特殊需要，如助听器、助视器等。因此，充分认识学生特殊教育需要存在的事实和价值，积极创造条件满足他们的特

① 葛新斌. 人的基本特征与特殊教育的开展——哲学人类学对特殊教育的启示［J］. 辽宁师范大学学报：社会科学版，1997（6）：26-29.

殊教育需要，尽可能地发挥他们的潜能，是特殊教育工作者应努力追求的目标。

必须强调的是，对“满足学生的特殊教育需要”必须要有全面、正确的理解。由于“需要同满足需要的手段一同发展并依靠这些手段发展”①。因此需要的满足与发展也是有条件的。这就是说，生产发展、科技进步和社会的文明程度是影响人的需要满足与发展的最重要的因素。它与各国社会、政治、经济、文化、科学等方面的发展水平有着直接的联系。譬如，视觉障碍学生要求提供校车作为代步工具上学，这在欧美等发达国家是能够普遍满足的，这种特殊需要既是合理的也是适度的，但在发展中国家则是过度的，还不能普遍满足的，只能是有待发展的“需要”。但是“需要”的条件性，并不意味着“满足学生的特殊教育需要”只是一句空的口号；也不意味着教育工作者可以以此为借口，减轻自己的责任与义务。“需要”条件的充分满足，必须通过人的创造才能实现。教育工作者必须具备的一个重要观点是：积极努力地创造条件以满足学生发展的需要，尤其是当具备了某种条件时，“教育制度的设计、教育计划的制订和教育方法的选择要充分考虑到学生的特性和需要的广泛差异”②。这是“满足学生的特殊教育需要”的精髓所在！

二、特殊需要学生的权利

特殊需要学生的存在价值与他们的权益保障是相互统一的。存在决定了价值，价值就意味着权利。它要求人们不仅看到特殊需要学生对于社会的意义，也要看到他们在社会中享有的权利和地位。权利是人在社会中拥有的生活资格，是他的生命机体和社会角色应有的自主性，也是社会应赋予他的自由。特殊需要学生是人，具有与他人一样的人的一切基本权利，具有独立的人格。由于受到年龄、生理、心理等因素的多重影响，有障碍的特殊需要学生在整个学生群体中往往处于最弱势的地位。这种弱势既体现在他们既是学生中的弱势群体，也是残疾人中最弱势的群体，其生存和发展面临着更多的困难，他们的合法权益更容易受到非法侵害，因而更需要法律的关注与保护。今天，保护特殊需要学生权利的思想已为各国政府和社会所接受，并日益深

---

① 马克思恩格斯全集（第23卷）［M］. 北京：人民出版社，1972：559.

② 赵中建. 教育的使命——面向21世纪的教育宣言和行动纲领［M］. 北京：教育科学出版社，1996：131.

入人心。中国政府也制定了一系列特殊需要学生权益保护法规和政策，并加入了联合国《儿童权利公约》，在确认和保障特殊需要学生基本权益的实践中，也取得了令世人瞩目的成就。但中国是一个发展中国家，经济文化发展水平还很落后，使得在落实特殊需要学生权利保障方面，尚面临许多困难及障碍，还需要进行长期艰苦的努力，才能使特殊需要学生的基本权益得以全面实现。

当然，与权利相对应的是义务，在全面保障特殊需要学生权利的同时，特殊需要学生也应履行自己作为学生的义务，努力学习，奋发图强，争取学有所长，为社会作出自己应有的贡献。

（一）特殊需要学生权利的国际认识

从尊重人权到尊重儿童的权利，再到尊重特殊需要学生的权利，是人类社会的大飞跃；从人们意识到特殊需要学生应有自己的权利，到通过法律形式进一步确认和扩大，是人类社会的又一进步。在特殊需要学生权利的确认、保障过程中，国际组织的推动是一股重要的力量，其中联合国及其下属机构联合国教科文组织发挥了至关重要的作用。自 1948 年颁布《世界人权宣言》以来，国际社会制定了一系列包括特殊需要学生在内的权利保障公约、宣言或准则，对特殊需要学生的人权建设作出了巨大的贡献。

1.《世界人权宣言》

1948 年 12 月 10 日，联合国大会通过第 217A（III）号决议并颁布《世界人权宣言》。宣言制定的目的是，为使人权和基本自由能广为社会接受而确立一个共同的基准。

宣言第一条明确声明：“人人生而自由，在尊严和权利上一律平等。他们赋有理性和良心，并应以兄弟关系的精神相对待。”

宣言第二条明确提出了禁止歧视的原则：“所有人不得因种族、肤色、性别、语言、宗教、政治或其他见解、国籍或出身、财产、家世或其他身份等不同而受到歧视。”

宣言第二十六条对有关教育的权利作了专门的论述：

（一）人人都有受教育的权利，教育应当免费，至少在初级和基本阶段应如此。初级教育应属义务性质。技术和职业教育应普遍设立。高等教育应根据成绩而对一切人平等开放。

（二）教育的目的在于充分发展人的个性并加强对人权和基本自由的尊

重。教育应促进各国、各种族或各宗教集团的了解、容忍和友谊，并应促进联合国维护和平的各项活动。

（三）父母对其子女所应受的教育的种类，有优先选择的权利。

《世界人权宣言》是人类历史上国际社会的成员们第一次成功地完成一项旨在保护全世界人民（不论其身居何地、身处何时）权利和自由的历史文献。从其诞生及其后几十年的实践情况看，它对于推进国际人权事业的发展起到了积极而重要的作用。

2. 《儿童权利公约》

《儿童权利公约》于1989年11月在第四十四届联合国大会上通过，中国是该公约的缔约国之一。迄今，其缔约国几乎包括了所有国家，成为有史以来最为广泛接受的国际公约。公约首先强调：18岁以下的任何人都是积极和创造性的权利主体，拥有包括生存、发展和充分参与社会、文化、教育、生活以及他们个人成长与福利所必需的其他活动的权利。为了保护这些权利，公约确立了著名的四项指导原则：

（1）无歧视原则（又称无差别原则或非歧视性原则）（公约第2条）

每一个儿童都平等地享有公约所规定的全部权利，儿童不应因其本人及其父母的种族、肤色、性别、语言、宗教、政治观点、民族、财产状况和身体状况等受到任何歧视。

（2）儿童的最大利益（公约第3条）

涉及儿童的一切行为，必须首先考虑儿童的最大利益。

（3）确保儿童的生命权、生存权和发展权的完整（公约第6条）

所有儿童都享有生存和发展的权利（两者完整兼具），应最大限度地确保儿童的生存和发展。

（4）尊重儿童的意见（公约第12条）

任何事情涉及儿童，均应听取儿童的意见。

其中，第23条对残疾儿童的权利也作了专门性的陈述：

1. 缔约国确认身心有残疾的儿童应能在确保其尊严、促进其自立、有利于其积极参与社会生活的条件下享有充实而适当的生活。

2. 缔约国确认残疾儿童有接受特别照顾的权利，应鼓励并确保在现有资源范围内，依据申请斟酌儿童的情况和儿童的父母或其他照料人的情况，对合格儿童及负责照料该儿童的人提供援助。

3. 鉴于残疾儿童的特殊需要，考虑到儿童的父母或其他照料人的经济情况，在可能时应免费提供按照本条第2款给予的援助，这些援助的目的应是确保残疾儿童能有效地获得和接受教育、培训、保健服务、康复服务，就业准备和娱乐机会，其方式应有助于该儿童尽可能充分地参与社会，实现个人发展，包括其文化和精神方面的发展。

4. 缔约国应本着国际合作精神，在预防保健以及残疾儿童的医疗、心理治疗和功能治疗领域促进交换适当资料，包括散播和获得有关康复教育方法和职业服务方面的资料，以其使缔约国能够在这些领域提高其能力和技术并扩大其经验。在这方面，应特别考虑到发展中国家的需要。

从以上的规定中我们可以看出，联合国《儿童权利公约》将残疾儿童的权利保护内容分为残疾预防、教育、培训、保健、康复、就业准备、娱乐机会等，包括了残疾儿童权利保护的全部内容，其目的是为了让残疾儿童尽可能充分地参与社会，实现个人发展。

3.《残疾人权利公约》

残疾人问题是全球面临的重大社会问题。长期以来，联合国为保障残疾人权益作出了积极的努力：联合国大会曾宣布1981年为“国际残疾人年”；1982年又通过了《关于残疾人的世界行动纲领》，并宣布1983年至1992年为“联合国残疾人十年”；1992年10月举行了自联合国成立以来首次关于残疾人问题的特别全会，并通过决议，确定每年12月3日为“国际残疾人日”；1993年又通过了《残疾人机会均等标准规则》。由于这些纲领、规则等都没有法律约束力，一些国家对残疾人的歧视非常普遍，致使残疾人仍处在社会的边缘。因此，世界上急需一部保障残疾人权益的国际公约。为保障残疾人的合法权益，包括中国在内的国际社会极力推动联合国制定《残疾人权利公约》。2002年联合国设立一个特别委员会，专门负责起草《残疾人权利公约》。2006年12月13日，第61届联合国大会以协商一致的方式通过了具有里程碑意义的《残疾人权利公约》。这是进入21世纪以来国际社会的第一个人权公约。2007年3月30日，中国政府常驻联合国代表在公约上签字，成为《残疾人权利公约》的缔约国之一。

公约的宗旨是促进、保护和确保所有残疾人充分和平等地享有一切人权和基本自由，并促进对残疾人固有尊严的尊重。公约的核心内容是确保残疾人享有与健全人相同的权利，并能以正式公民的身份生活，从而能在获得同等机会的情况下，为社会作出贡献。公约涵括了残疾人应享有的各项权利，诸如享有平等、不受歧视和在法律面前获得平等的权利；享有健康、就业、受教育和无障碍环境的权利；享有参与政治和文化生活的权利等。

《残疾人权利公约》由序言和包括宗旨、定义、一般原则等在内的50项条款组成。其中第24条为“教育”，内容如下：

一、缔约国确认残疾人享有受教育的权利。为了在不受歧视和机会均等的情况下实现这一权利，缔约国应当确保在各级教育实行包容性教育制度和终身学习，以便：

（一）充分开发人的潜力，培养自尊自重精神，加强对人权、基本自由和人的多样性的尊重；

（二）最充分地发展残疾人的个性、才华和创造力以及智能和体能；

（三）使所有残疾人能切实参与一个自由的社会。

二、为了实现这一权利，缔约国应当确保：

（一）残疾人不因残疾而被排斥于普通教育系统之外，残疾儿童不因残疾而被排拒于免费和义务初等教育或中等教育之外；

（二）残疾人可以在自己生活的社区内，在与其他人平等的基础上，获得包容性的优质免费初等教育和中等教育；

（三）提供合理便利以满足个人的需要；

（四）残疾人在普通教育系统中获得必要的支助，便利他们切实获得教育；

（五）按照有教无类的包容性目标，在最有利于发展学习和社交能力的环境中，提供适合个人情况的有效支助措施。

三、缔约国应当使残疾人能够学习生活和社交技能，便利他们充分和平等地参与教育和融入社区。为此目的，缔约国应当采取适当的措施，包括：

（一）为学习盲文，替代文字，辅助和替代性交流方式、手段和模式，定向和行动技能提供便利，并为残疾人之间的相互支持和指导提供便利；

（二）为学习手语和宣传聋人的语言特性提供便利；

（三）确保以最适合个人情况的语文及交流方式和手段，在最有利于发展学习和社交能力的环境中，向盲、聋或聋盲人，特别是盲、聋或聋盲儿童提供教育。

四、为了帮助确保实现这项权利，缔约国应当采取适当措施，聘用有资格以手语和（或）盲文教学的教师，包括残疾教师，并对各级教育的专业人员和工作人员进行培训。这种培训应当包括对残疾的了解和学习使用适当的辅助和替代性交流方式、手段和模式、教育技巧和材料以协助残疾人。

五、缔约国应当确保，残疾人能够在不受歧视和与其他人平等的基础上，获得普通高等教育、职业培训、成人教育和终身学习。为此目的，缔约国应当确保向残疾人提供合理便利。

（二）美国特殊需要学生权利的法律保障

除了个别国际公约以外，大部分国际文件只是具有推动指导作用，并不具有强制实用性。因此，一些国家专门制定了本国的法律文件，对特殊需要学生的权利进行法律保障。据统计，目前世界上已有 132 个国家和地区制定了关于残疾人受教育权的法律。[①] 如英国的《特殊教育需求和残疾人法》、法国的《残疾人照顾方针》、日本的《残疾人教育法》等。美国作为世界上特殊教育发达的国家之一，特殊教育立法对其有至关重要的作用。从美国的联邦宪法，到一般的法律法规，都有专门的特殊教育法律、法规及法案条文等，也正是立法的完善，使美国特殊需要学生的教育权利得到充分的保障，进而对世界各国的特殊教育立法产生深刻的影响。因此，我们把它作为一个国家特殊教育法律保障的案例，在本书中作简要介绍。

1. 美国特殊教育法律法规的特点

（1）数量多

从 1958 年到 2005 年颁布或修正的联邦法律就近 30 部之多，法律规定林林总总，丰富多彩，包罗万象，大到有关财政经费的安排，小到残疾学生带枪支上学的惩戒，都可以找到具体的法律规定。这在国际上是很罕见的。

（2）内容全

内容涵盖特殊教育的方方面面。既有关于学生权利保障的，也有关于教师培训要求的；既有单项的法规，如 1968 年的《残疾儿童早期援助法》、《超常儿童教育法》、《残疾人技术支持法》等，也有综合性的法案，如 1961 年的《特殊教育法案》、1975 年的《所有残疾儿童教育法》。

（3）重修正

重视随着时代和教育的发展变化，不断地修正法律法规。其中最典型的是对 1975 年颁布的《所有残疾儿童教育法》的修正，分别于 1986 年、1990 年、1997 年和 2004 年作了 4 次修正，并更名为《残疾人教育法》，其中规定的六项原则，成为当代特殊教育努力的方向，也对世界各国特殊教育立法产生了重大而深远的影响。

---

① 王利明，马玉娥，安守廉，等. 残疾人法律保障机制研究［M］. 北京：华夏出版社，2008：227.

（4）分层次

美国的法律系统分为三个层次：一是州和联邦法律；二是各种法规和指导性文件；三是判例法。在这三个层次上都可以找到保护残疾人权利和发展特殊教育的法律依据。

（5）易操作

美国的法律法规无论是在哪个层次上都有明确具体的要求，而不仅仅是一些原则、政策性的口号。许多法律法规都制定了详细的实施细则，责、权、利明确，便于操作。如《残疾人教育法》中对具体相关的21项特殊教育服务不仅一一罗列，而且逐条定义解释。

2. 美国特殊教育立法的核心原则

美国特殊教育立法的精髓就是确保障碍学生能受到应有的教育，这主要集中反映在《残疾人教育法》中。从1975年到2004年，尽管《残疾人教育法》经过了4次修正，但其核心的精神和原则一直保持不变，几乎所有的条例、细则都遵循以下六条核心原则：零拒绝、无歧视评估、免费而适当的教育、最少受限制的教育环境、程序保障、家长与学生共同参与。

（1）零拒绝

学校必须接纳所有学生进行教育。不管学生有何种障碍或障碍程度有多严重，学校都不得以任何理由把学生排斥在免费的公共教育之外。

（2）无歧视评估

学校必须公正客观地鉴定评估学生。对特殊需要学生的鉴定评估，必须用无偏差的、多样的方法来鉴定学生是否具有特殊教育需要。评估的程序、工具和方法等都要科学，以防止因为种族、文化、语言的因素造成结果的偏见性。

（3）免费而适当的教育

政府必须向所有符合法律条件的障碍学生提供免费的教育。障碍学生从3岁到21岁（有的州为6岁到17岁）由政府从公用经费中支出，父母不需要承担教育费用。学校必须为每一个障碍学生制订并实施个别教育计划，以满足每一个学生独特的教育需要。

（4）最少受限制的教育环境

学校必须把因障碍造成的学生教育环境的受限程度减至最低。对障碍学生的安置，学校应尽最大的努力提供支持和服务，尽可能使他们与没有障碍的学生安置在一起学习，把隔离的因素减至最小，把隔离的程度降至最低。

（5）程序保障

学校必须为障碍学生的家长提供程序性的保障。当家长对学生的有关鉴定、评估、安置、个别教育方案制订等有异议或提出相关的要求，学校及教育行政部门应根据法律规定的要求，保护家长应有的权利并执行相应的程序。

（6）家长、学生的共同参与

学校必须保障家长与学生参与教育的权利。在制订特殊教育计划、服务措施时必须与家长、学生合作。家长和学生提出的意见和希望，必须在教育计划中得到应有的尊重。

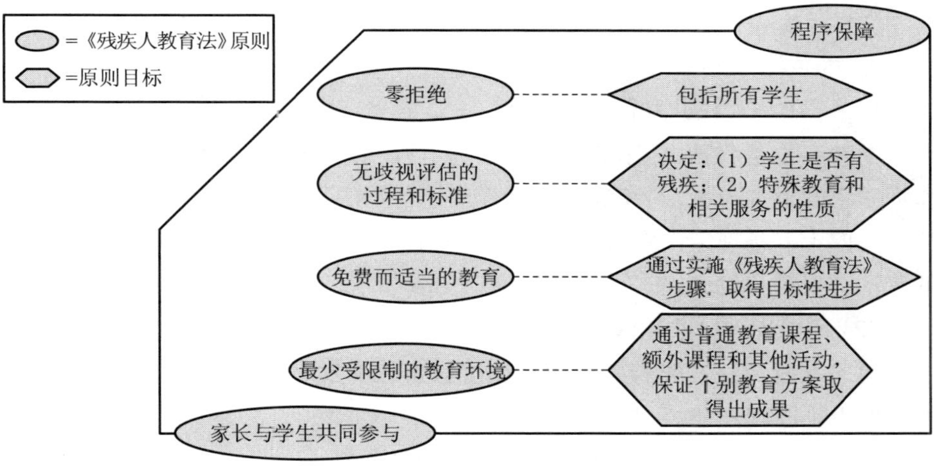

图 4-1　《残疾人教育法》六条原则之间的相互关系①

（三）特殊需要学生权利的中国承诺

中国政府一贯关心特殊需要学生的生存、教育和发展，也是最早有关国际公约的缔约国之一，在积极履行公约的同时，中国政府在相关的法律、法规中也对特殊需要学生的权利及保护作出了明确的规定。其中受教育权是保护的重点，因为受教育权是特殊需要学生的一项重要公法权利，也是享有其他权利、得以全面发展的前提。目前，我国的特殊教育法规体系主要由宪法中的教育条款，教育方面的法律、行政法规、部门规章等构成，基本形成了

① 路得·特恩布尔，安·特恩布尔，玛里琳·尚克，等. 近日学校中的特殊教育［M］. 方俊明，汪海萍，等，译. 上海：华东师范大学出版社，2004：56.

立法形式的体系化。我们可以从立法层次和立法内容两个角度来分析。从立法的层次上讲，分为国家法律、行政法规和地方性法规这三个层次。第一层次是相关教育法律，它由国家最高权力机关全国人民代表大会常务委员会制定和批准的。第二层次是教育行政法规，由国家最高行政机关国务院依据宪法和法律，按照一定程序制定和发布。第三层次是地方及国务院所属部门为实施法律、行政法规而作出的地方或部门事务规章。从立法的内容上讲，分为一般立法和专门立法。现在，我国不仅在三个层次的一般教育法规中有关于特殊教育的条款，而且有专门的残疾人教育法规；同时在一些非教育类的法律法规中也有涉及特殊教育的条款，使特殊需要学生受教育权得到多方面的保障。

1. 一般性法规

（1）《中华人民共和国宪法》

受教育权是我国《宪法》规定的基本权利之一，残疾儿童也不能例外。作为国家的根本大法，《宪法》对此作出了特别的强调。

第四十五条规定：国家和社会帮助安排盲、聋、哑和其他有残疾的公民的劳动、生活和教育。

（2）《中华人民共和国教育法》

我国《教育法》是特殊需要学生受教育权立法依据之一，对残疾学生的教育作出了原则性的规定。

第十条规定：国家扶持和发展残疾人教育事业。

第三十八条规定：国家、社会、学校及其他教育机构应当根据残疾人身心特性和需要实施教育，并为其提供帮助和便利。

（3）《中华人民共和国义务教育法》

我国《义务教育法》主要对特殊教育义务主体的政府领导、实施机构及其教育经费等作出了明确的规定。

第六条规定：国务院和县级以上地方人民政府应当合理配置教育资源，促进义务教育均衡发展，改善薄弱学校的办学条件，并采取措施，保障农村地区、民族地区实施义务教育，保障家庭经济困难的和残疾的适龄儿童、少年接受义务教育。

第十九条规定：县级以上地方人民政府根据需要设置相应的实施特殊教育的学校（班），对视力残疾、听力语言残疾和智力残疾的适龄儿童、少年实施义务教育。特殊教育学校（班）应当具备适应残疾儿童、少年学习、康复、生活特点的场所和设施。

普通学校应当接收具有接受普通教育能力的残疾适龄儿童、少年随班就读，并为其学习、康复提供帮助。

第四十三条规定：特殊教育学校（班）学生人均公用经费标准应当高于普通学校学生人均公用经费标准。

（4）《中华人民共和国高等教育法》

高等教育是特殊需要学生教育的重要一环，我国《高等教育法》对此也有相关规定，主要涉及的是入学歧视的禁止方面。

第九条规定：高等学校必须招收符合国家规定的录取标准的残疾学生入学，不得因其残疾而拒绝招收。

（5）《中华人民共和国职业教育法》

特殊需要学生的职业教育直接关系到他们未来可持续地生存、发展和生活质量的提高，因此，我国在《职业教育法》中也有相关的规定。

第七条规定：国家采取措施，帮助妇女接受职业教育，组织失业人员接受各种形式的职业教育，扶持残疾人职业教育的发展。

第十五条规定：残疾人职业教育除由残疾人教育机构实施外，各级各类职业学校和职业培训机构及其他教育机构应当按照国家有关规定接纳残疾学生。

除了以上所提及的一般性的法律外，在《中华人民共和国妇女权益保障法》、《中华人民共和国未成年人保护法》中也有专项的规定，来保障特殊需要学生的受教育权。

2. 专门性法规

以上我们主要是从一般的立法中分析对特殊需要学生受教育权的保护。除此以外，我国还有一些专门性的立法。专门性的立法主要是指针对包括受教育权在内的残疾人权利所作的专项立法。

（1）《中华人民共和国残疾人保障法》

《中华人民共和国残疾人保障法》于 1990 年 12 月 28 日通过，2008 年 4 月 24 日修订，2008 年 7 月 1 日起施行。该法的出台标志着残疾人事业被正式纳入国家法律体系。这一立法内容全面丰富，其中第三章为“教育”专项内容，对残疾人教育发展的职责原则、具体要求、发展方针、办学渠道、教育类型、教育方式、师资培养以及辅助手段等作出了规定。

（2）《中华人民共和国残疾人教育条例》

《中华人民共和国残疾人教育条例》于 1994 年 8 月 23 日由国务院颁布。它是根据《中华人民共和国残疾人保障法》由国务院颁布的我国第一部有关残疾人教育的专项行政法规。该条例共分九个部分：总则、学前教育、义务教育、职业教育、普通高级中等以上教育及成人教育、教师、物质条件保障、奖励与处罚、附则，对具体的教育类型、师资培养及教育经费等作出了进一步的细化。

（3）《特殊教育学校暂行规程》

1998 年，教育部出台了《特殊教育学校暂行规程》，明确了特殊学校的办学原则和培养目标。在这一目标下，围绕学生受教育权的保护，从入学及学籍管理，教育教学工作，校长、教师和其他人员，机构与日常管理，卫生保健及安全工作，校园、校舍、设备、经费，以及学校、社会与家庭七个方面对特殊教育学校的管理作出规定。

除了以上一些重要的专项法规外，各省市、自治区也根据国家相关的法律、法规制定了地方特殊教育法规，在此我们不作详细的介绍。

通过以上相关法规的分析可以看出，我国在特殊需要学生权利的保护方面作出了积极的努力，取得了较大的成绩，但在许多方面还亟待完善。由于诸多原因，特殊需要学生受教育权还难以得到充分的保障和实现。统计表明，我国仍有大量的适龄残疾儿童没有接受义务教育，情况比较严重。中国残疾人联合会《2009 年中国残疾人事业发展统计公报》表明：截止到 2009 年底，全国未入学适龄残疾儿童少年总数 21.1 万人，其中视力残疾人 3.1 万人，听力残疾人 2.9 万人，言语残疾人 2.0 万人，智力残疾人 4.4 万人，肢体残疾人 4.6 万人，精神残疾人 1.4 万人，多重残疾人 2.7 万人。

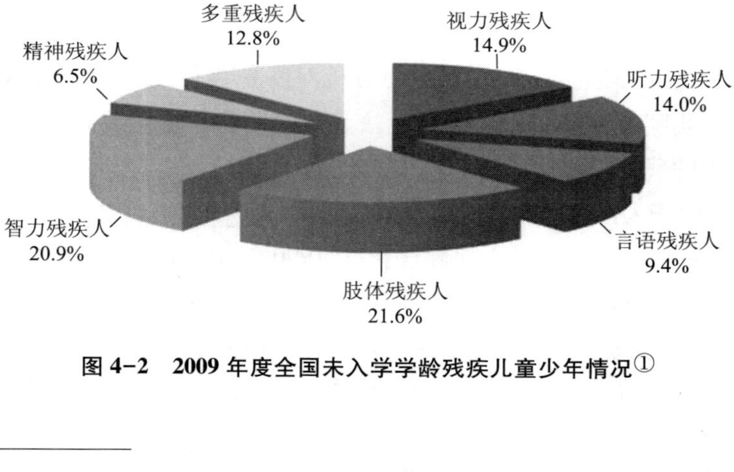

图 4-2　2009 年度全国未入学学龄残疾儿童少年情况[①]

---

① 中国残疾人联合会. 2009 年中国残疾人事业发展统计公报. http：//www. cdpf. org. cn/sytj/content/2010-04/01/content_ 30272746. htm.

如果从法律保障方面探讨，我国特殊需要学生权利保障目前存在着“整体上立法偏于原则化，制度供给不足”① 的缺陷，主要表现在以下几个方面：一是政策宣誓的成分多，法规的强制性不足。如现行的《残疾人教育条例》，一共 52 个条目，除了第九条使用了“必须”一词外，其余条目共使用了 44 个“应当”的措辞，严重地削弱了法规的强制性，也降低了法规的威信。二是过于原则化，缺乏细化的要件指标，使得在实施时难以操作落实。如，关于教育经费、障碍鉴定等方面，规定得都很笼统、模糊，寻致责任不明、运作无机制。三是保障层次偏低，保障的力度不够。如比较偏重于残疾学生入学机会的平等，而忽视整个教育过程的平等，不能保障有质量的教育结果。四是支持体系不全面，缺乏统筹社会资源运行的保障机制。如对特殊教育需要的技术支持、特殊需要学生的终身学习、社会教育以及家庭教育的关注不足；对满足残疾人多样化、个性化的教育需求，推进教育融合的规定相对欠缺等。相信通过有关立法的不断完善，特殊需要学生的受教育权将会越来越得到充分而有力的保障。

第二节　特殊需要学生的分类

特殊需要学生的分类是一个非常复杂的问题，它不单纯地涉及教育，还涉及特殊教育历史、社会心理、情绪伦理和法律法规、公共政策的方方面面。要不要进行分类、如何进行分类以及分类引起的标签化等问题在特殊教育发展过程中曾引起激烈的争论，这种争论一直延续至今，影响着特殊教育的改革和发展。

一、类别划分

（一）超常学生的分类

超常学生的分类相对比较简单，也比较一致。除了美国等少数发达国家有专门的法律规定外，多数国家并没有对超常学生的教育进行专门立法，在理论界也没有太大的争议。

---

① 王利明，马玉娥，安守廉，等. 残疾人法律保障机制研究［M］. 北京：华夏出版社，2008：264.

1. 超常学生的概念及特征

超常学生又可称为天才学生、资赋优异学生或神童，是指智力水平明显高于同龄者的平均水平（一般智商在130以上），或在某一方面具有特殊才能的学生。一般来说，超常学生不仅智力水平高，而且在身体素质、情绪调节和社会适应等方面，也优于常人，他们的出现率约在1%—3%。对于超常学生，研究者普遍认为具有以下五个方面的特征：具有敏锐的感知观察力，能对事物迅速而灵敏地获知和辨识；注意力集中，记忆力强，能够对事物进行迅速的再认、辨识和分析；思维敏捷，想象力丰富，理解能力强，具有独创性；兴趣浓厚，求知欲强；有强烈的进取心，学习勤奋，有恒心。

2. 超常学生的类型

超常学生的分类也有不同的分法，其中美国1988年发布的《超常学生教育法》中对类型的划分被大多学者所引用，该法案把超常学生分为五大类：智能型、创造型、学术型、领导型、艺术型。

（1）智能型

智能型主要是指具有超高智商的学生。这也是最常见、最为大众所熟悉的超常类型学生，一般其智商测验的测试结果超过130。

（2）创造型

创造型是指具有卓越创造或生产性思考能力的学生。这类超常学生往往具有天马行空的创意，可以把几个单独成立的元素组合成新的构想、概念，并运用到实际生活中。

（3）学术型

学术型是指在某些特定的学术领域如语言或数理逻辑方面具有非凡才能的学生。这类学生在某个学科上的百分等级成绩评定，可达到95%以上的比率，即在100个人中，学习成绩可以赢过95个人以上。

（4）领导型

领导型是指具有超乎寻常的领导能力，带领他人作出决定、达成共识的学生。这类学生一般在社会心理能力方面表现出众，多能勇于负责，引导团体成员克服困难，实现目标。

（5）艺术型

艺术型是指在艺术创造及其表现上具有天分的学生。这类学生往往在视觉、表演艺术或心理动作能力方面具有高水准的表现，如在绘画、雕塑等视觉艺术领域呈现出杰出的天赋，或是对舞蹈、音乐、戏剧表演等有不凡的热爱与天赋。

（二）障碍学生的划分

障碍学生的划分要比超常学生复杂得多。角度不同，依据不同，划分的方法也不同。从目前特殊教育发展的状况来看，我们可以大致归纳为三种不同的划分系统，即学科定位、法律认定和教育活动这三种不同取向的分类方法，各种划分体系之间既相互关联，又相互区别。

1. 学科定位的划分

学科定位的划分方法是指在特殊教育研究中，根据特殊教育对象的特殊性，为了使特殊教育与其他学科或其他领域的研究有所区别而进行的划分。本书在第一章中所进行的关于特殊教育对象的划分就是基于学科定位的划分。尽管在范围的限定方面观点有所不同，但在分类的性质与称谓上基本是一致的。

2. 法律认定的划分

法律认定的划分方法是指国家对所提供特殊教育服务的对象范围作出相关法律规定。在法律法规层面，由于特殊教育对象的认定涉及许多社会公共政策的制定，诸如教育免费或其他优先补偿服务等，必须以法律法规来明确各类教育对象的范围。

世界上大多数的国家和地区，通过相关的法律、法规确定了特殊教育对象的范围类别。不过由于社会经济发展水平和教育条件的影响，在不同的国家和地区，在不同的教育发展时期，对特殊需要学生范围的理解、界定和类别划分也各有不同。法律系统的分类主要以医学诊断为基础，辅以心理学为依据，即以临床症状，解剖、病理或生理特征为基础来划分，这种划分可以比较明确地区分不同的残疾或障碍类型及其性质，成为特殊教育对象分类的基本原则和根据。下面分别介绍我国大陆和台湾地区以及美国有关的划分情况。

（1）中国大陆

到目前为止，我国还没有一部专门性的特殊教育法对特殊教育对象作法律性的规定。1994 年 8 月 23 日颁布实施的《中华人民共和国残疾人教育条例》是我国第一部有关残疾人教育的专项行政法规，因此在特殊教育对象的法律划分上，主要依赖于《中华人民共和国残疾人保障法》中对残疾的划分依据。2006 年第二次全国残疾人抽样调查时，将残疾分为七类：视力残疾、听力残疾、言语残疾、智力残疾、肢体残疾、精神残疾、多重残疾。在此基础上，2010 年根据国家标准化管理委员会下达的国家标准制订计划，由中国残疾人联合会牵头制定了《残疾人残疾分类和分级》国家标准，对其中每类残疾按其程度分为四级：残疾一级、残疾二级、残疾三级和残疾四级。残疾一级为极重度，残疾二级为重度，残疾三级为中度，残疾四级为轻度。

表 4-1　中国残疾分类及其定义分级

类　别	定　义
视力残疾	各种原因导致双眼视力低下并且不能矫正或双眼视野缩小，以致影响其日常生活和社会参与。视力残疾包括盲及低视力。
听力残疾	各种原因导致双耳不同程度的永久性听力障碍，听不到或听不清周围环境声及言语声，以致影响其日常生活和社会参与。
言语残疾	各种原因导致的不同程度的言语障碍，经治疗一年以上不愈或病程超过两年，而不能或难以进行正常的言语交流活动，以致影响其日常生活和社会参与。包括：失语、运动性构音障碍、器质性构音障碍、发声障碍、儿童言语发育迟滞、听力障碍所致的言语障碍、口吃等*（3 岁以下不定残）。
肢体残疾	人体运动系统的结构、功能损伤造成的四肢残缺或四肢、躯干麻痹（瘫痪）、畸形等导致人体运动功能不同程度丧失以及活动受限或参与的局限。主要包括：上肢或下肢因伤、病或发育异常所致的缺失、畸形或功能障碍；脊柱因伤、病或发育异常所致的畸形或功能障碍；中枢、周围神经因伤、病或发育异常造成躯干或四肢的功能障碍。
智力残疾	智力显著低于一般人水平，并伴有适应行为的障碍。此类残疾是由于神经系统结构、功能障碍，使个体活动和参与受到限制，需要环境提供全面、广泛、有限和间歇的支持。智力残疾包括在智力发育期间（18 岁之前）**，由于各种有害因素导致的精神发育不全或智力迟滞；或者智力发育成熟以后，由于各种有害因素导致智力损害或智力明显衰退。
精神残疾	各类精神障碍持续一年以上未痊愈，由于存在认知、情感和行为障碍，以致影响其日常生活和社会参与。
多重残疾	同时存在视力残疾、听力残疾、言语残疾、肢体残疾、智力残疾、精神残疾中的两种或两种以上残疾。

*　特殊教育中的听觉障碍与言语障碍是两个不同的概念，它们之间没有因果等关联因素，由听觉障碍造成的言语或语言障碍仍归属听觉障碍。

**　特殊教育中的智力障碍学生指 18 岁之前。

（2）中国台湾

我国台湾地区在“特殊教育法”中规定：特殊教育对象包括身心障碍和资赋优异（即超常或天才）两类人群，其中身心障碍包括智能障碍、视觉障碍、听觉障碍、语言障碍、肢体障碍、身体病弱、严重情绪障碍、学习障碍、多重障碍、自闭症、发展迟缓以及其他显著障碍共 12 类。

（3）美国

美国 2004 年《残疾人教育法》（Individual with Disabilities Education Improvement Act of 2004，简称 IDEA 2004）把特殊需要学生分为 13 类，并对每一类都作了定义（见表 4-2），国际上大多数国家引用 IDEA 2004 的界定。

表 4-2 美国 IDEA 2004 特殊需要学生分类

类别	定义
学习障碍	在涉及理解或使用语言、说话或写作的基本心理过程中，存在一种或多种障碍，表现为听、说、读、写、思考及数学计算方面存在缺陷。
言语或语言障碍	一种交流障碍，如口吃、口齿不清、发音器官损伤等。
智力障碍	智力显著低于正常水平的儿童，其伴随症状为适应性行为的不足，从而导致学业不良。
情绪障碍	在较长时间内表现出某种程度的情绪症状，从而影响学业成绩。
多重障碍	同时伴有多种功能损伤，导致其教育需求不能单独由各个单项障碍的特殊教育计划来满足。多重障碍不包括“聋—盲”障碍。
听觉障碍	在听觉功能上存在永久性或暂时性缺陷，从而影响儿童的学业成绩。
肢体运动障碍	由于某种体损伤导致儿童的学业成绩不良，包括疾病引起的先天畸形（如小儿麻痹症），以及由于其他原因（如脑性麻痹）引起的后天缺陷。
其他健康障碍	力量、灵活性或警戒性不足，以及对环境刺激的过分紧张，从而导致儿童对学习环境的适应能力不足。其产生原因是一些慢性或急性疾病，如哮喘、糖尿病、癫痫、血友病、白血病、肾炎、风湿热等。
视觉障碍（包括全盲）	视觉功能的缺陷，包括低视力及全盲。

续表

类 别	定 义
自闭症	一种发展障碍。它在 3 岁前便能明显影响儿童言语交流能力及社会交流能力，从而影响儿童的教育表现。
聋—盲	伴有听觉及视觉障碍，仅凭聋生或盲生的特殊教育计划无法满足他们的交流、发展及教育需求。
外伤性脑损伤	由于外界物理因素造成的脑损伤。它将导致脑功能或心理功能全部或部分受损，从而影响儿童的学业。
发展迟缓	经过一定的诊断工具及程序确定，在以下一个或多个领域存在问题的儿童：生理发展、认知发展、交流能力、社会情绪发展以及适应能力。

3. 教育活动的划分

以教育活动划分的方法是指直接与教育活动相联系，根据障碍的某些相似性特征和教育实施的特点，把在教育教学上有着相同或相近的特殊需要的学生进行归类划分，而这种划分也有不同的角度。

（1）以障碍的系统特征进行划分

以障碍的系统特征划分是指根据障碍的某些相似性特征进行归类的一种划分方法，这种方法在特殊教育活动中运用得最为普遍。根据这一方法，特殊教育需要学生主要可分为以下五类。

①感官性障碍学生：是指因感觉器官问题造成的感觉通道存有障碍的学生，主要指视觉或听觉障碍学生。

②发展性障碍学生：是指因感觉发展迟滞、失调、损伤，或在认知、沟通、社交及运动能力等发展领域存在着障碍，导致生活自理、社会参与等方面的功能受到明显限制的学生。发展性障碍学生在其发展的某些阶段或过程中存在着一些共同的特征，主要包括智力障碍、自闭障碍、脑瘫、脑外伤、癫痫及情绪行为障碍。但需要说明的是，美国《残疾人教育法案》中是把发展迟缓作为与智力障碍分开单列的一个类型，主要是指儿童在 9 岁以前，在生理发展、认知发展、语言及沟通发展、心理社会发展或生活自理等方面，显著落后于同年龄儿童，但其原因未知或难以进行障碍的分类，为了避免标签化，而统一用发展迟滞来指称。

③身体健康障碍学生：身体障碍学生包括肢体障碍和身体病弱两类。身

体病弱学生又称健康障碍学生，是指因身体长期患有疾病或体质羸弱而存在学习困难的学生。

④沟通障碍学生：是指因言语或语言问题造成沟通交际障碍并影响学习的学生，主要分为言语障碍和语言障碍两类。

⑤多重障碍学生：是指兼有两种或两种以上障碍，且障碍之间没有因果或其他连带关系的学生。

表 4-3　中国、美国障碍（残疾）分类比较

类别 国家（地区）	感官障碍		发展性障碍						沟通障碍	身体健康障碍		多重障碍		
中国大陆	视力残疾	听力残疾	智力残疾	精神残疾					言语残疾	肢体残疾		多重残疾		
中国台湾	视觉障碍	听觉障碍	智能障碍	严重情绪障碍	学习障碍	自闭症		发展迟缓	语言障碍	肢体障碍	身体病弱	多重障碍		其他障碍
美国	视觉障碍	听觉障碍	智力障碍	情绪障碍	学习障碍	自闭症	外伤性脑损伤	发展迟缓	言语或语言障碍	肢体运动障碍		聋—盲	多重障碍	其他健康障碍

（2）以障碍程度进行划分

根据障碍对学生影响的程度或障碍引起的特殊需要支持程度进行划分，可分为轻度障碍学生和重度障碍学生。在教育上，相同程度障碍的学生可以采取某些类似的教育方式或措施，因为同一程度的障碍学生的许多特征都相同或相近。

①轻度障碍学生

轻度障碍学生主要是指障碍的综合影响带来较轻的教育问题，他们在学习和生活中的特殊需要支持简单、有限，主要包括轻度智力障碍学生、轻度学习障碍学生和轻度情绪障碍学生这三类。轻度障碍学生有很多的相似特征，很多的干预措施也是通用的，并且如果在普通学校的课堂里，进行随班就读教育时，他们不需要特殊教育老师全天候提供帮助就能够有效地进行学习。

②重度障碍学生

重度障碍学生指因为严重的肢体、智力或情绪问题，需要较高的专业化教育、社会、心理和医疗服务使他们的潜能得到最大发展，才能在社会中有质量地生活，有意义地参与社会事务，进而实现自我的学生。重度障碍学生包括那些有严重情绪困扰（包括精神分裂症）、自闭症、重度智力落后以及那些有两种或两种以上的多重障碍的学生，如又盲又聋者、智力落后且盲者、脑瘫且聋者。重度障碍学生一般都有严重的言语语言障碍，或认知缺陷和明显的问题行为，如不能对社会环境刺激做出反应，又有自残行为、自我刺激、紧张、长时间发脾气等，他们一般都缺乏基本的言语交际能力，有些学生生体状况也很虚弱。总之，重度障碍学生在适应技能方面所需要的支持非常广泛，并且一般来说，会同时存在两种或更多的障碍。

需要指出的是，这里所谈及的障碍程度划分，主要指类别划分。实际上，某一类别障碍学生的内部也可以其障碍程度进行更细的程度层次划分，见表4-4。

表 4-4　中国残疾程度分级标准

障碍类型	分级标准	分类级别		分级指标
视觉障碍	视力和视野状态	盲	一级	无光感—<0.02；或视野半径<5度
			二级	0.02—<0.05；或视野半径<10度
		低视	三级	0.05—<0.10
			四级	1—<0.3
听觉障碍	按较好耳平均听力损失（不配戴助听放大装置）	一级，极重度障碍		听力损失>90 dB HL
		二级，重度障碍		听力损失：81—90dB HL
		三级，中度障碍		听力损失：61—80dB HL
		四级，轻度障碍		听力损失：41—60dB HL

续表

<table>
<tr><th>障碍类型</th><th>分级标准</th><th>分类级别</th><th colspan="3">分级指标</th></tr>
<tr><td rowspan="4">言语障碍</td><td rowspan="4">主要按语音清晰度</td><td>一级，极重度障碍</td><td colspan="3">语音清晰度≤10%</td></tr>
<tr><td>二级，严重障碍</td><td colspan="3">语音清晰度：11%—25%</td></tr>
<tr><td>三级，中度障碍</td><td colspan="3">语音清晰度：26%—45%</td></tr>
<tr><td>四级，轻度障碍</td><td colspan="3">语音清晰度：46%—65%</td></tr>
<tr><td rowspan="4">智力障碍</td><td rowspan="4">按 0—6 岁和 7 岁及以上两个年龄段发育商①、智商和适应行为分级②</td><td>一级，极重度（AB）</td><td>DQ≤25</td><td>IQ<20</td><td>WHO-DASⅡ③：≥116 分</td></tr>
<tr><td>二级，重度（AB）</td><td>DQ：26—39</td><td>IQ：20—34</td><td>WHO-DASⅡ：106—115 分</td></tr>
<tr><td>三级，中度（AB）</td><td>DQ：40—54</td><td>IQ：35—49</td><td>WHO-DASⅡ：96—105 分</td></tr>
<tr><td>四级，轻度（AB）</td><td>DQ：55—75</td><td>IQ：50—69</td><td>WHO-DASⅡ：52—95 分</td></tr>
<tr><td rowspan="4">精神障碍</td><td rowspan="4">18 岁及以上依据 WHO-DAS Ⅱ 分值和适应行为表现分级，18 岁以下依据适应行为的表现分级</td><td>一级，极重度障碍（AB）</td><td colspan="3">WHO-DASⅡ > 116 分</td></tr>
<tr><td>二级，重度障碍（AB）</td><td colspan="3">WHO-DASⅡ：106—115 分</td></tr>
<tr><td>三级，中度障碍（AB）</td><td colspan="3">WHO-DASⅡ：96—105 分</td></tr>
<tr><td>四级，轻度障碍（AB）</td><td colspan="3">WHO-DASⅡ：52—95 分</td></tr>
</table>

① DQ 发育商（development quotient）是衡量婴幼儿智能发展水平的指标，英文缩写为“DQ”。

② 0—6 岁儿童发育商小于 72 的直接按发育商分级，发育商在 72—75 的按适应行为分级。7 岁及以上按智商、适应行为分级；当两者的分值不在同一级时，按适应行为分级。WHO-DASⅡ分值反映的是 18 岁及以上各级智力残疾的活动与参与情况。适应行为分 4 个级别：

极重度——不能与人交流、不能自理、不能参与任何活动、身体移动能力很差；需要环境提供全面的支持，全部生活由他人照料。

重度——与人交往能力差、生活方面很难达到自理、运动能力发展较差；需要环境提供广泛的支持，大部分生活由他人照料。

中度——能以简单的方式与人交流、生活能部分自理、能做简单的家务劳动、能参与一些简单的社会活动；需要环境提供有限的支持，部分生活由他人照料。

轻度——能生活自理、能承担一般的家务劳动或工作、对周围环境有较好的辨别能力、能与人交流和交往、能比较正常地参与社会活动；需要环境提供间歇的支持，一般情况下生活不需要由他人照料。

③ WHO-DASⅡ为世界卫生组织《残疾评定量表Ⅱ》的英文缩写（WHO Disability Assessment Schedule Ⅱ）。

续表

障碍类型	分级标准	分类级别	分级指标
肢体障碍	按人体运动功能丧失、活动受限、参与局限的程度分级（不配戴假肢、矫形器及其他辅助器具）	一级，极重度障碍	不能独立实现日常生活活动，并具备下列状况之一： a）四肢瘫：四肢运动功能重度丧失； b）截瘫：双下肢运动功能完全丧失； c）偏瘫：一侧肢体运动功能完全丧失； d）单全上肢和双小腿缺失； e）单全下肢和双前臂缺失； f）双上臂和单大腿（或单小腿）缺失； g）双全上肢或双全下肢缺失； h）四肢在手指掌指关节（含）和足趾跖关节（含）以上不同部位缺失； i）双上肢功能极重度障碍或三肢功能重度障碍。
		二级，重度障碍	基本上不能独立实现日常生活活动，并具备下列状况之一： a）偏瘫或截瘫，残肢保留少许功能（不能独立行走）； b）双上臂或双前臂缺失； c）双大腿缺失； d）单全上肢和单大腿缺失； e）单全下肢和单上臂缺失； f）三肢在手指掌指关节（含）和足趾跖关节（含）以上不同部位缺失（一级中的情况除外）； g）二肢功能重度障碍或三肢功能中度障碍。

续表

障碍类型	分级标准	分类级别	分级指标
肢体障碍	按人体运动功能丧失、活动受限、参与局限的程度分级（不配戴假肢、矫形器及其他辅助器具）	三级，中度障碍	能部分独立实现日常生活活动，并具备下列状况之一： a）双小腿缺失； b）单前臂及其以上缺失； c）单大腿及其以上缺失； d）双手拇指或双手拇指以外其他手指全缺失； e）二肢在手指掌指关节（含）和足跗跖关节（含）以上不同部位缺失（二级中的情况除外）； f）一肢功能重度障碍或二肢功能中度障碍。
		四级，轻度障碍	基本上能独立实现日常生活活动，并具备下列状况之一： a）单小腿缺失； b）双下肢不等长，差距≥50 mm； c）脊柱强（僵）直； d）脊柱畸形，后凸>70 度或侧凸>45 度； e）单手拇指以外其他四指全缺失； f）单手拇指全缺失； g）单足跗跖关节以上缺失； h）双足趾完全缺失或失去功能； i）侏儒症（身高≤1300 mm 的成年人）； j）一肢功能中度障碍或两肢功能轻度障碍； k）类似上述的其他肢体功能障碍。

（3）以障碍发生率进行划分

发生率又称出现率，为统计学词汇，它是指在某时间内一组人群新发生的例数。障碍发生率通常是指某地区一定时间内新发现障碍儿童数与该地区儿童总数的比率。依据障碍的发生率，可以把障碍学生划分为低发生率障碍学生和高发生率障碍学生。低发生率障碍学生的总数低于所有障碍学生人数的 20%，主要包括自闭症，中度、重度或多重感官障碍，肢体及其他健康障碍学生等。低发生率学生的最显著的特征是需要多样、复杂的特殊教育支持和精细化的教学辅助。

与此相反，高发生率的障碍学生则是总数高于所有障碍学生人数的80%，主要包括言语或语言障碍、学习障碍、情绪障碍或轻度智力障碍学生等。高发生率的障碍学生有三个方面共同的特征：

①如果不是因为障碍，在一般的生活场景中（尤其是在非学习场景中），他们很难与其他同伴区分出来；

②他们常常表现出行为、社交和学业相关联的综合性问题；

③他们需要系统的、具体的、结构化的教育教学及其干预措施。与低发生率障碍学生相比，高发生率的障碍学生的教育主要是通过教学的适调来满足其特殊需要，而不是对课程的全面调整。

表 4-5　中国、美国、日本障碍儿童少年出现率（单位：%）①

国家(地区) 类别	中国大陆 (1987 年)	中国台湾 (1993 年)	日本 (1967 年)	美国 (1993 年)
听觉障碍	0.28	0.08	0.08	0.10
视觉障碍	0.06	0.05	0.11	0.04
智力障碍	1.75	0.84	2.07	1.01
肢体障碍	0.20	0.10	0.18	0.08
精神障碍	0.005			
其他健康障碍		0.06	0.49	0.08
言语语言障碍	0.09	0.08	0.33	1.73
情绪障碍		0.20	0.43	0.58
学习障碍		0.44		2.92
多重障碍	0.26	0.28		0.15
盲—聋				0.003
自闭症		0.02		
颜面伤残		0.01		
占儿童（或在校生）总数	2.66	2.12	3.69	6.69

① 顾定倩. 特殊教育导论［M］. 辽宁：辽宁师范大学出版社，2001：9.

二、关于分类的争论

（一）词语的标签作用

从语言学的角度看，语言是思维的工具，言语则是对于语言的运用。在言语活动中，词语的选择往往潜藏着使用者的意识和观念。因为词语除了理性意义、语法意义之外，还具有情感色彩意义。有些词语文字上的差异很小，理念上的差异可能很大。其中词语的感情色彩是最常见的一种，它饱含着情感的好恶与褒贬。在传统习惯上，人们普遍称呼超常学生为天才、神童，而往往称呼障碍学生为“残废”、“瞎子”、“聋子”、“哑巴”、“白痴”、“呆子”、“傻瓜”等。这些术语在感情色彩上都有一个共同的特征：要么具有强烈的羡慕、称赞和肯定的色彩，要么具有强烈的消极、贬低或否定的意涵，而任何一种具有感情色彩词语所形成的标签，无论是消极、贬低性的，还是积极、褒扬性的，都会对人的认知、情感、态度以及行为产生相应性质的影响（见图 4-1）。特别是使用这种带有明显消极、贬损或否定色彩的词语来称谓有障碍的特殊需要学生时，就如同给学生贴上一个具有贬低性的标签。

对于特殊教育来说，这种贬低性的标签不仅于教育无益，更重要的是给学生带来人格的伤害和一系列的消极问题。由此，关于提倡以尊重性标签的术语代替贬低性的标签术语，或者干脆反对给特殊需要学生分类的主张，引起了一场特殊教育领域的争论。

（二）分类标签化的争论

关于分类标签化的问题，在数百年前似乎并不是一个问题，因为那时残疾人面对的首要问题是生存，而不是其他，能够活下来而不被抛弃已是万幸。随着社会的发展，尤其进入人权保障、民主关怀的现代，传统上对于特殊需要学生具有贬低性的标签称呼，以及以医学的视角从缺陷、残疾特征进行的分类是否恰当，引起了越来越多的争论。

1. 标签的消极意义

反对分类的学者大多从社会学的立场来批判标签化。他们认为标签化主要存在以下三个方面的消极意义。

首先，标签具有歧视性。一旦某个学生被贴上某种残疾标签，人们会首先关注这个残疾标签赋予的个体特征而不是其他特征，并把贴上某种标签的同类人视为一样的。

其次，标签带来低期望值。给学生进行分类，贴上某个标签，意味着我们用这个标签来称呼这些学生的时候，不由自主地会在心理上带有一种低期望的心态，隐含着这些学生是盲的、聋的或弱智的，是不如“正常人”的。

最后，标签会给被标签者带来身心伤害。被标签的学生，也会由于标签的影响，感到自己是没有价值或被社会视为一种负面的意义，而产生消极悲观的情绪心理。

2. 标签的积极意义

然而废除标签的论点同样遭到有力的反驳。从教育的角度来说，分类是区别和回应学生学习差异的前提和基础。在具体的教育过程中，只有对学生的特殊需要的性质、类别和程度等进行具体的评估，才能采取相应的措施来满足特殊教育需要，以求最大限度地促进他们的发展。有学者认为，标签的影响不是确定的。从某种角度来讲，标签恰恰为特殊需要学生提供了一种保护。正是因为残疾的标签，才使没有残疾的人能够理解和宽容有标签学生的一些异常行为，同时，标签也彰显了特殊需要学生的特殊需要。

表 4-6　标签支持者和反对者的争论①

支持者	反对者
1. 标签有助于辨认儿童，因此它可以作为诊断和治疗的基础； 2. 标签可作为对特殊儿童的病因、预防和治疗进行深入研究的基础； 3. 标签可作为对儿童进行因材施教的基础，常常可以向儿童提供在其他训练计划中所得不到的良机； 4. 标签允许地方学校通过州和联邦立法得到额外的财力；	1. 标签可能使医生满足于运用标签的现成结论（如孤独症、脑功能轻微失调等），而不去提出新的治疗计划； 2. 标签会导致因缺乏经验而对表面上有些异常的少数儿童作出错误的诊断； 3. 标签注重个体而不强调社会环境的条件，从而会延缓必要的社会改革； 4. 标签导致对个性和多样化文化背景的政策与实践贬低及蔑视；

① ［美］柯克，加拉赫. 特殊儿童心理与教育［M］. 汤盛钦，银春铭，等，编译. 天津：天津教育出版社，1989：34-36.

续表

支持者	反对者
5. 标签可用于团结自愿支持各种特殊儿童的母亲，这在促成财力或其他援助方面产生影响； 6. 标签有助于法规的通过； 7. 标签对行政管理能起合理的组织作用； 8. 标签可以作为交流的简明用语，为交流提供方便，使交流集中在某种有关的特点上。	5. 标签可能被作为一种社会控制的工具，用来排除不受欢迎的学生，贴标签是一种“排斥的过程，却伪装成一种补救的过程”； 6. 一个儿童一旦被贴上标签，到后来情况已经有了变化时，往往还要继续学习已不适合于他的课程； 7. 标签使人们对童年时期迅速的、参差不齐的发育模式失去判断力，可能让一个儿童学习远远低于他发展水平的课程； 8. 标签拒绝接受童年期有益的社会生活的正常经验； 9. 标签把有些儿童置于不适当的、得不到关心的“使错误诊断合法化”的境地； 10. 因为标签的不完善，在交流中会包含有偏见和老框架。

（三）选择性标签分类

在关于分类与标签化的争论中，相悖观点的双方都提出了许多理由来证明自己的正确。但是，双方都缺乏足够的说服力来驳倒对方。分类还是不分类至今也没有定论。于是，许多特殊教育工作者建议采取选择性的标签称谓来减轻标签化的消极影响。如把弱智儿童改为智力障碍儿童或智力挑战儿童，把特殊儿童称为有特殊教育需要的儿童，等等。

但是不管怎样改变，正如一些特殊教育工作者指出的，“标签是不可避免的，一种标签被废除，又会被另一种标签所代替，即使废除标签，也不会从根本上消除社会上对残疾人的歧视和偏见”①。因此，分类及其标签化问题犹如一把双刃剑，积极与消极相应而生。一味地否定分类，主张废除标签，是反科学、反经验的极端表现；同样，分类中不重视标签的危害，也是只见“物”而不见“人”，也是不足取的。标签的危害不在于分类本身，关键在于

① William L. Heward. Exceptional Children: An Introduction to Special Education [M]. 9th ed. New Jersey: Peason, 2009: 14.

分类所持的态度和方法是否正确合理。为了研究的需要，从教育的意义上来说，我们仍然需要进行分类。这既是为了方便研究，也可以强调标签的教育意义，而非其他含义。因此，在对特殊需要学生进行诊断评估时，应确立一种无歧视的评估理念，以科学有效的方法，尽最大努力把分类标签化的消极影响降低到最低程度，或尽量避免贬低性的标签，提倡尊重性的标签，运用一些如障碍、特殊需要等肯定性的术语来描述学生的特点。

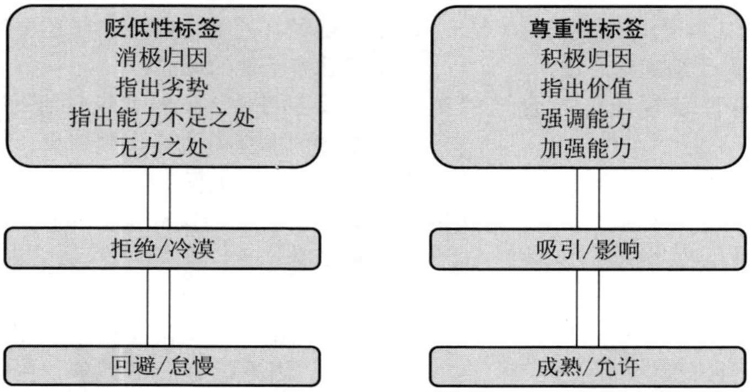

图 4-3　标签的影响①

第三节　特殊需要学生的发展

辩证地看待特殊需要学生的发展是树立正确的特殊教育观的前提。在第三章中我们已从辩证的角度比较详细地阐述了特殊教育中的个体发展问题。本节我们在讨论特殊需要学生发展特点的基础上，着重论述障碍对学生发展影响的多样性和复杂性。

一、学生的非典型发展

非典型发展是特殊需要学生发展的明显特征，非典型发展是相对于典型发展而言的，理解学生的非典型发展，就必须先理解学生发展的概念，并通过典型发展与非典型发展的比较来进一步理解特殊需要学生发展的问题。

---

① 路得·特恩布尔，安·特恩布尔，玛里琳·尚克，等. 近日学校中的特殊教育［M］. 方俊明，汪海萍，等，译. 上海：华东师范大学出版社，2004：11.

（一）学生发展的概念

发展是指事物由小到大、由简到繁、由低级到高级、由旧质到新质的变化过程。学生的发展既是指其机体的生物性成熟过程，也是指认知、个性和社会性发展的过程。身心发展包括身体的发展和心理的发展两个方面，身体的发展是指机体的正常发育和体质的增强；心理的发展是指认知、情感、态度及行为的发展。身体发展和心理发展相互联系、相互影响。一般来说，学生的发展实质是遗传、环境和教育以及自我内部矛盾运动的相互作用下身心各方面所发生的量、质、结构变化的过程与结果。

（二）学生的典型发展

典型发展也就是通常所说的正常发展，即个体的生长、变化和获得复杂技能的过程遵循大多数学生的发展模式，可以有明确的发展预期。典型发展不是等同的发展，就是说典型发展的学生在发展过程中也有差异，但这种差异没有超出正常发展区间值的范围。

实际上，由于个别差异的影响，个体在群体中总有不同的差异。即使在同一个社会文化背景下成长的孩子或出生于同一个家庭的孪生孩子，也不可能以完全同样的速度和速率生长发育。有的孩子能在 8 个月时走路，有的则 18 个月时才能走路。大多数幼儿学会走路的时间总在 8—18 个月，那么 13 个月可看成是这个区间的中间线。这种在一定区间的不偏离中线的变化都可以看成正常的发展。

（三）学生的非典型发展

非典型发展也称为异常发展，是指个体在发展的阶段、速率以及身心的某些方面并不按照大多数学生所遵循的发展模式不断地生长和变化，而是偏离于典型发展应有的区间范围，呈现出一种异常特征。特殊需要学生的发展是一种非典型发展，这也就意味着特殊需要学生不可能像典型发展的儿童那样在其发展阶段上能有着明确的预期，或者说他们的发展水平会落在正常发展区间之外，要么落后，要么超前，偏离于这种区间的范围。

除了极少数学生外，绝大多数特殊需要学生的主要表现在其发展的关键阶段（或某些发展领域）呈现出非典型特征，或迟滞，或超越。例如，有些重度以上的智力障碍儿童，10 岁还不能进行 20 以内的加减运算；而有的超常儿童，在 3 岁就会心算 1 亿减 1 等于几的算题，4 岁会进行加减乘除的混合运算，5岁半懂得“正负数”、“0”的概念，以及负数的减法，在数理逻辑方面的发展，远远早于普通儿童的发展。

因此，特殊需要学生的发展是在自身既有的身心水平基础上的发展，与大部分普通学生相比，他们在发展的起点上存在着起点差。超常学生的发展具有超越性，身心有障碍的学生具有迟滞性。对于障碍学生来说他们的发展也是指受损伤的机体和心智功能不断改善和康复的过程。在身心障碍的学生发展过程中，身体发展和心理发展之间不断相互影响、相互作用的关系表现得更为突出：一方面，生理神经系统的发展决定着心理发展的物质基础，直接影响、制约着他们心理的发展；另一方面，特殊需要学生的心理发展水平也明显地影响着生理发育的状态和程度。

二、学生发展中的障碍

学生在发展中所遇到的障碍是造成非典型发展的重要原因。理解发展中的障碍原因及其相关因素是我们认识障碍对学生发展影响具有多样性和复杂性的基础。

（一）障碍及其原因

1. 障碍的含义

障碍一词的日常用法很简单，即阻隔、阻挡或阻碍的东西。但障碍又是一个多学科领域研究的概念。在医学上，“缺陷”（impairment）、“残疾”（disability）与“障碍”（handicap）等术语有着密切的联系，但又是不同的概念。缺陷是指心理上、生理上或人体结构上某种组织或功能的任何形式的丧失或畸形；残疾是指由于缺陷而缺乏作为一个正常人以正常姿态从事某种正常活动的能力或受到某种限制；而障碍则是指一个人由于缺陷或残疾处于某种不利地位，以致限制和阻碍该人发挥根据年龄、性别、社会与文化因素应能发挥的正常作用。仅从概念的分析我们可以看出，“残疾是指生理上伤残的状态，可以通过医学诊断加以评量；障碍则是属于心理学、社会学的概念。障碍的严重性固然与伤残的程度有关，但也决定于个人对伤残接受的态度、抱负水准和生活目标，也因环境的容受限度而异”①。

① 郭为藩. 特殊儿童心理与教育［M］. 台北：台北文景出版社，1985：3-4.

特殊教育引入“障碍”概念有着特殊的意义。由于“缺陷”、“残疾”在语义表达上都强调了个人“不正常”的消极特征，在社会心理上隐含了标签和歧视的意义，以“缺陷儿童”或“残疾儿童”，甚至于“残废儿童”来指称特殊教育对象，因而遭到了批判。而“障碍”可以看作是对缺陷、残疾和功能受限的一个概括性术语，它表示在个体（有某种健康状况）和个体所处的情境性因素（环境和个体因素）之间发生的交互作用的消极方面，在心理意义上更偏重于中性的表达，即承认身体功能、结构的受损是残疾，即便如此，但“残”绝不意味着“废”，障碍是可以消除的，我们仍然可以通过缺陷补偿、潜能开发，让身心有障碍的学生能够得到应有的发展。譬如，一个截去双腿的学生，从医学角度来说，他的下肢存在着生理功能缺陷或残疾，自然也就存在着运动障碍，但是如果给予帮助支持，让他（她）能够装上假肢，经过练习恢复运动功能，甚至走路并不比别人慢多少，那么他就不再存在“肢体障碍”。所以，在特殊教育领域内，人们更多地用障碍代替缺陷和残疾来指称特殊教育对象，这也是对身心障碍学生怀有积极教育期望的理念在特殊教育学科概念中的表现。需要说明的是，“残疾”、“障碍”和“缺陷”由于含义相近，在我国三个术语经常交互替代使用，不太注意区分。2001 年世界卫生组织《国际功能、残疾和健康分类》(International Classification of Functioning Disability and Health，简称 ICF）在英文中已用更显中性的“disability”（残疾）取代了“handicap”(障碍)。考虑到汉语中“障碍”要比“残疾”在褒贬含意上更显中性，同时出于表述的习惯，本书在“残疾”、“障碍”、“缺损”等概念上并不作严格地区分，尤其是本节下文出现的“障碍”一词主要指的是残疾或缺陷的意思，尽管这应该是不同的概念。

2. 障碍的原因

障碍形成的原因非常复杂，牵涉的范围也十分广泛，几乎所有的学生在其出生前、出生中以及出生后都面临着障碍的风险。概括起来障碍主要来自于两个方面：一类是生理原因，主要包括生物、遗传的影响；另一类是环境原因，主要包括物理环境和社会环境影响。遗传是形成身心障碍的重要因素，几乎所有类别的身心障碍学生中都能找到遗传的影子，染色体异常、先天性代谢失调是导致遗传性障碍的祸首。环境是形成身心障碍的又一主要因素，许多疾病、外伤和事故导致的身心障碍都与环境的质量，特别是环境的恶化有关，而心理健康往往与家庭、学校、社会的氛围联系在一起，社会诸多的消极因素会导致认知、情感和个性的失调，进而产生许多情绪困扰并反映在行为方面，形成身心障碍。

表 4-7 障碍形成原因

原因		具体原因举例		障碍类别
生理	生物	遗传紊乱 综合征 代谢紊乱	基因变异 唐氏综合征 苯丙酮尿症	发展性障碍
	遗传	家族病	泰萨克病 镰状细胞贫血症 胞囊纤维症等	身体障碍 多重障碍
环境	物理	感染中毒 并发症 外伤	酒精、药物、铅中毒 脑膜炎、脑缺氧	发展性障碍 感官障碍 沟通交流障碍
	社会	事故、贫困 家庭变故	营养不良 情绪困扰	发展性障碍

（二）障碍相关的因素

障碍因素差异是指构成障碍因素之间不同的差异。因素不同所形成的障碍差异对学生的发展影响也不同。

1. 障碍性质

以障碍的特性而言，可分为进行性障碍和非进行性障碍。进行性障碍是指障碍的发展是不可逆的，最终导致器官功能的完全丧失；反之障碍发展到一定的程度，基本保持在一定的水平，或逐步减轻，则属非进行障碍。如，同样是低视力，视网膜色素变性和一般眼疾导致的障碍性质完全不同，前者属进行性障碍，后者则是非进行性障碍。

2. 障碍程度

障碍程度差异反映了障碍在量上对学生发展的影响，障碍程度越高，发展遇到的困难就越大，反之则越小。目前在对学生进行残疾鉴别上，主要是以医学的标准进行程度的分类分级划分，但在具体教育教学中，则区分得相对简单一点。在三类障碍儿童的教育划分上，视觉障碍学生一般以低视和全盲进行分类，听觉障碍一般以聋和重听进行区别，而智力障碍学生一般以轻度、中度、重度进行划分。

3. 障碍时间

障碍时间是指个体发生障碍时间的早晚特征。根据障碍时间对学生教育的影响，一般划分为先天性障碍和后天性障碍，或学龄前障碍和学龄后障碍。障碍发生时间的早晚对学生的身心发展和教育都有重要的影响。先天盲和后天盲、先天性聋和后天性聋（或者学语前聋和学语后聋）对于外界事物感知、理解的范围、速度和程度远不一样。比如，同属于后天聋的学生，学语前聋和学语后聋因听觉障碍时间的差异，其习得语言和理解知识的速度也远不一样。同样，由于语言形成的关键期在3—6岁，障碍时间的早晚也会直接影响到听力语言训练的效果。

（三）障碍对学生发展的影响

障碍对学生发展的影响是客观的、显而易见的，但障碍对学生发展的影响又是辩证的。从作用的方向上看，障碍对儿童身心发展的影响是双向的，既有负向影响，又有正向影响，只不过其比重不同，作用的方式也不同。从作用的关系上看，障碍对学生发展的影响又是有层次的，层次之间有因有果，相互作用。

1. 障碍的负向影响

一般来讲，障碍更多地表现出它的负向影响。障碍的负向影响是指制约、阻止学生发展的作用，主要表现为以下几个方面。

（1）身体发展

主要表现为身体发育和体格、体型的影响。根据有关研究者对听觉障碍、视觉障碍和智力障碍学生身体发展调查的数据表明，特殊需要学生身体发育和体质发展的总体水平与普通学生有差距。① 这是因为感官或智力上的障碍往往限制了学生活动的范围、频率、强度，或者由于健康、营养等方面知识的缺乏也可能间接影响着他们体质的发展。此外，在体表行为特征上也经常伴随着特有的“障碍相”。如视觉障碍儿童的盲相、智障儿童中的先天愚型特征和唐氏综合征貌等。

（2）感觉运动发展

主要表现为各种原因导致的感觉统合失调所带来的运动及其一系列消极发展影响。感觉统合是指大脑和身体相互协调的学习过程，主要指机体在环境内有效利用自己的感官，以不同的感觉通路（视觉、听觉、味觉、嗅觉、触觉、前庭觉和本体觉等）从环境中获得信息输入大脑，大脑再对其信息进

① 顾定倩. 特殊教育导论［M］. 辽宁：辽宁师范大学出版社，2001：13-17.

行加工处理，并作出适应性反应的能力，简称感统。感觉统合失调是指外部的感觉刺激信号无法在儿童的大脑神经系统进行有效的组合，而使机体不能和谐地运作，久而久之形成各种运动障碍并最终影响身心健康。不管什么障碍都会使得学生存在不同程度的感觉统合失调，造成许多运动、行为等问题，诸如动作不协调，前庭失去平衡、好动不安、注意力不集中、笨手笨脚、严重害羞等。而感觉统合能力不足又会导致其智力水平得不到充分发展，使得学习能力下降，语言表达不畅，沟通交际能力差、情感情绪脆弱等一系列心理问题。

（3）认知能力发展

主要表现为在影响认知的广度、速度和深度。有关障碍对学生认知方面的具体影响，我们将在第四节内容中结合障碍学生的学习特点具体分析。

（4）沟通、交往发展

主要表现为缺乏用比较典型的、常用的或有意义的方式与他人进行交流的能力或机会。视障学生很难用书面语言（非盲文）进行交流、听障学生很难用口语和他人交际，而一些发展性障碍学生（尤其是自闭症）则本身就存在沟通交际的问题。因为无法言语，许多多重、重度障碍学生使用了常人很难理解的交流方式。这些交流方式包括控制性反应、呼吸形式、手臂动作、实物使用、符号和声音反应。当这些交流方式不能一贯地被识别和强化时，障碍学生在建立和维持人际关系时就会极端困难。

除此之外，负向影响还包括影响情绪行为和生活适应性技能的发展等。

2. 障碍的正向影响

障碍对学生身心发展的负向影响是客观的、显而易见的。同时我们也应该看到，障碍也有其正向影响的一面。障碍的正向影响是指有助于改善、促进学生发展的作用。任何障碍对人的发展都存在着负向影响和正向影响。障碍的正向影响主要表现在某些障碍会导致代偿功能强化，有利于发挥代偿功能进行缺陷补偿。通过代偿，其他感官的感知功能得到强化，能够发挥超出常人的水平。如，视障学生视觉受损，听觉的辨音功能就得到强化，而听觉障碍学生听觉受损，则视觉的“看话”功能得到发挥。比如，有不少聋童能够通过口型、唇齿的运动变化，来判断别人说话的内容。正是这种代偿作用，在特殊教育教学中非常重视借助于代偿的作用，对障碍儿童进行各种教育补偿，这就是下一节中即将详细阐述的“缺陷补偿”。当然，分析障碍的正向影响，并不意味着论证“障碍”的积极意义，只是强调，面对障碍时，必须辩证看待障碍对学生发展的影响，既要关注到负向影响，也要充分认识到它的正向影响，并积极利用这种正向影响，创造条件促进学生的发展。

3. 障碍的层次性影响

障碍层次又称缺陷层次，是指由障碍因果关系所形成的区别性障碍形式。关于障碍层次的区别性差异及其教育意义是苏联著名的心理学家维果茨基提出的，我们把障碍层次间的相互作用关系以及对学生发展的影响称为障碍层次论或缺陷层次论。维果茨基针对特殊需要学生，特别是障碍儿童的教育问题，提出了障碍的生理观与文化观："所有的传统的缺陷儿童教育学一切关于异常儿童和发展的学说都比儿童心理学更多地渗入了片面性的思想和儿童发展过程同一的思想，并把缺陷的第一性的——生理学的——特点和派生的——文化的——缺陷并列起来。"① 在维果茨基看来，缺陷对儿童的影响是有层次的，层次之间既有区别又相互联系。

障碍的第一层次是原发性的，可称第一性的障碍或原发性障碍，主要表现为生理方面的障碍，如视觉障碍、听觉障碍等。第二层次障碍是生成或派生性的，可称为第二性障碍或生成性障碍，既表现在生理方面也表现心理方面，如由于听觉障碍导致的言语语言障碍，即所谓"十聋九哑"。第一性障碍与第二性障碍主要呈现因果关系，但相互影响，第一性障碍对第二性障碍起决定作用，第二性障碍又可以反作用于第一性障碍。

障碍层次论告诉我们，在诊断评估学生的身心障碍时一定要分清障碍的性质、层次，通过现象抓住事物的本质，从解决主要矛盾入手，采取积极的教育教学措施，才能事半功倍。

第四节 特殊需要学生的学习

学习是教学的基础，特殊需要学生的学习是在教师指导下的学习。在教学过程中，如果不重视和尊重特殊需要学生的学习特点和规律，就不可能取得理想的教学效果。

① 鲁宾什坦. 智力落后心理学［M］. 朴永馨，译. 北京：人民教育出版社. 1983：56.

一、学习的一般理论

（一）学习的概念

“学习”是人们很常用的词汇，比如看书、听课、做作业等，都属于学习活动。从广义上说，学习是人和动物在生活过程中获得个体经验的过程，是活着的有机体中普遍存在的现象。从生物进化的观点看，学习是有机体适应环境的重要手段。它既包括动物的习得行为，也包括小孩走路、说话、识字、交往，同时也包括学生在校学习知识、技能、习惯、道德品质等。从狭义上说，学习是指人类的学习，人类具有任何高等动物都无法比拟的学习需要和学习潜能。动物主要依赖遗传的本能来适应环境，而人类主要是依靠学习来适应与改造环境。人的学习不仅仅是获得知识和技能，也不仅仅是导致行为的改变，还应包括在知识经验的基础上，养成良好的行为习惯，以形成高尚的道德品质和充分发挥自身的潜能和价值。

学习对于人来说不但有着个体生存的重要意义，同时学习还是个体发展的重要手段。所以，学习对于特殊需要学生生存与发展具有双重意义。但学习作为一个学科术语，需要从日常的学习活动中抽象出它的本质特征。几乎每一个学习理论家都对此进行了深入的研究，由于学习现象本身的复杂性，加上个人派别、视野和理论背景、研究方法各不相同，因而形成了各种学习理论的流派，如行为主义学习论、认知主义学习论、人本主义学习论、建构主义学习论和现代认知信息加工学习理论。学习是教学的基础，在教学过程中如果不重视学习者的学习规律，要取得理想的效果是不可能的。

（二）学习的过程

学习过程是学习理论的主要研究问题，研究学习过程的原理、揭示学习过程的本质和规律历来备受重视。随着心理学的发展，有关学习理论的研究越来越广泛、深入。众多学者从不同方面、用不同方法，对各自感兴趣的问题进行了研究，取得了丰富成果。综合诸学习理论家关于学习过程的观点，可将学习过程分为四个阶段。

1. 注意定向阶段

每个人每时每刻都收到大量刺激的冲击，但并非对所有刺激都予以学习。当人启动学习过程时，首先要从大量的刺激中选择自己要学习的刺激，这个过程便是注意定向。

2. 获得和保持阶段

个体将在注意定向阶段选择下来的内容收入大脑进行加工，经过加工储存，进行理解并保持下来，这是学习的第二步。在这一阶段，会产生原有知识的联想、在信息加工过程中的短时记忆、长时记忆等心理活动。

3. 联系和强化阶段

个体进行反复不断的联系，并将获得的东西用于实践，通过强化使主体真正掌握学习内容。联系与强化是学过程中的关键，学生若不能顺利完成这一阶段，则表明对知识并没有真正理解，获得过程中的加工作用也就不充分。

4. 迁移阶段

个体将所学习知识和技能迁移到新解决的问题与实际问题，就是古人说的“举一反三”、“融会贯通”。真正的学习不但能自主地运用某种知识，还包括在学习中形成认知结构、发展某种能力，并能用于其他相同的情境中。因此，迁移是完整学习过程不可缺少的一部分。

上述学习过程的四个环节共同构成完整的学习过程，学习若停留在学习过程的某一环节上，则学习没能顺利完成，只有从一个环节过渡到下一个环节，直到完成知识的迁移，个体才是真正学到了东西。

（三）学习的条件

学习的条件是指影响学习过程的各种因素，主要涉及学生自身和学习环境，涉及自身的因素可称为内部条件，涉及学习环境的可称为外部条件，学习的成效如何，往往取决于学习的内外部条件。

1. 学习的内部条件

内部条件是指学生的主体因素，主要指认知方面，包括智力和非智力因素。智力因素主要包括观察力、记忆力、想象力、思维力和注意力等。任何学习过程都有赖于这些因素的参与。观察是智力活动的门户，人们认识客观事物，首先是通过感官把信息输入大脑的。学生在学习中接受信息、掌握知识，就必须通过观察获得丰富的感性材料；记忆力是智力活动的基础，知识的积累与运用离不开记忆；想象力是使智力活动富有创造性的重要条件，想象能促进学生创造性地学习；思维力是智力的核心，在学习过程中，无论是掌握科学原理与概念，还是解决各种难题与创作，都离不开思维活动。注意是心理活动对一定事物的指向和集中，注意能使人处于警觉状态，选择并追踪某些符合学习需要的信息，使学习者在专心致志的状态下取得较高的学习效率。

非智力因素是指除智力因素以外的一切个性心理因素，包括自我意识、动机、兴趣、情感、意志和性格等。它们在学习活动中具有十分重要的作用。学习动机能激发学生进行学习活动、维持已引起的学习；兴趣能使学生津津有味地学习知识，积极主动地探究新知，满腔热情地学习；情感伴随着学习的时钟，直接影响着学习活动的效率；坚韧不拔、百折不挠的意志能使学习者勤学苦练，以苦为乐；良好的性格特征如勤奋、勇敢、自信、谦虚、细致等，有助于学习能力的提高，促进人的身心发展。

2. 学习的外部条件

外部条件包括学习目标、学习任务、学习材料、教师和学习环境等多种客体因素，良好的学习对这些方面有一定的要求。学习目标要清晰，即对试图去学什么有一个清晰的概念；学习任务应是适宜的，这种任务应有一定难度，但不是无法完成的，就是要求学习者只有全神贯注和全身心投入才能获得完全成功的任务，这种任务能促使学习者付诸实际努力；学习材料要有逻辑意义，具有逻辑意义的学习材料有利于达到学习目标，缺乏逻辑意义的材料无法导致有效学习。学生的学习是在教师指导下的，教师的个性特征如知识水平、教学态度、教学方法等都影响到学习过程的进行和效果。学习环境要宽松，学校应为学生的学习提供宽松、自由、无外加压力、无讥讽的良好学习条件。

二、特殊需要学生的学习特点

特殊需要学生和普通学生一样在学习过程中表现出认知水平、学习风格、学习方式、学习态度等的差别，形成各自的特点。但是由于障碍的影响，学习条件也发生一定的改变，特别是对学生学习的内部条件，即个体心理因素影响更大，使得障碍学生的学习表现出自身的特点。由于障碍类别多种多样，严格来讲，每一类别障碍的学生都会有各自的学习特点。本章根据教学的需要，只是从较为宏观的层面对障碍影响特殊需要学生学习的共性方面进行概括，并主要聚焦于视觉障碍学生、听觉障碍学生和智力障碍学生这三类。

（一）认知方面的特点

1. 特殊需要学生的观察

观察是有目的有计划的感知过程，而感知是观察的基础。障碍往往使感知能力受限，进而使整体观察能力受到限制，影响观察的品质，导致学生对事物的认识不完整、不准确、不深刻。特殊需要学生的观察首先表现为感知的广度受限。如，感官障碍学生，由于视觉或听觉受损，感受外界信息的主要通道就失去了功能，导致他们在观察了解外界事物时就不可能发挥“一览众山小”、“耳聪目明”的作用。其次表现为感知的速度受限。对于感官障碍学生来说，由于视觉或听觉受限，只能通过其他感官的代偿来弥补，往往速度缓慢。比如以触摸代替目测，它的感知过程要慢得多。对于智力障碍学生，因为他们大脑神经系统的活动功能不足，对外界信息刺激作出反应的时间要慢得多。最后，还表现为感知的深度受限。感知的广度和速度受限必然会影响感知深度。一方面，障碍使感知活动中缺少了多感官的全面的信息刺激，对事物的认识就不完整、不准确，将直接影响感知的质量，“盲人摸象”说的就是这种现象；另一方面，如果智力本身存在着障碍，自然会影响对事物全面、深刻的理解。

2. 特殊需要学生的记忆

记忆是人脑对经验的反映。记忆的学习功能是对输入的信息在大脑里进行编码、储存和提取。特殊需要学生由于障碍的类型不同，其记忆发展的表现也有所不同。感官障碍学生的记忆表象会因为某一感官或多感官的缺失，导致不全面、不清晰，但是由于代偿的作用，视觉障碍学生的听觉形象记忆能力或听觉障碍学生的视觉形象记忆能力会得到很大的提高。智力障碍学生由于智力功能受限，因此他们也普遍存在着记忆的障碍，主要是识记缓慢，保持不牢固、遗忘快和再现不准确；记忆的目的性差，选择性功能薄弱；语词记忆和逻辑记忆能力差；机械记忆相对好些。

3. 特殊需要学生的思维

思维是对客观实际作出的概括反映。思维活动的进行主要依赖感知觉、表象所提供的材料，同时必须借助于语言。障碍往往影响学生概念的获得以及思维的过程和方式。

（1）概念获得较慢，不够完整

思维活动的进行主要依赖感知觉、表象所提供的材料。障碍导致感知觉受限，使学生的概念获得比较困难。概念获得需要多感官的参与，才能形成完整的概念意义，但感官障碍会限制某一感知渠道的作用，必然使得感知的事物不完整、不全面。这主要表现为，分析综合不够全面，抽象概括水平低，掌握概念的内涵不够准确。比如，“花团锦簇”对于全盲的学生，“细语呢喃”对于全聋的学生，就很难完整地理解它们的含义，而仅凭语言（书面或口语）描述很可能形成他们头脑中假想的形象。因此，在特殊需要学生的学习指导中，必须注意通过多感官的感知了解，才能使学生获得较为完整的印象，进而掌握概念的实质。

（2）伴有言语与语言问题

语言是思维的工具，语言能力发挥直接影响到学生思维力的水平。障碍多半引发言语或语言问题。不同类别障碍的学生都在不同的方面以及不同程度地存在着言语或语言问题。听觉障碍学生（尤其是先天性听觉障碍），由于早期模仿有声言语活动很困难，使得语言的形成与发展落后于生理的发展，而后期在缺少言语活动的基础上学习书面语言会给他们造成很多困难。因此在他们的学习中，言语和语言障碍显得非常突出。书面语当中语句颠倒、句子成分不全、词语单调等问题十分普遍 。视觉障碍学生虽然不像听觉障碍学生那样突出，但也经常出现言语或语言问题，主要表现为“语意不合”和“语体混用”。“语意不合”是由于缺乏视觉经验，在言语活动中，词语所表达、描述的对象与客观实际存在着脱节、疏离现象，导致“词不达意”或“语非其意”，如，“一轮红月悬挂在夜空中”。“语体混用”是由于过多地受广播等书面语的影响，在言语活动中，口语与书面语不能协调一致，存在误用、混用现象，如，“妈妈说可以，父亲则曰不妥”。智力障碍学生由于思维力较差，也经常表现出词汇量少、表达意思简单、句子缺少成分，或发音不清、音调不准等各种问题。

（3）思维形态偏向

思维形态偏向是指障碍学生进行思维活动时出现的思维形态失衡现象，即在思维过程中，某一形态思维能力降低，而另一形态思维能力相对提高。这种失衡不是学生个性特质引起的，而是因为障碍的影响。例如，听觉障碍学生更多地凭借视觉经验进行思维，在思维形态上也往往偏重于直观的形象思维，具有非常明显的形象性特点。在比较黄瓜与苹果的不同时，听觉障碍学生的分析是“黄瓜上面有刺和白点，苹果上面没有”。显然，答案并没有区别事物的本质属性，只是停留在视觉表象上。正是由于这种思维形态偏向使得听觉障碍学生的思维水平较长时间地处于低级直观形象思维的阶段，反过来又影响他们语言的发展。同样，智力障碍学生的思维也长期停留在直观形象阶段，缺乏分析、综合、概括的能力，造成思维刻板，既缺乏目的性和灵活性，又缺乏独立性和批判性。与听觉障碍学生相反，视觉障碍学生更多的是“以耳代目”，他们的思维形态则偏向于抽象思维，其能力也优于形象思维，他们不仅“能说会道”，而且在逻辑推理上有着较好的表现。

4. 特殊需要学生的注意

注意是心理活动对一定对象的指向和集中，它是学习活动过程的动力特征之一。身心障碍影响学生注意水平的发挥。首先是注意的范围受限，与普通学生相比，有障碍的特殊需要学生在同一时间内能够同样知觉出来的对象数目要少。其次是难以进行注意的分配，即所谓的“眼观六路，耳听八方”，特别是对感官障碍学生，不能在一定的时间内，同时分配多感官的注意。如视障学生、听障学生都很难做到“既听又看”。但是也正是因为障碍的影响，使得感官障碍学生在代偿的作用下，其听觉注意或视觉注意能发挥出更高的水平。再次是不能及时、顺利地完成注意的转移。主要是在学习过程中，难以区别相关刺激和无关刺激，难以迅速将注意力集中在特定的学习任务上，影响学习的进程和效果。这一点在智障学生的学习中也表现得尤为明显。

（二）个性心理方面的特点

1. 特殊需要学生的自我意识：自我中心与特惠要求

自我意识是个体在思维过程中领悟到的自我存在，自我与环境、他人、社会的关系，以及评价、控制别人、自我的思想行为。自我意识具有能动作用，表现在学习上的价值是学生能否对学习问题有良好的学习自觉意识和反应，即学习中的自我认识、自我计划、自我行动、自我控制、自我管理和自我评价。

特殊需要学生自我意识的一个主要特点是自我中心和特惠要求。自我中心是指思想、言行以自身的兴趣和利益为出发点的不良个性发展倾向。它主要表现为两个方面：一是在社会适应行为上，缺乏良好的交际方式和方法，以至于经常做出许多不当的出格行为；二是自我评价过高，稍有一些成绩就骄傲自满，就说大话，要求别人“为我”服务，而很少为他人着想等。特惠要求是要求获得特殊待遇（物质的或精神的满足）的心理需要，主要是要求老师给予特别照顾或表扬等。如有些视障学生以眼盲为理由不上体育课，并刻意要求老师帮助自己打扫教室卫生，有些学生甚至连作业也要老师帮他做，他强调的理由是：自己是残疾人，残疾人理应得到照顾。

自我中心与特惠要求在普通儿童中也存在，并非障碍儿童独有的特征。不过障碍使特殊需要学生更容易产生这种不良倾向。造成这种现象的原因既有内在因素，也有外在因素。内在因素主要是由于障碍的影响，使得他们在社会交际方面缺少与主流人群交流的机会，也缺乏相应的交际方法和手段，最终导致社交方面的一些情绪和行为问题。外在因素主要在于教养方式和人们的态度。由于身体的障碍，大多学生从小就受到过分的“照顾”，它们对于家长、社会、他人给予的种种照顾或特殊待遇，开始仅仅是接受，多次以后就变为“期待”，久而久之就在思想意识中逐渐形成了这样的倾向：即使自己能做到，别人也应该照顾。自我中心与特惠要求的不良心理表现在学习上就是依赖或被动的学习方式。如何引导特殊需要学生正确地认识评价自己、认识别人的帮助，激发他们内在的自我学习意识，是特殊教育教师必须关注的问题。对于特殊需要学生，要关心爱护，但不能溺爱，更不能无原则地迁就。

2. 特殊需要学生的动机、兴趣：惰性心理与好奇意识

动机是源于需要的一种念头、愿望或理想等，兴趣则是力求认识和探究未知事物的心理倾向。惰性心理与好奇意识是障碍学生学习过程中两种相反的心理倾向，体现了他们在学习动机和兴趣方面的特点。惰性心理特点主要表现为，特殊需要学生总是摆脱不了障碍的心理重压，学习中时时表现出消极漠然的心态，缺乏应有的主动性和积极性。惰性心理本质上是需要得不到满足时而产生的对客观现实的消极反应。由于障碍的影响，在学习过程中行为、感知受到诸多限制，他们虽几多努力，却往往处处碰壁，于是失望和挫折造成的心理上的伤害加剧了对现实的消极态度，不管他们接受不接受，障碍的阴影不仅使得他们在情感上对自己的认知能力感到失望，甚至在理性上也对一些“可为而不为”的处世态度给予一定的肯定。因此，不少时候，他们表现出缺乏明确的学习动机，对待学习活动缺少应有的激情和兴奋。

好奇意识则是伴随着惰性心理而产生的相反的心理特点。从心理学的角度看，好奇意识是个体对新的感知体验和认知经验由自发到自觉地追求，也是人类认识世界的动力之一。正是由于学生看不见，或听不见，因此他们对纷繁复杂的大千世界充满了强烈的好奇与关注，总喜欢寻个究竟、问个明白，以求得心理的满足与愉悦。比如，不少盲童对一件事情总喜欢“打破沙锅问到底”，家长刚买的收音机，一夜之间能被他们拆个七零八落，就连抽水马桶也总是要伸手摸一摸，敲一敲。好奇意识的学习价值在于能够激发学生学习

探究的兴趣，并在情感体验上获得学习的愉悦和进取的自豪。

由此可见，惰性心理与好奇意识，是特殊需要学生学习过程中一对相互对立、充满矛盾而又饶有兴味的心理倾向。这种相互制约、相互影响的客观心理存在，也使得我们教师在指导学生学习时既不能无视惰性心理的影响，也不能忽视好奇意识的作用。作为教师要善于激发、保护他们探寻求新的积极性，鼓励他们充满信心地在知识的海洋中寻珍觅贝；同时，教师也要帮助他们克服学习中的消极惰性，并尽量将好奇心转化为学习的兴趣。

3. 特殊需要学生的情绪、意志：自卑自闭与奋发超越

情绪是个体对客观事物的态度体验，而意志则是有目的地实现自己目标的心理过程。特殊需要学生一方面在和他人比较时，由于觉得自己的能力不如健全人，往往产生自卑自闭的情绪体验；另一方面又不甘于身体障碍的束缚，一旦激发起自己的自尊、树立起学习的目标，往往表现出坚韧的意志行为。

自卑自闭是特殊需要学生学习中常见的心理状态。它也是个体某些需要经常得不到满足，心理又不能得到适当调整时所产生的消极内心体验。这种情绪困扰主要表现为有不安全感、自卑感和孤独感，他们自闭多虑、沮丧退缩，不愿与健全人交往。这种现象主要是社会与个人主观消极态度双重作用的结果：越受到社会的嘲笑、讽刺，越加深强化这种自卑、自闭，遇到问题消极躲避。在遭受情绪困扰时又显得多疑、偏激、冲动与急躁。这除了上面的原因外，还与生理神经机制有关。如听障儿童大脑的成熟度不足，兴奋过程的活动胜于抑制过程，不能够长时间使某些部分神经细胞处于抑制状态，因此往往缺乏足够的内部控制力而易激动、易受暗示，多表现为脾气倔犟、好冲动等。但是，一旦在主观认识上克服这种自卑自闭的消极心态，特殊需要学生的学习往往表现出超越障碍，与命运抗争的坚强意志。特别是在高年级的学生中，当他们把自己的学习和未来的谋生和理想联系起来时，他们会表现出超常的刻苦、坚毅，令人敬佩。

4. 特殊需要学生的情感、个性：情商淡化与体验浅滞

情感是情绪基础上个体与社会性需要相联系的稳定而深厚的态度体验，个性则是个体独特的、稳定的心理特征的总和。视障学生与听障学生在情感与个性上没有太特别的方面。但智力障碍学生的情感与个性可概括为情商淡化与体验浅滞。智力障碍学生情感体验和分化程度低，遇到自己高兴或不高兴的事，要么是有非常明显的情绪反应，要么是无动于衷缺少应有的激情。

由于认识水平低，他们高级情感中如是非意识、责任感意识、集体意识的形成和发展要慢，智力障碍程度严重的学生几乎难以真正形成这些意识。在个性方面，他们缺乏主动独立的意识，意志力比较薄弱，经常不能做完既定的事情，容易受外界的干扰和暗示。另外，大脑机能的损伤还会在一部分智力障碍学生身上出现病态性的情绪反应和行为，如躁动、自伤、攻击性行为等。

三、特殊需要学生的缺陷补偿

从某种意义上说，特殊教育就是不断帮助特殊需要学生补偿缺陷、克服障碍、实现充分发展的过程。因此，缺陷补偿是特殊教育学中的一个重要概念，它既涉及特殊教育的理论，也关涉特殊教育活动的具体策略与方法。根据前面对特殊需要学生学习特点的分析，我们认为在特殊教育过程中，缺陷补偿和潜能开发是特殊教育的重要任务，也是指导特殊需要学生学习的重要策略。

（一）缺陷补偿的概念

补偿的基本意思就是弥补缺陷，抵消损失。许多学科都研究关于人的缺陷补偿问题，不过由于研究目的和侧重点的不同，生理学、心理学、医学、社会学和教育学对缺陷补偿的理解也各有差异。

1. 生理学上的缺陷补偿

生理学以生物机体的生命系统为研究对象，侧重研究生命各系统的器官和细胞的活动过程、功能表现及机制，强调生命系统的相互作用的规律关系。生理学上的缺陷补偿是指机体具有的代偿功能。所谓代偿是指当体内出现代谢、功能性障碍或组织结构受损时，机体通过相应器官、组织的代谢改变、功能加强或结构形态变化来补偿的过程。代偿的主要基础是大部分器官都有一定的储备力，即平时都有一部分功能单位处于静止的或功能极低的状态，一旦发生生理性需要，这部分细胞或组织的功能会增强起来。其次是器官、组织和细胞通过神经和体液的调节发生增生和肥大，甚至结构改变，两者都能代偿失去或不足的功能。各种器官的储备力大小不同，但都有一定的限度，不可能无限制地代偿下去。因此，机体的代偿是有一定的条件和限度的。

2. 心理学上的缺陷补偿

心理学上的缺陷补偿是一种心理适应机制。它是在生理缺陷补偿基础上发展的心理补偿，即个体因身心缺陷在适应社会的过程中总有一些偏差，为求得到补偿而产生的积极心理适应机制。从心理学上看，这种补偿其实就是一种“心理移位”，即为克服自己生理上的缺陷或心理上的自卑而发展自己其他方面的长处、优势，赶上甚至超过他人的一种心理适应机制。正是这一心理机制的作用，生理缺陷的自卑感反而化成了许多成功人士成功的动力，成了他们超越自我的“涡轮增压”，而一些“生理缺陷”愈大的人，他们的自卑感也愈强，寻求补偿的愿望就愈大，成就大业的可能性也就愈高。譬如贝多芬扼住命运的喉咙，就是令人惊奇的例子。他的听觉从小就有机能性的缺陷，28 岁时聋得很厉害，4 年后如果不用耳筒，连整个乐队的声音都听不清楚，就在那年他写出了美妙的《第二交响曲》；耳朵全聋之后又写出更优美的《英雄交响曲》、《月光奏鸣曲》和《第五交响曲》；全聋了 25 年，最后还写出不朽的《第九交响曲》。

3. 医学上的缺陷补偿

医学上的缺陷补偿，主要是指进行医疗康复的过程，即主要利用医学的手段和措施对因缺陷而造成的功能受损现象进行治疗、保护、补偿等一系列活动的总称，更具体地说，是为了康复的目的，而进行有关功能障碍的预防、诊断、评估、治疗训练和处理的活动。在这里需要正确、全面地理解康复的概念。1981 年世界卫生组织康复专家委员会给康复的定义是：“康复是指采取一切措施，减轻残疾及其影响，提高才智和功能，使残疾人重返社会。”可见，康复是运用各种措施以减轻残疾的影响、最大限度改善功能的活动。康复领域一般包括四个方面：医学康复（利用医疗手段促进康复）、教育康复（通过特殊教育和培训以促进康复）、职业康复（恢复就业，取得就业机会）和社会康复（在社会的层次上采取与社会生活有关的措施，促进残疾人能重返社会）。实现以上四个领域的康复也就是全面康复。康复不等于恢复。中文“康复”（rehabilitation）与疾病后的“恢复”（recovery）不是同义的。恢复一般是指患病后健康水平下降，经治疗和休息后健康恢复到病前水平，也即达到了 100%的恢复。但康复却是指伤病后健康水平下降，虽经积极处理，但已形成残疾，健康水平复原不到原先水平的情况，也即达不到 100%的恢复。另外，在医学学科中，康复医学与临床医学是不同的概念，两者同属于一级医学学科，但在目的、对象和方法上有着明显的差异，不能混同。

表 4-8 临床医学与康复医学差异比较

	工作对象	主要方法	目 的
临床医学	疾病	药物、手术	治愈
康复医学	功能障碍（残疾）	训练、教育	回归社会（参与）

4. 社会学上的缺陷补偿

社会学的缺陷补偿是指基于人权和社会公平的社会补偿，即对社会上包括残疾人在内的弱势群体通过政策、制度上的优惠，进行资金、技术、实物上的补偿，防止他们被社会边缘化的活动过程。其理论支点是承认残疾人的权利和价值，其政策取向是社会公平与正义。这正如美国著名的政治学、伦理学家罗尔斯指出的："为了平等地对待所有人，提高真正的同等的机会，社会必须更多地注意那些天赋较低和出身于较不利的社会地位的人们。这个观念就是要按平等的方向补偿由偶然因素造成的倾斜。遵循这一原则，较大的资源可能要在智力较差而非较高的人们身上，至少在某一阶段，比方说早期教育期间是这样。"① 需要指出的是，社会学的补偿不等于施舍、恩惠。它强调的是社会发展过程中的公平和社会分配的公平，更符合以人为本的社会发展方向，同时也是保持社会有序、社会规范、社会公平和社会和谐的长久治安之策。

5. 教育学上的缺陷补偿

教育学上的缺陷补偿是指在教育教学活动中，根据障碍学生的身心特点，综合地利用一切有利的因素，通过各种途径替代、改善、促进或恢复因障碍造成的功能性损伤，进而促进学生充分发展的活动过程。教育学中的缺陷补偿已远远超越了机体生物学的代偿特征，综合地运用了生理学、心理学、医学、社会学理论中的补偿原理。它反映的"是生物现象和社会现象的综合"②，"是在代偿的基础上进行的，是自觉的，它包括人的主观努力和社会的帮助"③。人类在代偿的基础上可以用工具或现代科学技术并借助于社会政策的保护对障碍进行积极的补偿，使障碍带来的不利因素减小到最低。因此，

① 联合国教科文组织国际教育发展委员. 学会生存［M］. 华东师范大学比较教育研究所，译. 上海：上海译文出版社，1999：101.

② 教育部师范司. 盲童心理学［M］. 北京：人民教育出版社，2000：4.

③ 黄希庭. 普通心理学［M］. 兰州：甘肃人民出版社，1982：8.

就教育学的角度而言，生理代偿是教育补偿的生理基础，心理补偿是教育补偿的重要内容，医疗补偿是教育补偿的重要手段，而社会补偿则是教育补偿的重要政策支持。我们不能把缺陷补偿狭义地理解为生理的或医学的补偿，而要全面地理解特殊教育活动中缺陷补偿的含义。

（二）缺陷补偿的机制

从特殊需要学生的发展来说，缺陷补偿的实现依赖于相关各因素的功能及其相互作用过程和方式，以此构成了教育活动中缺陷补偿系统的运行机制。朴永馨先生把这种机制形象地描述为补偿的三位空间模式（见图 4-4），分别从生物、社会、意识（或心理）这三个方面分析其作用的过程。根据事物发展变化的辩证关系，我们也可以把缺陷补偿的实现分为内在和外在两个方面的因素来分析。

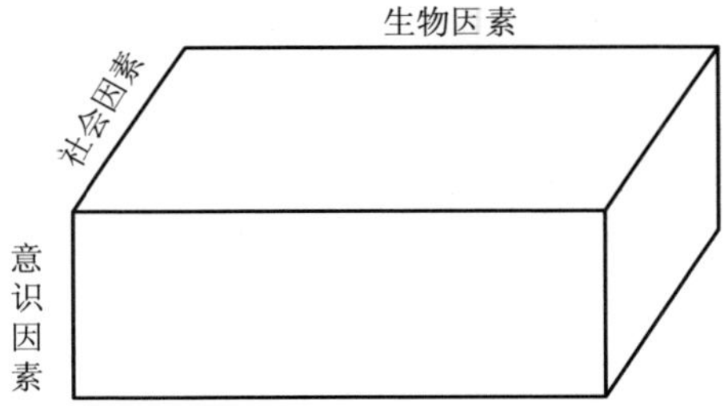

图 4-4　补偿的三位空间模式①

1. 内在因素

内在因素是个体自身的身心条件，它是缺陷补偿得以发生、发展的基础，也是促进学生发展的内在根据，主要包括生理代偿和心理意识。生理代偿功能属于单纯的生物性因素。任何生命有机体都具有某些本能性的功能。当机体内外环境条件发生变化时，就会发生各种积极有效的反应，诸如代偿、适应和修复等。这些生物性功能反应为未来生理和心理发展奠定了基础，也为补偿过程提供了根据和可能。

心理意识功能主要表现为人的主观能动性。人区别于动物的本质特征就是人心理活动意识的自觉性。主观能动性不仅使人能想，而且使人敢于去做，并坚持努力而实现目标。因此，特殊需要学生“正确地、科学地认识残疾，面对现实、积极主动创造补偿条件，用坚强的意志和乐观的态度自觉对待缺

① 朴永馨. 特殊教育学［M］. 福州：福建教育出版社，2002：72.

陷，这些可使其补偿过程更顺利地按客观规律去实现，有时其补偿过程的完善甚至可以超过人们的意料；反之，由于残疾人本身消极悲观、自卑逃避，即使有好的社会条件和潜在的生物学发展可能性，补偿过程也不可能很好地进行”①。

2. 外在因素

外在因素主要是家庭、社会提供的支持性环境条件，也是补偿过程能够进行的外在根据，包括社会政策、物质设施、科学技术和文化氛围等。当代特殊教育特别强调要建立起具有全方位的支持系统，保障特殊需要学生的发展，这也为缺陷补偿创造了系统的外部条件。这种支持包括以家庭、社区、同伴为主体的自然支持，以医学、心理学等学科领域为主体的专业支持，以社会政策、制度、福利等优惠为主体的社会支持。无疑，家庭与社会提供的外在环境条件虽然不能单方面地起决定性的作用，但可以加速和推进缺陷补偿的过程。它通过内在条件的相互作用、协调平衡而发挥影响。

所以，全面、辩证地分析缺陷补偿的内外因素，有助于我们正确地理解其系统机制，在教育教学活动中，尽可能地利用各种有利因素，实现缺陷补偿，促进学生的充分发展。

（三）缺陷补偿的策略

把缺陷补偿的原理与具体的教育教学活动相结合，是特殊教育活动一项重要的内容，也是指导特殊需要学生（尤其是感官障碍学生）的基本策略和方法。这里我们主要围绕学生的学习谈谈缺陷补偿的主要策略。

1. 功能替代

人对客观事物的认识，首先是从五官的感知开始。对于有身心障碍的特殊需要学生，障碍限制了他们对事物的感知能力，进而影响他们认知的广度、速度和深度，但这并非不可弥补。借助于生理的代偿功能，积极创造条件，可以对障碍进行积极的替代性补偿。替代性补偿主要是利用相应器官功能的强化来替代受损器官的不足，可分为直接替代和间接替代两种方式。直接替代主要是利用相应器官功能的强化来直接替代受损器官的不足。比如，失去双手的人，可以通过练习，逐渐学会用脚代替手的功能进行洗脸、洗衣做事，

---

① 朴永馨. 特殊教育学［M］. 福州：福建教育出版社，2002：70.

或利用嘴、牙齿代替手噙住毛笔写字，等等。这是直接利用其他器官来代替手的功能。直接的功能替代大多是一些技能性的活动。因此，平时注重对学生的相关训练是缺陷补偿的一项重要内容。

间接替代主要是利用相应器官功能的强化来间接替代受损器官的不足。比如，视觉受损后，听觉的辨音功能就得到强化；而听觉受损后，则视觉的功能得到发挥。这样我们可以充分利用听觉或视觉通道，强化感知训练或信息传输，不仅可以间接来弥补相应感官受损的不足，还可以帮助学生获得较为完整的概念和信息。这就是特殊教育活动中常说的“以耳代目”或“以目代耳”的意思。信息感知替代又可分为两个层面。第一个层面是以代偿为基础的生理性补偿。如把视觉文字转换为可触摸的盲文（见图 4-5），将听觉语言者转为可视的手语（见图 4-6），或把看图说话（作文）改为听音说话（作文）等。第二个层面则是在第一层面上的提升，它是综合了认知中感觉、记忆、想象、思维等心理因素的替代性补偿，即利用所谓“望梅止渴”等通感现象，达到“有音乐感的耳朵可以感受形式美的眼睛”的效果。在现实生活中，人们的各种感官所产生的各种感觉，如视觉、听觉、触觉、味觉、嗅觉等互有联系，某种感官的感觉可以引起另一种感官的感觉，这就是通感现象。如在盲校语文教学中，进行音响替代，对许多视觉形象描写的内容，配以动听的音响效果，化为可感的音乐形象，帮助学生理解课文，缩小对事物认识的差距。不过“望梅止渴”的感觉人人都会有，但有“音乐感的审美耳朵”，却需要训练、培养才能逐步形成敏锐的审美能力，它既需要外在的实践，又需要主观的努力，更需要教师灵活的教学补偿策略 。

需要指出的是，受损个体机体的代偿现象，并不意味着用来进行代偿器官的生理基础有了质的改变，超越了健全个体。许多人常常误解地认为：盲人的听觉辨音能力强，是因为他们的听觉细胞发达。实际上这只表明受损个体用来代偿的器官功能得到了强化，就其潜在的能力上，受损与未受损都具有同样的潜力，只不过受损个体因为生存发展的需要，作出了生理机能上相应的反应，激发了代偿机制，从而使其功能得到了发挥。盲人辨音能力强，主要是激发了其听觉的代偿机制。一方面，由于视觉受损，听觉就担负起更多的感知任务，强化了听觉注意；另一方面，在充分运用听觉注意感知事物的过程中，正是由于视觉的缺损，也相对减少了来自视觉注意的干扰，不会引起消极的注意分配，这样，听觉的代偿功能就自然得到了强化。

我国现行盲文字母表

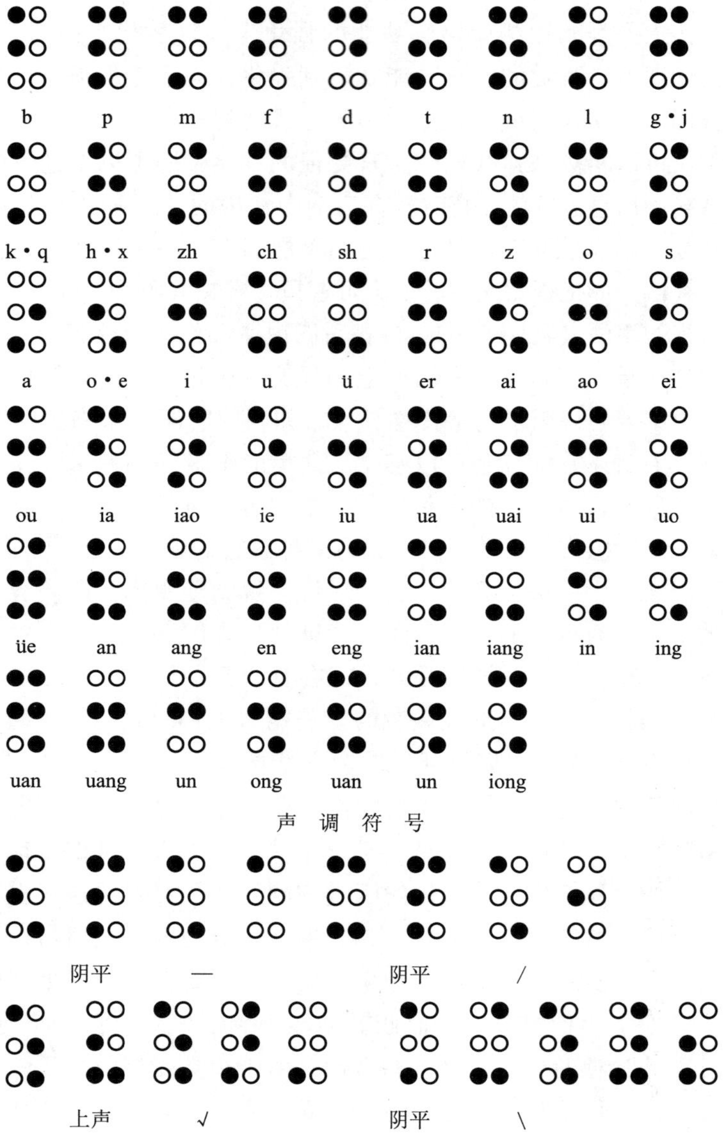

图 4–5 我国现行盲文字母表

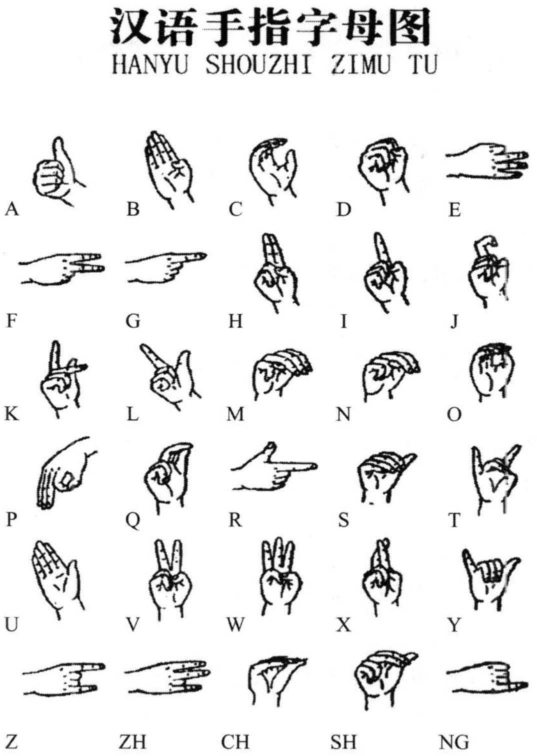

图 4-6　汉语手指字母图

2. *精神激励*

特殊教育担负着生理和心理方面的双重补偿任务：“一方面，特殊教育担负着补偿特殊需要学生的生理机能缺陷的任务，要对他们的全面发展负责；另一方面，特殊教育与其他教育一样，也要向他们提供精心组织的精神陶冶，来弥补他们机体和精神上的双重缺陷。”① 如果说功能替代主要侧重于特殊需要学生的生理机体补偿，那么精神激励则是侧重于他们的心理精神补偿。两者都是特殊教育活动中缺陷补偿的重要内容，而且具有相辅相成的促进关系。精神激励就是运用心理补偿的原理来唤醒、激发并巩固学生身残志坚、努力拼搏的学习意识，从而为他们的充分发展提供源源不断的精神动力。精神激励的心理补偿对于特殊需要学生具有重要意义。因为生理缺陷或遇到挫折，

① 葛新斌. 人的基本特征与特殊教育的开展——哲学人类学对特殊教育的启示［J］. 辽宁师范大学学报：社会科学版，1997（6）：26-29.

极易引起自卑感，而一旦有了自卑感，人就会产生补偿的需要。① 这种补偿如果建立在对生活意义正确理解的基础上，通过脚踏实地的努力以改进自己所处的环境，在个人获得成功的同时，也对群体和社会作出贡献，那么这种补偿就是积极成功的补偿；反之，如果个体放弃了改变环境的希望，在困难面前彷徨、退缩，通过自我幻想和自我麻醉的方式来逃避现实，那么他只能以失败甚至毁灭而告终。正是基于此，特殊教育活动中要特别重视对学生进行身残志坚的激励教育作用，帮助特殊需要学生树立对生活的信念，鼓起战胜自身缺陷的勇气，奋发学习，追求卓越，获得发展的成功。作为一种心理适应机制，精神激励式的心理补偿只要运用得当，将有助于人生境界的拓展。但应注意两点：一是不可好高骛远，追求不可能实现的补偿目标；二是不要受赌气情绪的驱使而作消极的补偿。只有积极的心理补偿，才能激励学生实现自己的充分发展。

3. 技术辅助

以补偿的视角看，技术辅助是特殊教育教学活动中实现缺陷补偿的重要手段。技术辅助包括一切有利于学生补偿的设备、设施、技术和服务等，借助于技术辅助可以替代因缺陷导致的某些机体受损功能，或是支持、提高特殊需要学生的学习能力，实现多方面的缺陷补偿。有关这些方面的内容，我们将在第八章中，结合教学辅助技术再详细介绍。

四、特殊需要学生的潜能开发

人的未完成性赋予人以巨大的潜能，同时也赋予人以教育的必要性和可能性。因此，特殊教育的任务就是要帮助特殊需要学生以一切可能的形式去实现他自己，使他成为发展与变化的主体，成为实现他自己潜能的主人。如果说缺陷补偿是促进生命发展的重要基础和手段，那么潜能开发则是实现生命发展的内容和目的。

（一）潜能及其开发的意义

潜能是个体潜在的能力，是指一个人身上现在没有、将来会有的潜在力量，包括体能与智能的总和。人的潜在能力，是通过生物遗传和社会遗传的

① 阿德勒. 挑战自卑［M］. 北京：华龄出版社，1996：36.

方式获得的，具有还未发展、尚待发展、必然要发展的内在可能性。人身体和心理的各种功能在尚未发展成外显性的能力之前，都可以称为潜能。作为一种尚未显现的能力，潜能一旦外化，与活动联系起来并影响活动效果，就变成显在能力，即通常所讲的能力。国内外学者都用“海上冰山”理论形象地说明人类潜能的巨大好似一座在海上的冰山，浮在水上面的像人类已知能力——显能，这只是很小的一部分，而沉没在水面下的未显露部分却是显露部分的5倍、10倍、20倍、30倍……甚至更多。1964年，美国的玛格丽特·米德出版的《人类潜在能力探索》认为，人的身上存在着巨大的尚待开发的潜能，一个正常健康的人只运用了其能力的6%。① 另一位美国学者奥托在《人的潜能》一书中明确提出：“愈来愈多的行为科学家认为，人只发挥了十分之一，或者较十分之一更少的潜能。”② 美国著名的哲学家、心理学家威廉·詹姆斯曾经指出，“世界上最有作为、最杰出的人物也只开发了自身潜能的10%左右，与应当取得的成就相比较，我们不过是半醒着的”③；人本心理学家马斯洛认为，人具有大量的尚待加以利用的潜能，“在现实社会中真正能够实现自己的潜能、达到自我实现的人很少”④。

但是，人的潜能很少自动地表现出来，人的潜能的充分实现，必须通过教育、通过学习才能实现。正是在这个意义上，我们才强调：对特殊需要学生的发展可能的充分信心，以及对特殊需要学生实现发展过程中重要条件的高度重视，特别是对特殊需要学生潜能开发意义的认识，是每个特殊教育教师必须具备的教育信念。

（二）多元智力与潜能开发

美国心理学家加德纳的多元智力理论为发展特殊需要学生的潜能提供了坚实的理论基础。1983年，美国哈佛大学心理学家霍华德·加德纳（Howard Gardner）在《智力的结构》一书中提出多元智力理论，引起世界范围内的心理学、教育学以及其他领域的重大变革。加德纳认为就智力的本质而言，智力是在一种社会、文化环境中个体处理信息的生理和心理潜能，这种潜能是可以被文化环境激活以解决实际问题和创造出某种产品的能力。就智力的基本结构来说，智力是多元的。它不是一种能力，而是一组能力，而且这组能

---

① 陈学敏．科学记忆，每个人都有好记性［N］．羊城晚报，2008-11-24.

② 奥托．人的潜能［M］．北京：世界图书出版公司，1988.

③ 吴权．克服惰性，彰显潜能［J］．科学24小时，2004（1）：37.

④ 马斯洛．马斯洛人本哲学［M］．成明，译．北京：九州出版社，2003：155-156.

力中的各项能力不是以整合的形式存在，而是以相对独立的形式存在。到目前为止，智力至少包含以下八种能力：言语—语言智力（verbal-linguistic intelligence）、音乐—节奏智力（musical-rhythmic intelligence）、逻辑—数理智力（logical-mathematical intelligence）、视觉—空间智力（visual-spatial intelligence）、身体—动觉智力（bodily-kinesthetic intelligence）、自知—自省智力（intrapersonal intelligence）、交往—交流智力（interpersonal intelligence）、认识自然智力（naturalist intelligence），其具体内涵见表 4-9。

表 4-9 多元智力及其内涵

智力项	含 义	表 现	个体典型
言语—语言智力	主要是指听、说、读、写的能力。	个人能够顺利而高效地利用语言描述事件、表达思想并与人交流的能力。	记者、编辑、作家、演讲家和政治领袖等。
音乐—节奏智力	主要是指感受、辨别、记忆、改变和表达音乐的能力。	个人对音乐包括节奏、音调、音色和旋律的敏感，以及通过作曲、演奏和歌唱等表达音乐的能力。	作曲家、指挥家、歌唱家、演奏家、乐器制造者和乐器调音师等。
逻辑—数理智力	主要是指运算和推理的能力。	对事物间各种关系如类比、对比、因果和逻辑等关系的敏感，以及通过数理运算和逻辑推理等进行思维的能力。	侦探、律师、工程师、科学家和数学家等。
视觉—空间智力	主要是指感受、辨别、记忆、改变物体的空间关系并借此表达思想和情感的能力。	对线条、形状、结构、色彩和空间关系的敏感，以及通过平面图形和立体造型将它们表现出来的能力。	画家、雕刻家、建筑师、航海家、博物学家和军事战略家等。
身体—动觉智力	主要是指运用四肢和躯干的能力。	能够较好地控制自己的身体，对事件能够作出恰当的身体反应，以及善于利用身体语言表达自己的思想和情感的能力。	运动员、舞蹈家、外科医生、赛车手和发明家等。

续表

智力项	含　义	表　现	个体典型
自知—自省智力	主要是指认识、洞察和反省自身的能力。	能够正确地意识和评价自身的情绪、动机、欲望、个性、意志，并在正确的自我意识和自我评价的基础上形成自尊、自律和自制的能力。	哲学家、小说家、律师等。
交往—交流智力	主要是指与人相处和交往的能力。	觉察、体验他人情绪、情感和意图并据此作出适宜反应的能力。	教师、律师、推销员、公关人员、谈话节目主持人、管理者和政治家等。
认识自然智力	主要是指亲近自然、观察自然，获得产出的能力。	对自然现象敏感；喜欢探索大自然，善于对自然现象进行观察、分类和鉴别，乐于种植、饲养等的能力。	生物学家、探险家等。

在加德纳看来，每个人都在一定程度上拥有以上八种智力，但在外在表现上有很大差异。即使一个人有很高的某种智力，却不一定有同种程度的其他智力，也就是说个体所拥有的多种智力在组合方式和表现程度上有着截然的不同。人与人的差别，主要在于个体所具有的不同智力的组合，而在组合的智力中，有些表现为强势，有些表现为弱势。因此，有些人在音乐方面很聪明，而有些人则在数学方面很聪明，正因为如此，人们不能轻易地推断谁比谁更强或谁比谁更聪明。这就如同我们无法指出丘吉尔、莫扎特、爱因斯坦、毕加索、乔丹、柏拉图谁更聪明、谁更成功，我们只能说他们各自在哪个方面聪明、在哪个方面成功，以及它们各自怎样聪明、怎样成功。更为重要的是，那些被称为精英的人不过是充分发挥了其智力结构中的优势项目，也就说每个人都具有实现自己潜能的可能性。

（三）特殊需要学生的潜能开发

多元智力理论对特殊需要学生的潜能开发有着诸多有益的启示。

首先，要树立起一种积极的学生观。在多元智力视野中，没有“残疾”与“健全”、“愚笨”与“聪明”的区分。每个人都有独特的生命，生命的独特性表明每个人具有优势潜能。对于每位有障碍的特殊需要学生，他们虽“残”但不“废”，都各具自己的潜能——强势智力。正如阿姆斯特朗博士通过一项相关研究后认为的那样："的确存在这样一些人，他们本身存在各种各样的缺陷和特殊需要，但同时他们也在八种智力因素中某一项或某几项方面拥有过人的天赋。"① 20世纪最伟大的物理学家爱因斯坦在少年时代被老师骂为"笨蛋"，而伟大哲学家黑格尔被恩格斯称为"所有时代中最有学问的人物之一"，他在中学时曾被人称为"平庸少年"，直到大学毕业时，在他的毕业证上还有一句话："该人学力中等，不擅长哲学。"这些例子告诉我们，对于学生的能力发展，不能只看表象就妄下断语，否则很可能就是错误的结论。即使是被诊断为确有障碍的学生，他们仍有可能有着某方面过人的天赋。美国的心理学者希尔曾作过调查，发现约每万名精神发育迟滞患者中，有6名"白痴天才"，这个相对数字很小，但就绝对数字来看，人数相当可观。所谓的"白痴天才"，并非真正的白痴，主要是在某个方面具有超常才能，通常表现在日期推算、数字计算、背查字典、音乐、绘画、棋艺、专门知识记忆和经商能力八个方面。其中，以前两项居多，占70%。② 因此，特殊教育教师切不可以障碍或缺陷蒙蔽自己的教育期望。

其次，要通过认真的教育诊断，发现特殊需要学生潜在的智力强项。多元智力理论认为，人与人之间的差异是客观存在的，个体差异反映了人的教育需要的差异性，而差异不是人与人之间高低贵贱的分野，恰恰是人的不同的个性发展需要的表现，也为教育提供了丰富的形式资源。"我们的教学策略目标是个性化的教学，旨在积极开发学生潜能，激发学生的创造性，这就必须因人而异地发展其智能强项。"③ 潜能本身具有潜隐性，潜能的实现必须通过教育，而教育的前提需要对学生的学习差异及其智力倾向进行认真细致的诊断。只有对学生的特殊教育需要进行有效的诊断，才能明确学生能有什么样的发展，我们应为其发展做些什么，应提供哪些个别化的教育支撑。从这个意义上说，特殊教育的要义不在于残障、缺陷本身，而在于面对残障、缺陷，能在每个学生身上发现最强的一面，找出它作为人发展源泉的制高点，通过有目的、有针对性的个别化教学，努力挖掘每个特殊需要学生生命的巨大潜能，使其优势潜能得到最大化、最优化的发展。

最后，要针对学生的差异，积极给予学习的适应性支持。多元智力的理论认为，教育必须重视学生的个体差异，如果忽略这些差异，坚持要所有学

---

① Thomas Armstrong. 多元智能［M］. 张咏梅，王振强，等，译. 北京：中国轻工业出版社，2003：182.

② 陈兴时. 痴呆病人和特殊才能［J］. 科学生活，1999（5）.

③ 梅汝莉. 多元智能与教学策略［M］. 北京：开明出版社，2003：57.

生都用同样的方法学习相同的内容，就破坏了多元智力理论的全部基础。对于一个有着障碍学生的发展，也许“最重要、最有用的教育方法是帮助他寻找到一个他的才能可以尽情展示的地方，在那里他可以满意而能干”①，因此，“学校教育的宗旨应该是开发多种智能，并帮助学生发现适合其智能特点的职业和业余爱好”②。

特殊需要学生的潜能开发是以承认和尊重个体差异和不同的发展需要为前提的。每一个学生的潜能或者说本质力量只有在特殊需要满足的教育条件下才能够充分实现和切实展开。因此，学生潜能的开发，在很大程度上决定于教育活动个性化的程度，即是否针对每一个独特个体的身心特点给予特定的适应性支持。所谓支持就是在学习上给予的特定的帮助，以增强学生（不论有无障碍）的学习能力，帮助他从相对学习困难的环境中获得资源，进而促进其身心的有效发展。特殊需要学生的学习支持是个系统，包含外部支持系统和内部支持系统。外部支持主要指政策、制度、文化、经济等方面的支持；内部支持主要是课程安排、组织形式、教学策略、教辅用具等方面的支持。支持既是特殊教育本质的内在要求，也是从根本上实现潜能开发的重要保障。

（四）缺陷补偿与潜能开发的关系

缺陷补偿和潜能开发是特殊教育活动的两大重要任务。辩证、全面地理解两者的关系是我们开展特殊教育实践的前提。然而，对于特殊需要学生，教育是以补偿缺陷为主，还是以开发潜能为主，在这个问题上，当前人们还存在着一些模糊的认识，主要表现为对两者关系的理解上。有不少人片面强调潜能开发的重要性，把“潜能开发”置于“缺陷补偿”之前，认为潜能开发第一、缺陷补偿第二，或是“潜能开发”代表着先进创新，而“缺陷补偿”则反映了传统和落后。之所以出现这种片面的认识，是因为在现实的教育实践活动中，许多特殊教育工作者把缺陷补偿仅仅窄化理解为生理缺陷的补偿或者是医学的缺陷矫正。其实，缺陷补偿和潜能开发并不是对立的，而是相辅相成、相互促进的关系。从逻辑的角度看，缺陷补偿是潜能开发的前提和基础，没有缺陷补偿的活动，也就不可能实现潜能开发；从因果的关系看，缺陷补偿是促进潜能开发的重要手段，而潜能开发是缺陷补偿的目的；从教育活动的内容看，缺陷补偿本身就是潜能开发活动的一部分，或是一种开发的形式。因此，缺陷补偿与潜能开发相互影响，相互促进，不可片面强调。

---

①② 加德纳. 多元智能［M］. 沈致隆，译. 北京：新华出版社，1999：30，10.

【练习·思考·实践】

一、名词解释

1. 人的未完成性
2. 障碍
3. 非典型发展
4. 障碍（缺陷）层次
5. 思维形态偏向
6. 代偿
7. 缺陷补偿
8. 潜能开发
9. 多元智力

二、思考回答

1. 我们应树立什么样的特殊需要学生观？
2. 美国特殊教育立法的原则是什么？
3. 障碍的产生有哪些原因？
4. 障碍主要影响学生身心发展的哪些领域？
5. 如何辩证地认识障碍对学生发展的影响？
6. 中美两国关于障碍（残疾）学生的分类有何异同？
7. 什么是发展性障碍？它包括哪些障碍类型？
8. 如何看待特殊需要学生分类中的“标签化”问题？
9. 特殊需要学生在认知方面有哪些学习特点？
10. 特殊需要学生在个性心理方面有哪些特点？
11. 谈谈你对多元智力理论的理解及其对特殊教育的启示。
12. 如何理解缺陷补偿与潜能开发的关系？

三、案例分析

用人如器①

《经野子内幕》中的《西邻教子》有个故事，讲的是西邻家有五个儿子，一个质朴，一个机灵，另外三个一瞎、一驼、一跛。按说这个特殊的家庭，

① 题目为作者所加。

日子一定不好过。但西邻自有一套教子之道。他让质朴的务农，机灵的经商，失明的按摩，驼背的搓绳，脚跛的纺线，结果全家安居乐业，生活殷实。

请根据本章所学内容，分析西邻的教子之道及其对特殊教育的启示。

【扩展阅读】

请利用课余时间阅读下列文献，并做好读书笔记。

1. 周国平. 内在生命的伟大——我看残奥会［J］. 意林，2008（21）.
2. 加德纳. 多元智能［M］. 沈致隆，译. 北京：新华出版社，1999.

第五章

特殊教育教师

特殊教育教师担负着特殊需要学生教育的重任。特殊教育的特殊性决定了特殊教育教师工作的特殊性。本章从教师工作的共性出发，阐述特殊教育教师的职业特点、专业素养，旨在从与普通教育教师的对比中，突出特殊教育教师角色的多样化和任职要求的高标准特点。同时，探讨特殊教育教师专业发展的途径，以及特殊教育教师专业化的走向。

特殊教育教师是一门具有较高任职要求的专门性职业。特殊教育教师是教师职业群体中不可或缺的重要组成部分，既具有普遍意义上教师的共同特征，又由于教育对象、培养目标等的特殊性，表现出独立的特性。正确理解特殊教育教师的职业性质和特点以及任职要求，了解其专业发展的路径及其走向，是履行好特殊教育教师职责的前提，也是教师专业可持续发展的基础。

第一节　教师职业概述

了解教师的一般概念及其职业性质，是我们认识和理解特殊教育教师的前提。教师是一种社会职业，也是一种社会人，这种人是教育者。因此说到教师，我们就要从教师的职业性质和教师作为教育者的社会角色这两方面来理解和认识教师。

一、教师的职业性质

（一）教师是专业人员

教师是以人为工作对象、以教书育人为社会职责的职业。教师工作作为一门职业，有着丰富的内涵，有着和其他职业不同的角色特征和独特的任职要求。所谓教师，是指受过专门教育和训练的，在学校中向学生传递人类科学文化知识和技能，发展学生的智力和能力，对学生进行思想道德教育，培养学生高尚的审美情趣，把学生培养成社会需要的人才的专业人员。

在当代，社会赋予教师一系列重要的角色，使教师肩负着重大的社会责任。教师只有通过专门的职业训练，取得一定的从业资格，才能成为合格的专业人员。我国《教师法》明确规定："教师是履行教育教学职责的专业人员，承担教书育人、培养社会主义事业建设者和接班人、提高民族素质的使命。"因此，教师是履行教育教学职责的专业人员。从广义上看，教师与教育者系同义语；从狭义上看，教师专指在学校中从事教育教学的专业人员。通常情况下，我们对教师概念的讨论主要是指狭义上的教师。

（二）教师职业具有专业性

教师是专业人员意味着教师的职业具有专业性。教师职业的专业性意指教师职业有别于一般、普通的职业，或者说是一门专门性或专业性的职业。通常专业性职业是指医生、律师、科学家等从事的职业。这种职业是具备学术的、自由的、文明的特征的社会职业。从事这种职业的人是具有一套系统化了的理论知识的人，在其职业生涯中，专业服务、专业研究、专业学习是融为一体的，其劳动是属于脑力劳动或"智力性实践"。这里的"专业"不同于学术分类中的学科专业，也不同于高等学校按社会分工需要的招生专业，而是指一种职业性质的专业，即"是指一群人通过特殊的教育或训练，掌握了科学或高深的知识技能，并以此进行专门化的处理活动，从而解决人生和社会问题，促进社会进步的专门性职业"①。这种专业性职业与一般的或普通的职业存在着诸多差异（详见表 5-1）。因此，教师的职业不同于一般的职业，教师是专业人员，在其职业的基础上，有着自己的专业领域，有着自己

① 刘捷. 专业化：挑战 21 世纪的教师［M］. 北京：教育科学出版社，2002：42.

独特的专业知识理论体系、技能技术体系和伦理道德规范体系。教师职业的专业性，决定了教师职业必须是经过严格训练且持续不断地学习才能获得并维持专业知识和专业技能的职业。

表 5-1 专业性职业与一般（普通）性职业的差异①

专业性职业	一般（普通）性职业
工作时间以专门知识和专门技术为基础	工作时间以经验和技巧为基础
工作过程需要心智和判断力	工作过程以重复操作为特征
工作需要自主权	工作需要服从指挥
专业工作者需要接受高等教育，学习高深学问和专门知识	一般从业人员通过学徒培训即可
工作需要不断地更新知识	工作中日益熟练和灵巧
从业资格不易获得	从业资格容易获得
服务社会	谋生手段

二、教师的职业角色

（一）角色的概念

“角色”一词源于戏剧，指演员扮演的剧中人物，后来被引入社会心理学，成为社会学中的一个重要概念。社会角色是个体与特定的社会地位、社会身份、社会位置相联系的行为方式及相应的心理状态，也是社会对特定的个体行为的期待。一句话，社会角色是指由人们的社会身份和社会地位所决定的、符合社会期望的行为和态度的总模式，如父母、医生、工人、农民、教师等都是社会角色。在社会生活中，处于一定社会地位的人在不同的场域、不同条件下分别扮演着不同的角色，有时可能扮演多种角色，集多重角色于一身，形成一个角色丛。如某教师在学校学生面前是教师，在其他教师面前是同事；在家里可能是父亲或丈夫；而在街上则可能是游人、顾客等。

社会则按照各类角色所规定的行为模式去要求每个社会成员，这称为角色期望。符合角色期望的个体行为将受到社会的认可和赞许。每个社会成员必须了解社会的角色期望，当一个人认识到自己在某一条件下所担负的社会

① 张民选. 教师发展专业策略译丛（总序）［M］. 北京：中国轻工业出版社，2006.

角色和社会对他相应的期望时，便产生了角色意识，角色意识调控个人的行为，使之表现出符合某一社会角色的行为倾向。因此，良好的教师角色意识是扮演好教师角色行为的有效前提。

（二）教师角色的社会期待

教师在整个社会生活中与其职业相对应的社会角色就是社会代言人，这是整个社会对教师职业的角色期待。所谓社会代言人是指教师必须以社会规范作为自己教育实践的行为准则，其所言所行所体现出来的道德形象、文化形象、人格形象都应成为社会规范的化身。用中国传统最经典的词语概括，就是“为人师表”，即教师在思想、学识、能力、为人方面都是社会大众的榜样，成为社会规范的化身。从这个意义上讲，社会既赋予了教师崇高的职业形象，又赋予了教师重大的社会责任。

可见，社会期待中的教师角色，对教师的德、行、智、能方面有着很高的要求，几乎近于完美，甚至有时让人感到教师必须是一个圣人、完人才行。当然，这种教师职业角色的规定，主要是指理想教师。现实中的教师都是一个个具体的人，也都是平凡的普通人。但是，当我们把他们作为教师的职业人来要求时，就不能不特别强调教师的职业伦理道德。教师无论知识层次和水平有多高，但如果缺乏职业道德，就没有资格从事教师职业。教师的职业道德，最核心的就是热爱学生，特殊教育教师更应如此。

（三）教师角色的职业定位

教师作为人类文化的传播者，在人类文化的继承和发展中起着桥梁和纽带作用。传统观念下，教师职业的角色定位是“传道、授业、解惑”者，这是我国古代对教师角色行为、义务及权利比较精确的概括。当代社会的发展赋予了教师角色更新、更多的内容和意义。在我国，人们对当代教师在学校教育教学中的角色有一个一般的看法和认同。从这个角度看，教师角色可以概括为：人类文化的传递者、新生一代灵魂的塑造者、学生心理的保健医生、学习者和学者、人际关系的艺术家以及教学的领导者和管理者等，每一种教师角色都有其特定的内涵和特征（见表 5-2）。①

---

① 田慧生，李如密. 教学论［M］. 石家庄：河北教育出版社，1996：97-99.

表 5-2　教师角色的类型与特征

教师角色类型	典型特征
人类文化的传递者	①具有乐教精神，善于激发学生的学习动机； ②具有一定的科学文化知识水平和合理的知识结构； ③掌握精湛的教学艺术，谙熟现代教育设备的使用； ④能高效地指导学生学习，发展学生的思维创新能力。
新生一代灵魂的塑造者	①善于观察和分析每个学生的特点，有的放矢地进行教育； ②善于估计情势，预料学生的发展方向，以便使教育走在他们发展的前面； ③注意引导学生的自我教育，善于将集体教育和个别教育有机结合起来； ④能充分地考虑学生的个别差异，因材施教。
学生心理的保健医生	①具备生理、心理卫生知识，能有效地对学生的心理问题进行准确鉴定、治疗和矫正； ②进行生活指导和心理咨询，预防各种不健康心理，把学生从各种心理障碍中解放出来； ③区分品德不良与个性缺陷，爱护学生，尊重学生，根据情况拟订适当的指导和治疗方案。
学习者和学者	①教师作为学生学习的导航人，必须具有既博又专的知识素养，并注意知识结构的不断更新，使之具有“精、深、新、广”的特点； ②注意持续学习，学会终生备课； ③教学相长，善于向学生学习； ④善于进行教育科研，做一名“学者型教师”和“专家型教师”。
人际关系的艺术家	①建立民主平等、和谐合作的师生关系； ②提倡“角色心理位置互换”，平等待人，以身作则，做学生的知己和朋友； ③协调教师、家长、学校、社会之间的关系和影响，使之一体化，产生最佳的教育合力，对学生进行良好的教育。
教学的领导者和管理者	①建立教学常规和各项规章制度，维护正常的教学秩序，确保教育教学工作顺利开展； ②倡导自觉纪律，树立学生集体观念，使之由他律走向自律，充分发挥集体凝聚力； ③指导学生参与自身的管理； ④建立教师威信，将尊重学生与严格要求相结合。

第二节　认识特殊教育教师

一、特殊教育教师的概念

特殊教育教师是指在教育机构中从事特殊需要学生教育教学的专业人员，是现代教师队伍的一个重要组成部分。一般意义上的特殊教育教师，主要指在专门的特殊教育机构（学校）中对有特殊需要的学生实施教育教学的人员。广义的特殊教育教师还可包括在特殊教育机构从事康复训练、社会咨询等服务的相关专业人员。可见，与普遍意义上的教师相比，特殊教育教师队伍的构成更加复杂和多元，特殊教育教师的概念也相对宽泛。

二、特殊教育教师的构成

教育对象的复杂性、多样性决定了特殊教育师资队伍构成的复杂性、多样性，也是特殊教育不同于普通教育的一个重要方面。特殊教育不仅需要教授各门文化课的学科专业教师，还需要其他从事特殊儿童身心障碍矫正或康复训练的专业技术人员；不仅需要校内的教师，还需要校外人员的合作参与。除了学科文化课教师、特殊教育机构行政管理人员外，特殊教育教师队伍还包括以下专业人员。

（一）职业技术课教师

职业技术教育是我国特殊教育的重点。特殊教育学校初中、高中阶段往往开设按摩、服装设计、木工、机械、美发等职业技术课程。职业技术课教师指担任这些科目教育教学工作的教师。

（二）资源教师

资源教师主要是指在特殊学校或普通学校资源教室专职从事有关特殊教育需要服务的教师，其主要职责包括：设计辅导计划、进行诊断评估、实施补救教学、提供咨询服务等。

（三）巡回指导教师

巡回指导教师指往返于两所以上学校、两个以上家庭对特殊需要学生进行专业教学辅导和训练，并对普通班级的教师予以协助的专职教师，有时也由资源教师兼任。

（四）生活指导教师

生活指导教师主要是对特殊学生进行日常生活基本技能的辅导和担任家政课教学的人员。

（五）康复治疗师

这是从广义上把从事康复医学服务的专业人员也包含在内的划分，主要是针对特殊需要学生进行功能康复的专业治疗人员，包括物理治疗师，职业治疗师，听觉、言语治疗师，园艺治疗师，心理治疗（咨询）师等。由于种种原因，目前在我国的特殊教育学校中，这类专职人员并不是很普及，而特殊教育学校又非常需要这类专业人员的共同参与，但实际情况仍然不尽如人意，还需要多方的合作与努力。相关内容我们会在第十章详细论述。

需要说明的是，目前我国各类特殊教育专业人员的任务并不是单一的，有时可能“身兼数职”，具有交叉的特点，以教育、教学人员比例最大。

三、特殊教育教师的角色

由于特殊教育对象的特殊性，特殊教育教师的角色更加多元。特殊教育教师除了具有普通教师的一般角色特征外，还应成为学生特殊教育需要的诊断者、学生优势智力的开发者、学生差异教学的设计者、学生学习指导的合作者。

（一）特殊需要的诊断者

诊断是了解特殊需要、采取对应措施、制订教育计划、满足特殊教育需要的前提条件。教师要开展特殊需要教学，首先要对特殊教育需要学生进行一系列的生理、心理和教育的测查诊断，以便了解特殊需要的原因、程度、时间等，然后根据诊断作出阶段性的评估结论。在此基础上，针对学生的个别差异决定具体的教育教学措施。如学生有哪些教育需要，教育的目标应达到什么水平和要求，怎样安排教学内容，如何组织教学活动，等等。学生特殊教育需要的诊断者这一角色对教师的知识结构提出了更高的要求：具备综合的知识、能力素养，不仅要有扎实的学科专业知识、过硬的教育教学方法和技能，而且要求掌握一定的医学、康复学和心理学测量评估的基本常识与技能。

（二）优势智力的开发者

特殊教育教师不仅要懂得学生缺陷补偿的知识和技能，更要善于发现和挖掘学生的智力强项，取长补短。教育在某种意义上就是发现并显露学生需要的一种行动。“有效的教师就是那些能够接近学生、评价和理解学生的需要、寻求具体的和个别的途径来满足学生需要的教师。”①多元智力理论告诉我们，每个学生都有自己的智力强项和弱项，智力强项是个体潜能开发的重要依据。特殊教育需要学生也不例外，在多元智力理论视野中没有“残废”的概念，只有智力结构的差异。因此，特殊教育要积极开发学生的潜能，激发学生的创造性，这就必须因人而异地发展其智力强项。它要求教师在教学中成为特殊教育需要学生智力强项的发现者和开发者。

（三）个别化教学的设计者

个体差异的显著性特征是特殊教育存在的基础。特殊教育教师应关注个别差异、尊重个别差异、探究个别差异，成为个别差异教学的设计者和实施者。特殊需要学生个别差异引起的特殊教育需要是复杂的、多样的，差异不同教育需要不同，满足不同的特殊教育需要必须进行个别化的差异教学。实行个别化教学的前提是能够进行个别化教学的设计，即要探讨适合学生特点的教学形式、教学内容、教学过程与教学结果，其最终目的是促进每个学生在原有的基础上都能得到最大的发展。

（四）指导学习的合作者

此外，特殊教育学校教师还应是具有合作意识与能力的人。在普通学校的教学中，教师都有各自的学科专业，它的基本任务是独立地完成教学工作，较少跨年级、跨学科、跨部门与其他人员有业务来往。以满足所有学生特殊教育需要的特殊教育教学，应不再限于机械的班级授课制，学生学习时限、

---

① 邓志伟. 个性化教育论［M］. 上海：上海教育出版社，2000：244.

学习空间、资源需求的灵活性，需要教师与更多的人、在更大的空间、更长的时间以平等的方式在一起工作。例如，学生实行跨级走班，需要班级教师之间的合作；学生进入资源教室、图书室等进行自主学习，需要教师与资源教师、图书管理员的合作。这种合作不仅表现在教师之间、教师与教辅人员之间的合作，而且还表现在教师与学生、家长以及校外专业人士的合作。对教师来讲，合作是一种工作方式的根本改变，它必须与其他同事、合作伙伴建立联系，从仅仅关注本学科教学到关注学生特殊教育需要的各个方面，从习惯于孤芳自赏到学会欣赏其他教学人员的工作和能力，从独立完成教学任务到和其他教师一起合作，在教会学生合作的同时，教师首先要自己学会合作。有关特殊教育合作的问题，我们将在第十章中详细论述。

第三节　特殊教育教师专业化

教师职业的专业性，意味着教师要成为一名合格的专业人员，必须要经过专门的职业训练，也就是教师的专业化。“教师专业化是指教师职业有自己独特的职业要求和从业条件，以及专门的培养制度和管理制度。其基本含义是：第一，教师专业既包括学科专业性，也包括教育专业性，国家对教师任职既有规定的学历标准，也有必要的教育知识、教育能力和职业道德的要求；第二，国家有教师教育的专门机构、专门教育内容和措施；第三，国家有对教师资格和教师教育机构的认定制度和管理制度；第四，教师专业发展是一个持续不断的过程，教师专业化也是一个发展的概念，既是一种状态，又是一个不断深化的过程。”①因此，教师职业的专业化最重要的表现在两个方面：一是在内隐方面，要具备从事该职业的专业道德、专业知识、专业技能、专业能力等，形成支撑职业的素质结构；二是在外显方面，有专门的培养制度和管理制度，要获得由权威机构颁发的、证明执教能力的教师资格证书，这是专业性职业的重要标志。

一、专业化的素质要求

特殊教育教师的素质主要指其专业素质，这里的素质是指完成某种活动

---

① 袁贵仁. 加强和改革教师教育，大力提高我国教师专业化水平［J］. 人民教育，2001（9）：24-26.

所必需的基本条件，也是特殊教育教师专业化的内隐方面，即能够胜任特殊教育与教学的专业道德、理念、知识、能力等方面的基本条件。特殊教育活动的特殊性决定了特殊教育教师专业化的素质结构特点和具体内容要求。

（一）专业素质结构特点

特殊教育教师的专业素质结构是特殊教育教师具备的各项素质要求，以及它们之间稳定的联系方式。角色的多元化和劳动的复杂性决定了特殊教育教师素质结构高度综合化的特质。由于特殊教育对象的特殊性，特殊教育教师在知识、能力、技能方面比普通教育教师有着更多、更广、更高的要求。这也就意味着特殊教育教师要在一般教师的素质基础上，进一步追求知识结构和能力结构在特殊教育理论、实践层面上的综合，形成特殊教育教师知识能力结构的综合化。这种高度综合化的特征，主要表现在以下方面。

1. 学科与专业的高度综合

这里的学科是指除了通识性的文化科学知识以外的从事某一门学科知识的教学。如，数学、语文等。因为，特殊教育教师首先要能胜任一定的学科教学任务，所以无论从逻辑的角度还是从理论的角度，都要求特殊教育教师能比较系统、完整地掌握至少一门学科文化知识，了解其学科发展的历史、科学知识的来源，把握学科前沿的最新研究成果。这就要求特殊教育教师必须在掌握通识知识的基础上，实现某门学科与专业的综合。

2. 普通教育与特殊教育的综合

特殊教育是教育的一个组成部分。从学科的角度说，普通教育基础理论知识是特殊教育理论知识的基础。因此，学生不仅要掌握一般的具有共性的教育学科知识和技能，如教育学、心理学、教学论等理论，还要掌握特殊儿童心理与教育教学的知识以及与此相关的康复、医学知识。就教育专业来说，它需要普通教育与特殊教育的高度综合。

3. 专业基础与专业方向的综合

专业方向是指某一类别障碍学生的教育方向。由于特殊教育的发展，尤其是特殊教育对象的扩大，特殊教育教师不仅需要具备某一类别特殊需要学生的教育教学和康复训练能力，同时也要具有一定的其他类别特殊需要学生的教育教学和康复训练能力。实际上，由于障碍的性质、差异，教育对象无论在心理还是在具体的教育教学方法上，不同的障碍类别其教育教学以及康复训练方法也有所不同。因此，在掌握各类特殊需要学生教育的共性知识的基础上，特殊教育教师还必须在具备精熟于某一类别特殊需要学生教育的能力的同时，也要能兼有教育其他类别学生的一般的能力，做到“一专多能，精一通几”，实现专业基础与专业方向的高度综合。

（二）专业素质结构的内容

特殊教育教师素质结构高度的综合化的特质，决定了特殊教育教师必须具备特定的专业素养才能胜任。根据特殊教育教师职业的专业化要求，我们分别从专业道德、专业理念、专业知识、专业技能、专业能力和身体心理素养六个方面具体描述素质结构的内容。

1. 专业道德

专业道德是指作为教师必须遵循的最起码的道德准则和道德要求。特殊教育需要教师给予特殊儿童更多的爱心，这是从事特殊教育最基本的道德前提。因此，特殊教育教师首先必须克服鄙薄特殊教育的观念，拥有热爱特殊教育的思想感情和积极献身于特殊教育事业的精神。这除了具备基本的德性之外，更重要的是要具有以人道主义为基石的尊重生命差异、尊重生命权利的职业使命感，强烈的社会奉献意识和高尚的人文情怀。

2. 专业理念

有无专业理念是专业人员与非专业人员的重要区别。专业理念是指教师在从事教育教学工作的基础上，通过对教育的深入思考而形成的关于教育的基本观点和信念，包括教学观、学生观、评价观等。特殊教育教师面对的是具有显著个体差异的生命个体，教育对象生命的独特性要求教师超越一般的、传统的教育思想，从生命发展与解放的高度去理解特殊教育、践行特殊教育。这就要求教师对特殊需要学生抱有积极的教育期望、进行无歧视的教育评估、采取适应性的个别化教育理念来实现特殊需要学生生命的个体价值和社会价值。

3. 专业知识

特殊教育教师的专业知识素养是指教师在教育教学、康复训练过程中所具备的所有文化知识结构及其程度。作为特殊教育教师，首先应像普通教育教师一样，具有比较广博的科学和人文知识、系统的学科专业知识和坚实的一般性教育专业知识。此外，还必须熟悉特殊教育对象，熟练掌握所需的特殊教育学科专业知识和技能，如医学、康复学、特殊教育理论、特殊儿童心理、特殊教育辅助技术等知识，并能对这些知识加以综合运用，以满足特殊儿童的特殊教育需要。

4. 专业技能

专业技能是特殊教育教师从事专业实践的技术、技巧的能力。作为教师，要有准确、规范、熟练的书写技能，包括毛笔字、钢笔字、粉笔字、简笔画、普通话（即俗称“三字、一画、又一话”）和课件制作，这是对一般教师技能的基本要求。在此基础上，特殊教育教师有着更多的要求，主要是熟练地使用盲文或手语，以及最基本的感知技能、感觉统合训练技巧，另外还要具备教学辅具制作和教学辅助技术运用等技能。

5. 专业能力

教师要顺利开展教育教学活动，取得良好的教育效果，必须具备相应的专业能力。除了通常的教育组织管理能力、交际沟通能力、运用现代化教育教学手段的能力和开展教育科学研究的能力外，特殊教育教师更需要特殊教育需要诊断与评估、个别教育计划制订和差异教学设计等能力。因为，“每一个儿童有其独特的个人特点、兴趣、能力和需要；教育制度的设计和教育计划的制订要考虑到这些特性和需要的广泛差异”①。

6. 身心素质

良好的心理素质是指特殊教育教师在工作过程中保持的一种健康的心理品质和情绪状态。人是身心统一体，生理与心理之间总是相互影响的，而个体的身心状态又会影响周围的人。要增进学生的身心健康，教师自己首先必须拥有健康的身心。特殊教育教师在工作中将面临着更大的身心考验。一方面，目前特殊教育事业的发展水平还不够高，社会对特殊教育的理解和支持力度还不够，对特殊教育还存有成见，甚至歧视。另一方面，特殊需要学生本身的身心障碍导致特殊教育的难度增大，也会给工作带来很多困扰和压抑感。特别是劳动成果的滞后性，往往给人以事倍功半的感觉，更谈不上像普通教师那样，有着“教学相长”的喜悦以及对“桃李满天下”的兴奋期待。所以，特殊教育教师除了要有坚定的信念、坚强的毅力和良好的耐挫折能力外，还要具备不时地调整自己的心态、保持稳定的情绪、争取维持最好的心态完成工作任务的心理品质。

---

① 赵中建. 教育的使命——面向21世纪的教育宣言和行动纲领［M］. 北京：教育科学出版社，1996：135.

表 5–3 特殊教育教师的素质结构一览

素质结构	教师的共性素质要求	特殊教育教师素质的独特要求
专业道德	热爱教育事业，尽职尽责，教书育人；热爱关心学生，公平对待学生，尊重学生人格；严谨治学，刻苦钻研，谦虚谨慎，团结协作，不骄不躁；严于律己，作风正派，以身作则，廉洁从教等。	以人道主义为基石的尊重生命差异、尊重生命权利的职业使命感，强烈的社会奉献意识和高尚的人文情怀。
专业理念	站在时代和发展的高度，学习特殊教育前沿理论，投身教育实践改革，创造性地开展工作，创建新的教育教学模式和新型学校。	对特殊儿童的生命价值的确认、尊重；对生命潜能的挖掘、对生命力量的发挥。具体表现为：积极的教育期望、无歧视评估、适应性的个别化教育理念。
专业知识	广博的科学和人文素养、1—2门精深而系统的学科专业知识、工具性学科知识、教育学科知识等。	医学、康复学、特殊教育理论、特殊儿童心理、特殊教育辅助技术等知识。
专业技能	毛笔字、钢笔字、粉笔字、简笔画、普通话和课件制作。	盲文、手语、康复训练、特殊教育教学具制作等。
专业能力	组织管理能力、交际能力、运用现代化教育教学手段的能力、开展教育科学研究的能力等。	障碍、特殊需要的评估、个别教育方案的制订、特殊教育现代技术的运用。

二、专业化的国际走向

当今社会的发展，对特殊教育教师的素质要求空前提高，进行以教师专业化为核心的特殊教师教育的改革，已成为当代世界特殊教育发展的要求和必然趋势，而提升特殊教育教师的专业化水平，也成为世界各国的共同目标。世界范围内特殊教育教师的专业化走向具有如下特征。

（一）提高学历层次

目前，发达国家如美国、英国、菲律宾、澳大利亚、挪威、丹麦、日本、德国等，对特殊教育师资要求呈现出高学历的趋势。美国从事特殊教育的教师普遍学历很高，其中以博士和硕士学位居多。美国特殊儿童委员会（The Council for Exceptional Children，简称 CEC）1995 年关于特殊教育教师任职资格的规定提出特殊教育教师要至少获得学士学位。目前美国高校特殊教育专业已基本不设本科专业，大多数是硕士、博士学历层次的专业设置。

与发达国家相比，我国目前特殊教育教师的学历层次明显要偏低。据有关调查，在特殊教育发达的江苏省，“特殊教育学校教师的总体学历偏低。本科以上学历不到四分之一，中师中专以下的不合格学历达 21.3%，这与特殊教育的实际需求相差甚远”①。因此，提高学历层次成为提升我国特殊教育教师专业化水平所面临的一个重要任务。

（二）制定专业标准

特殊教育教师专业标准是教师在特殊教育教学活动中所应达到的专业化标准。它具体规定了特殊教育教师专业结构要素中的各项实施准则和方法。制定特殊教育教师专业标准是确立和提升特殊教育教师专业化水平地位的重要前提，也是培养和评价特殊教育教师质量的必要依据。因此世界各国，尤其是特殊教育发达国家特别重视特殊教育教师专业标准的制定和实施。其中，美国制定的特殊教育教师任职资格标准在国际上影响很大。美国特殊儿童委员会于 1995 年制定了《每个特殊教育者必须知道什么——有关特殊教育教师准备和资格的国际标准》，此后分别于 2003 年、2009 年发表了修订版。该标准明确规定了所有准备成为特殊教育教师和获得相关专业资格者（包括特殊需要诊断专家、特殊教师管理者、特殊教育辅助技术专家和特殊教育转衔专家以及特殊教育教师助手等）都应掌握的知识和技能，要求具体全面。对于特殊教育教师，这些标准都包含有两部分的内容：一部分是对所有准备成为特殊教育教师者提出的共同核心性知识和技能；另一部分是分别对从事幼儿早期特殊教育、听觉障碍学生教育、情绪和行为障碍学生教育、学习障碍学生教育、智力落后和发展障碍学生教育、视觉障碍学生教育、肢体和健康障碍学生教育、超常或高天资学生教育的教师提出的专门性知识与技能。两部分的知识与技能的要求，都由十个方面的内容构成：基础知识、学习者的发展和特征、个体学习差异、教学策略、学习环境和社会交往、沟通、教学计划、评估、专业原则和道德原则、合作。

---

① 王辉，王娇艳，张茂林. 江苏省特殊教育学校教师学历情况调查研究［J］. 中国特殊教育，2008（12）：66-72.

高学历水平和全面的知识要求使美国有一支高质量的特殊教育师资队伍，为特殊教育的发展提供了有利的条件。尽管我国目前还没有相关的任职资格专业标准，但是借鉴国外成功的经验，制定一部具有中国特色特殊教育教师专业标准，是特殊教育发展亟待解决的课题之一。

（三）实施资格认证

特殊教育教师资格认证是对从事特殊教育活动人员所必备条件的资格进行认证的制度。实行特殊教育教师资格认证是保障特殊教育师资质量的重要措施。特殊教育教育对象的特殊性和复杂性决定了特殊教育教师是所有教师中面临挑战和困难最大的、要求专业化程度最高的群体。具有普通教育教师资格的教师并不一定能够胜任特殊教育工作。目前，许多国家为了保证特殊教育的质量，对特殊教育从业人员有着严格的要求和规定，特别是美国、英国、加拿大、澳大利亚、日本等主要发达国家，包括我国台湾地区，都已建立起较为完善的特殊教育教师资格制度。国际上对特殊教育教师普遍采取教师资格证书加特殊教育专业资格证书的双证书资格制度。在具体的实施上一般有以下三种情况。

1. 资格准入

就是经过考核只有达到规定的特殊教育教师专业标准，才有资格进入特殊教育机构工作。资格准入主要针对的是职前教师，是获得特殊教育从教资格的必备条件。

2. 资格分类

由于特殊教育对象的复杂性与多样性，仅仅具备最基本的共性专业知识和能力，并不一定能胜任某一障碍类别领域的教育能力，因此有些国家规定，在获得基本的资格准入基础上，还必须通过相应的专业方向领域的资格认证，才能取得任教资格。如在美国，对特殊教育教师的任职资格有严格的认证过程。一个准特殊教育教师除了要获得基本的普通教师任职资格和特殊教育教师任职资格外，如果教育的对象是智力障碍、学习障碍或言语障碍等具体类别的特殊儿童，那么他还要获得这些专门领域内的资格证书，而且这些证书还有5年有效期限的限制，5年后需符合一定的条件（如修满规定学分的课程）才能换新证书。[①] 这样不但规范了特殊教育教师从业的资格程序，而且也保证了教师队伍的质量。资格分类还包括从事特殊教育行政管理的人员与教学人员的区别。

3. 资格等级

根据任职资格标准体系和教师的任职能力，从称职胜任的角度出发，对特殊教育教师的任职资格划分等级，来规范促进特殊教育教师专业的成长。我国台湾地区以及日本、韩国等实行的是资格准入与资格等级结合式的特殊教育教师资格证制度。如日本将教师资格分为专攻证书、一级证书、二级证书、三级证书。[②]

1994 年 8 月国务院发布的《残疾人教育条例》第 37 条规定："国家实行残疾人教育教师资格证书制度，具体办法由国务院教育行政部门会同国务院其他行政部门制订。"2001 年 11 月国务院办公厅转发的教育部、人事部等 9 部门《关于"十五"期间进一步推进特殊教育改革和发展的意见》中再次提出"制定特殊教育教师资格条件有关规定"。遗憾的是，国家配套的法规迟迟没有出台。1997 年，上海市教育行政部门内部文件规定实施特殊教育资格证书制度，然后在特殊教育"十五"规划里规定从事特殊教育的教师必须取得教师资格证书和特殊教育教师上岗证书，由于只是地方性的行政规定，还不具备与普通教育教师资格制度同样的法律强制性。虽然各国特殊教育教师资格证书的类型、标准等不尽一致，但建立特殊教育教师资格制度已成为世界性的发展趋势。

（四）改革培养模式

在特殊教育教师专业化走向下，特殊教育教师培养模式也更趋灵活多样。

1. 职前培养

当代特殊教育教师在职前培养上基本呈现两大模式。一是专业直通式，即通过高等院校专门设立的特殊教育专业，进行一站式的培养获得任职资格。我国大陆及台湾地区、俄罗斯、韩国等主要采取此方式进行培养。这种模式的特点是专业性较强，具有很强的针对性。但是如果学历层次较低，学制又短，整个专业基础受限，会削弱一些学科知识的学习和掌握，教师的后续发

---

① 汪斯斯，雷江华. 中美特殊教育教师专业化发展之比较［J］. 现代特殊教育，2007（06）：36－37.

② 朴永馨. 世界教育大系·特殊教育［Z］. 长春：吉林教育出版社，2000：199.

展会受到制约。二是叠加复合式，即接受高校一般的专业学习毕业后，再通过1—2年的特殊教育专业学习或培训取得任职资格。这种模式的代表主要是美国、英国、澳大利亚和日本等。这一模式既注重普通教育的知识、能力，又重视特殊教育的专业知识、专业能力的培养，基础更扎实，方向更明确，专业化水平更高。

与职前培养模式相适应，在特殊教育教师培养课程结构上也出现了三种模式。一是与专业直通模式相联系的特殊教育师范专业课程模式，基本根据特殊教育专业培养目标和规格设置课程。二是要求在普通教育师资培育的基础上，补充特殊教育的知识、技能和分门别类的特殊教育能力，形成师范类课程加特殊教育专业课程的结构模式。如澳大利亚要求从事各种特殊教育的教师都须受高等教育和师范教育，在已经具有教师资格的基础上接受特殊教育的专业培训。三是非教育类学科课程加特殊教育专业课程的结构模式。如英国、美国的非教育专业的大学毕业生也可以通过特殊教育专业培训，或进入特殊教育学科专业深造获得任职资格。而在英国不论通过何种形式，都要在获得教育证书、教师证书的基础上再通过考试取得特殊教育证书。

2. 职后培训

职后培训是特殊教育教师专业化的重要环节。发达国家已经形成了制度化、系统化的特殊教育教师继续教育培训机制。他们主要通过短期非学历培训、校本培训等多种形式对教师进行培训，把职前培养和职后培训结合起来，形成“一体化”的体系。如美国特殊儿童委员会每年都会在全国举行两次针对特殊教育者的培训项目，包括专业研讨会、专业会议、继续教育课程等，目的在于提升他们的专业知识技能以满足特殊教育不断变化的需求。相比之下，目前我国的特殊教育教师的职后培训还有相当大的差距。无论是培训制度、培训形式、培训内容，还是培训机会等方面都需要不断地改进。

第四节　特殊教育教师专业发展

一、专业发展的内涵

教师专业化与教师专业发展是两个既有联系又有区别的概念。特殊教育教师专业发展是指特殊教育教师在专业生涯中，通过不断地学习和研究，累积经验、更新知识，持续提高专业水平的专业成长过程。教师作为专业人员，要经历一个由不成熟到相对成熟的专业发展历程。开始踏上教学工作岗位的教师，虽然经过了在职的专业训练并获得了教师资格证书，但这并不意味着就是一个成熟的教育专业教学人员，他还要随着教学工作经历的延续、经验的积累、知识的更新及不断的反思才能逐渐达到专业的成熟。

特殊教育教师的专业发展既包括任教学科的专业知识、康复训练知识的与日俱新，也包括教师的专业理念、情感能力、教育方法等方面的与时俱进，使自己成为特殊教育专业工作者。特殊教育教师的专业发展过程也意味着树立特殊教育教师形象、提升特殊教育教师专业地位、开发特殊教育教师自身潜能、实现特殊教育教师人生价值的过程。因此，对于每一个特殊教育教师来说，特殊教育教师职业的专业化既是一种职业资格认定，更是一个终身学习、不断提高的自觉追求。

特殊教育教师专业发展的过程中，存在着不同的发展阶段而不同的发展阶段又面临着不同的发展问题，这些问题的解决推动着教师专业的不断发展。根据国内外教师专业发展的研究，结合特殊教育教师在实践中成长的经验，特殊教育教师的专业发展阶段大致要经历以下五个阶段。

（一）专业起步阶段

这一阶段主要是教师职前教育阶段，这时的准教师才刚刚开始接触特殊教育，他们通过专业的学习，具备一定的特殊教育知识、技能，形成初步的特殊教育观念，但是专业上的自我发展意识还较淡漠。

（二）专业适应阶段

这一阶段主要是初任教师阶段。在这个阶段，作为特殊教育的新手处在适应期，他们特别关注专业发展结构中的最低要求——专业活动的“适应生存”。关心的问题一般是：今天我能顺利地完成教学任务吗？学生喜欢我教的课吗？校长和同事怎样看我？这一阶段适应期的长短、成效的大小，主要取决于个人努力的程度和学校的文化环境。

（三）专业稳定阶段

专业稳定阶段标志着已经能够胜任教师工作。在这个阶段，作为一名特殊教育教师，其专业工作能力逐渐稳定、巩固。他们已基本能胜任特殊需要学生的教育教学和康复训练工作，因此，他们会由关注专业的生存更多地转到关注教育教学活动上来，以便更好地完成教育目标，获得职业阶梯的升迁和更高的外在评价。这一阶段周期相对比较长，是特殊教育教师专业发展的关键时期，也是他们逐步树立专业信心，形成教学特色的奠基时期。

（四）专业成熟阶段

这一阶段教师已善于反思自己的教育实践。在这一阶段，教师不仅已积累了丰富的专业经验，而且已开始取得教育教学、康复训练的专业成果。丰富的专业经历和成功的喜悦使他们对自己的教育工作产生强烈的使命感，驱动着他们不断地重新思考和检讨已有的教育理念，反思自己的教育实践，以谋求更大程度的专业发展和外部的认可。

（五）专业卓越阶段

这一阶段主要是形成教师教育风格和特色的阶段。这是特殊教育教师专业充分发展阶段，也是专业发展的最高境界。在这一阶段，教师已从专业成熟走向专业的自信，成为某一学科教学或某一类别障碍儿童教育方面的专家：既有丰富的教育实践成果，又有高水平的理论总结。他们已经走过关注目标和追求外部认可的阶段，不断尝试、重建自己的观念与信念，进而形成风格、追求特色、自我超越，努力追求实现自我。要达到专业发展的卓越阶段很难，达到的教师数量也少。但“卓越”作为一种崇高的追求，应该成为每一位特殊教育教师的目标。这需要智慧、勇气、毅力，更需要一种专业发展的精神。

以上五个阶段的划分只是理论上的大致分期。在实践中，教师的专业发展是一个连续不断的过程，并无绝对的界限，而且教师的职业生涯也并非总是积极正向的成长过程，尤其由于特殊教育教师工作的艰巨性，其间也会停顿、有低潮、彷徨，甚至出现职业倦怠、不思进取、得过且过或跳槽改行等情况。这表明教师的专业成长是复杂的、动态的，是教师个体回应各种因素的互动过程。依据教师成长的规律和特点，作为一名愿意从事特殊教育的未来工作者，要有足够的思想准备和专业成长意识，一方面要积极寻求外力予以帮助，另一方面要能够不断地促进自我反思，才能获得专业的成长与发展。

二、专业发展的途径

教师的专业发展贯穿于教师职业生涯的全过程，包括职前的专业教育训练、入职辅导和在职的继续教育培训三个阶段。教师专业发展既来自于专业培养制度的保障，也来自于教师自身的努力。本节主要从教师自我发展的角度，来阐述特殊教育教师专业发展的路径问题。促进教师的个体自我专业发展的途径主要是学习、实践、反思。根据特殊教育教师的任务和特点，激发专业自觉是特殊教育教师专业自我发展的前提，坚持专业学习是特殊教育教师专业自我发展的基础，学会专业反思是特殊教育教师专业自我发展的关键，注重专业写作是特殊教育教师专业自我发展的重要体现。

（一）激发专业自觉

专业自觉是特殊教育教师在其职业生涯中对自身专业发展的一种自觉意识和自我审视，是特殊教师专业成长的思想基础和前提条件。作为一名特殊教育教师，既然准备或已经从事了这份职业，就应该了解自身现状，包括对自己所从事职业的专业特点有充分的理解，应该明确自己在促进教育对象发展的同时，也要努力改变自己，从而产生促进自己的专业发展的动机。如果一名特殊教育教师只是服从职业的需要，总是自发地试图教给特殊需要学生知识、技能，以改变学生、改变社会，却唯独没有想到改变自己，那就是典型的缺乏教师专业自觉的表现。

激发专业自觉的关键在于要有职业生涯设计意识。生涯设计就是要对自己的一生负责任，要对自己的发展有基本规划。对于特殊教育教师而言，这主要是指教师在什么时候让自己有提高、有变化、有自我更新。从事特殊教育教师的人，有一种比较可怕的状态：就是一直重复，看不到变化；没有变化，就意味着没有希望。因此，特殊教育教师在自己的职业生涯中要学会自我控制，自己的生涯自己做主，自己学会并能够掌控自己，从而获得自我发展。

（二）坚持专业学习

学习是特殊教育教师专业发展的认识基础。作为教师专业发展的学习，应当是主动的学习，通过各种形式的自觉学习，及时转变观念，更新知识，适应教育改革的发展。在当代，面向学习型社会，学习已经成为一种必需，而在各种专业中，教师又是一个特别需要学习的专业。因为，“今天，世界上的演变如此迅速，以致教师和大部分其他职业的成员从此不得不接受这一事实，即他们的入门培训对他们的余生来说是不够用的，他们必须在整个生存期间更新和改进自己的知识和技术”①。特殊教育教师劳动的复杂性、艰巨性

---

① 联合国教科文组织. 教育：财富蕴藏其中［R］. 北京：教育科学出版社，1996.

使得特殊教育工作永远充满着未知的因素，永远需要有研究的态度。其中，面对复杂多样的个体差异和不同的特殊需要学生的需要，了解学生、诊断特殊教育需要本身就是一项艰巨的学习任务。

坚持专业学习的最重要方式就是专业阅读。专业阅读既是专业成长的需要，也是教师专业知识结构不断充实、调整的必然要求。阅读什么？如何阅读？都取决于专业的角色特点和素质要求。特殊教师专业阅读一般具有两个特征：一是阅读的专业性，即阅读教育专业书籍，阅读教育经典，阅读教育报刊……从中不断地汲取专业发展的营养，适应自己专业成长的需要。二是阅读的人文性，即读人文著作，读校园文学，走进特殊需要学生，不断丰富自己的人文底蕴。总之，特殊教育教师应乐于专业阅读，养成一种专业阅读的习惯，应该使阅读像呼吸一样自然，从而让读书支撑自己的专业成长。

除了专业阅读外，善于问、多请教，做中学、学中做，也是主要的专业学习方式。工作中一方面应主动地向老教师和优秀教师学习，通过听课观摩、交流座谈、模仿学习，一定会获益匪浅；另一方面要根据特殊儿童教育训练所具有的典型的临床性特征，要理论联系实践，亲身体验、反复实践、不断总结，也一定会有螺旋式的进步。

（三）学会专业反思

一个教师一定要具备反思的意识、反思的习惯和反思的能力，一个教师有没有反思的意识、习惯和能力在很大程度上决定了专业发展的程度和专业发展的层次。所谓专业反思，主要是指教师对教育教学活动进行思考和分析，以促进教育活动的改进和自我教育能力提高的活动。它包括对他人的教育活动的反思，还包括对教育行为背后所隐含的教育理论根源进行反思。这种反思不是一般意义上的回顾，而是反省、思考、探索和解决教学过程中各个方面存在的问题，具有研究的性质。因此专业反思就需要教师在实践中进行批判与重构，将一般理论化为自己个人的实践理论。一般来说，教师越能反思，在某种意义上说越是好老师。反思意识强的教师会经常发现自己教学中的问题，通过不断地解决问题，使自己不断完善。

特殊教育教师反思的载体可以是教育现象，也可以是教育行为、教育内容或教育方法，即通过对各种教育活动的反思实践，来审视批判自己的特殊教育观、教学观、学生观等。反思的主要方法一般有三种：内省式反思，即通过自我反省的方式来进行反思，可用反思日记、课后备课、成长自传等方法；学习式反思，即通过理论学习或通过与理论对照进行反思；交流式反思，即通过与他人的交流来进行反思，可用观察交流、学生反馈、专家会诊等方法；研究式反思，即通过教育教学研究来进行反思。反思的具体做法有：写教后记、观摩教学、案例追踪、记录关键事件、开展行动研究等。

（四）注重专业写作

这里的专业写作是指特殊教育教师把自己专业发展过程中的教育经验、教育思考和教育研究以书面的形式表达出来的活动。因此专业写作不仅意味着教师要锻炼自己的教育教学写作能力，而且要具有一定的表达成果的意识。从这个意义上说，教师专业写作是专业自觉、专业学习、专业反思等实践成果的集中体现，也是教师专业成长的重要标志。写作是为了检测事物的深度，也是为了解自己的深度。所以特殊教育教师的专业写作的水平就是自己专业深度的水平。如果说一位教师的专业阅读史就是他的专业精神的发育史，那么，一位教师的专业写作史就是他的教育经验史。特殊教育教师应该善于从日常教育经验的碎片中提取有意义的东西并加以理解，形成自己的教育经验和思考并融入教育生活，成为特殊教育专业发展的一部分。

特殊教育教师的专业写作应摒弃纯功利的写作取向，不是为应付检查而写作，也不是仅为发表而写作，而是为专业成长而写作。教师专业写作的主要类别有：写教育、教学手记，包括教育书信、日记、笔记等；写教育、教学随笔，写教育、教学案例，选取自己教育情境中典型的事件或学生个案，记述、反思其呈现的复杂而疑难的教育问题，总结失败和成功的经验；写教育、教学论文，以科学研究的手段来研究、讨论问题，描述自己的教育教学科研成果；写教育、教学专著，通过专业发展的不断积淀，形成自己独有的教育风格和思想，把自己的实践经验理论化、系统化，并写成专业论著，成为一名专家型教师，不断追求卓越。

*　　　　*　　　　*

【练习·思考·实践】

一、名词解释

1. 特殊教育教师
2. 教师专业化
3. 教师专业发展

二、思考回答

1. 教师职业的专业化主要表现在哪两个方面?
2. 特殊教育教师的职业角色有何特点?
3. 特殊教育教师应具备哪些素质要求?
4. 特殊教育教师专业发展的主要途径有哪些?
5. 简述当代特殊教育教师专业化的走向。

三、实践活动

通过查阅有关文献，或访问一些特殊教育学校，了解优秀的特殊教育教师成长的经验，谈谈自己的体会和对未来专业发展的展望。

【扩展阅读】

请利用课余时间阅读下列文献，并做好读书笔记。

1. 丁勇，王辉. 近年来我国对特殊教育教师教育研究综述［J］. 中国特殊教育，2003（4）.

2. 顾定倩. 特殊教育教师资格制度的比较研究［J］. 比较教育研究，2005（9）.

第六章

特殊教育体制

特殊教育体制是指有关特殊教育机构、组织形式及其制度。特殊教育体制是教育体制的重要组成部分，它具体反映了特殊教育的体系结构、活动方式、培养目标和运行原则等。本章首先探讨我国的特殊教育体系，指出我国的特殊教育既有层次结构，又有类型结构，特殊教育的办学主体以及教育安置方式呈现出由政府主导下的多元发展态势。接着讨论我国的特殊教育培养目标问题，从教育目标体系在特殊教育领域内的具体化谈起，阐述了特殊教育培养目标的内涵、结构和三类特殊学校培养目标。最后两节分别介绍了我国的特殊教育学制和随班就读教育制度。

第一节　特殊教育体系

特殊教育体系指的是一个国家的特殊教育机构与组织系统，它既包括特殊教育的各种施教机构与组织，也包括特殊教育管理机构与组织。本节着重论述特殊教育施教机构与组织构成的系统。改革开放以后，在邓小平“教育要面向现代化、面向世界、面向未来”思想的指引下，我国多次召开了全国特殊教育工作会议，制定了发展特殊教育事业的一系列重要政策，拟订了具体的方案和纲要，加强了政府对特殊教育的管理与领导，初步建构起自己的特殊教育体系。这些机构和组织既包括各级各类的学校机构（既有特殊教育学校、特殊班，也有普通学校），还包括一些非学校机构的教育形式，如对重度、极重度特殊儿童在家庭或医疗机构中进行的康复教育形式等。从这个角度来讲，特殊教育体系概念的外延又要相对宽泛一些。

一、特殊教育层次结构

按照受教育者的年龄划分，我国特殊教育体系包括特殊儿童学前教育、义务阶段特殊教育、高级中等特殊教育以及高等教育四个层次（见图 6-1）①。

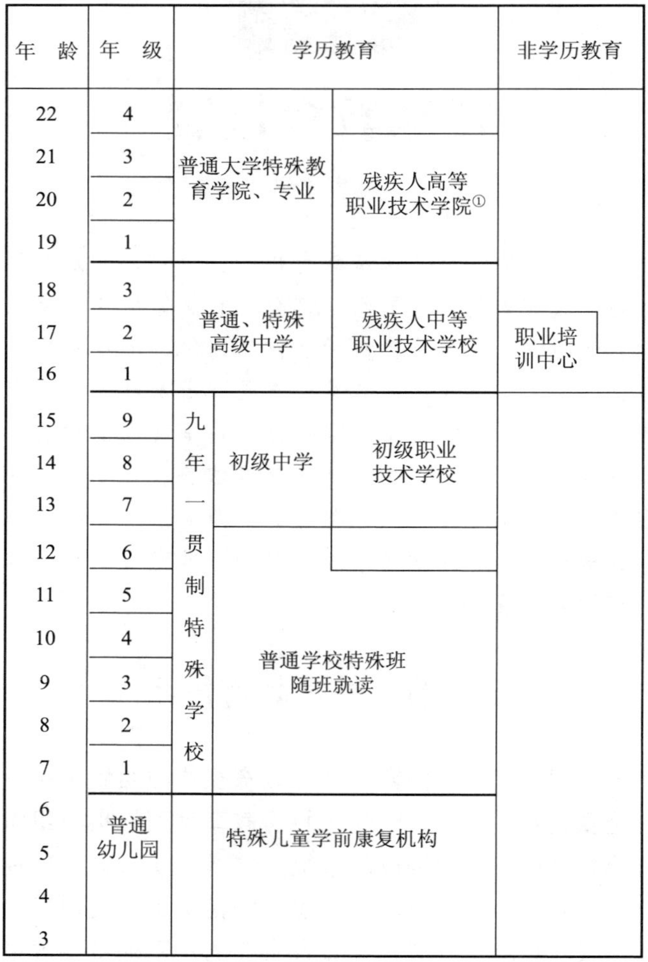

图 6-1　中国特殊教育体系②

① 作为我国目前唯一一所独立设置的特殊教育高等学校——南京特殊教育职业技术学院也设有残疾人高等职业教育。

② 顾定倩. 特殊教育导论［M］. 大连：辽宁师范大学出版社，2001：188.

（一）学前特殊教育

主要针对学龄前特殊儿童提供早期干预治疗、补偿性教育和功能康复训练，使障碍儿童在学前期能与普通儿童一样，在体、智、德、美方面得到全面的发展，同时满足特殊儿童的特殊教育需要，这是特殊教育体系的基础。实施学前教育的特殊教育机构有各类特殊学校举办的学前班或康复训练班、普通幼儿园附设的特殊班、残疾儿童福利机构等。

（二）义务特殊教育

特殊儿童的义务教育是特殊教育发展的重点。按照国家规定，实施义务教育的特殊教育学校，一般实行九年一贯制。在义务教育的初中阶段，可以开办对特殊学生实施职业教育的初级职业学校，特别是在经济欠发达地区。根据我国颁布的《义务教育法》，所有儿童都应该接受九年义务教育。

（三）高级中等特殊教育

实施高级中等教育的特殊教育机构主要有两类：一类是为残疾学生专设的高中学校（部、班），例如各地建立的聋人高中部、盲人高中部等，主要面向听力障碍、视力障碍和肢体障碍等类型的学生进行高中阶段的文化课教学，为这些学生继续升学或就业做准备；另一类是实施职业教育的特殊中等专业学校，这些学校少数是独立设校，如上海聋哑青年技术学校等，多数附设在实施义务教育的特殊学校的职业高中部。

（四）高等特殊教育

我国在1990年颁布的《残疾人保障法》中明确规定：高等院校必须招收符合国家规定录取标准的残疾考生入学，不能因其残疾而拒绝招收。这从法律层面上为特殊需要青年接受高等教育提供了支持和保障。实施高等教育的特殊教育机构主要有设在普通高等院校的特殊教育院校（系、专业）和单独设置的高等特殊教育院校。另外，特殊青年也可以通过国家认可的夜大、电大、函大、自学考试等方式学习高等教育课程，通过统一考试获得合格的大专或本科及以上学历。

二、特殊教育的类型结构

这里特殊教育的类型主要是指不同类别的特殊教育机构及其比例关系。从横向来看，由于分类标准不同，划分的方法也不同。

（一）按学生的类型划分

按特殊需要学生的类型，可以分为不同类别的教育。比如就障碍学生来说，我们可以分为视障教育、听障教育、智障教育、学习障碍教育、多重障碍教育等。我国在1987年进行残疾人抽样调查时，是按照六种障碍类型进行的，即视力障碍、听力语言障碍、智力障碍、肢体障碍、精神障碍和多重障碍。而在我国特殊教育的有关法规中，主要提到的是对听力障碍、视力障碍和智力障碍的教育，即三类残疾的教育（聋童教育、盲童教育和弱智儿童教育）。但在实践上，我国不少特殊教育学校或机构已把教育对象逐步扩大到其他类型的障碍儿童，包括多重障碍儿童。

（二）按办学的主体划分

现阶段，我国特殊教育办学主体呈现多元化的格局，有国家、社会团体、群众集体、个人集资等多种办学形式。如果从办学主体的性质划分，可分为国家公办和社会民办两大类。

1. 国家办学

国家办学是特殊教育的主体，而国家办学又可从行业系统的角度分为以下几个方面。

教育系统办学：主要是特殊学校、特殊班和随班就读。

卫生系统办学：主要是各类康复医院、训练中心、矫正站、门诊部等。

民政系统办学：主要是儿童福利院、社区康复和寄托机构、特殊学校等。其中，儿童福利院主要招收被父母遗弃的0—15岁的残疾儿童少年，对他们进行康复训练。

残联系统办学：主要是聋儿康复中心、残疾人职业培训中心（大部分职业培训中心由残联与教育两个部门共管）等。

2. 社会民办

社会力量和民办的特殊教育机构包括民办的特殊学校和学前教育机构、

康复训练中心以及与国外基金会或友好团体合办的函授盲校等，近年来数量不断增长，机构也在不断发展壮大。

（三）按学习的时间划分

按学习的时间可以分为全日制、寄宿制特殊教育机构。我国不少盲校、聋校采取的是 24 小时的寄宿制教育。大部分的培智学校采取的是走读形式。对于一些康复机构，有的采取寄宿，有的采取走读。

三、特殊教育安置形式

1994 年颁布的《残疾人教育条例》指出，我国特殊教育采用随班就读、特殊班、特殊教育学校等多种形式并存的方式。经过十多年的发展，我国现已形成了以特殊教育学校为骨干，以普通学校特殊班和残疾儿童随班就读为主体的发展格局。特殊教育学校、特殊班、随班就读以及相应的康复机构等是我国特殊教育最为主要的安置形式。

（一）特殊教育学校

特殊教育学校是特殊教育发展史上比较传统的特殊教育模式，即为不同类型的特殊儿童尤其是障碍比较严重的特殊儿童设立专门的特殊学校，将他们集中起来进行教育的安置方式。我国的特殊教育学校一般是指给盲童、聋童、弱智儿童提供教育服务的一种专门机构。根据特殊儿童的不同残疾状况，一般分为盲童学校、聋童学校、弱智儿童学校，也有的地方将其中二者或三者合为一体称为盲聋哑学校或特殊教育学校（中心）。

（二）特殊班

在普通学校设立特殊教育班也是对特殊需要学生实施教育的形式之一。这种班级一般附设在普通学校，专招特殊儿童。特殊班的教师是受过特殊教育专业训练的专门教师，他们根据特殊儿童不同的教育需要，采用合适的方法，有针对性地对其进行教学和训练。特殊儿童除了在特殊教育班的学习外，还要和普通班的儿童一起参加某些活动，以提高他们与普通儿童交往的能力和社会适应能力。

（三）随班就读

这是一种把特殊儿童安插在普通班级就读的安置方式，现在已逐渐发展成为我国实施特殊教育的一种主要形式。目前我国各类特殊儿童都有在普通班级就读的情况，接纳随班就读儿童的普通班级一般只招收 2—3 名特殊儿童。

随班就读是我国特殊教育的重要办学形式，它与西方的一体化和回归主流在形式上有共同之处，但在出发点、指导思想和实施办法等方面又具有鲜明的中国特色。1994 年《关于开展残疾儿童少年随班就读工作的试行办法》中将随班就读以法规的形式规定为“发展和普及我国残疾儿童少年义务教育的一个主要办学形式”，是“对残疾儿童少年进行义务教育的行之有效的途径”。

（四）康复机构

康复机构主要是以医疗康复为主要措施，实施对障碍儿童康复、养护、教育为一体的特殊教育安置方式。

第二节　特殊学校培养目标

特殊学校培养目标是特殊教育制度尤其是特殊教育学制中的重要内容。一个国家采取何种特殊教育制度，在很大程度上取决于这个国家的教育目的与特殊学校培养目标。特殊学校培养目标是整个教育目标的重要组成部分，同时由于特殊教育领域的独特性，特殊教育培养目标又呈现出在教育目标指引下自身独特的性质。

从特殊教育学校培养目标的历史演进中，我们可以看出国家对培养目标系统的规定主要分为几个阶段：一是新中国成立后对特殊教育的重建所作的方向性规定；二是在“文革”后为了呼应改革开放所作的系统而又全面的阐述；三是在 21 世纪基础教育变革尤其是基础教育课程改革全面推进下，为了适应这种变革而作出的重新定位。

一、教育目标体系

教育目标是通过教育活动在教育对象身上所达成的预期规格指标，反映了教育在一定的社会中要把教育对象培养成什么样的人这一根本性问题。教育目标是一个体系，由一系列与目标相关的要素和内容架构而成。要深刻地了解特殊教育培养目标，必然要首先弄清我国的教育目标体系，因为它们是特殊教育培养目标确定的前提与基础，规定和制约着特殊教育目标。

在我国，教育目标体系主要包括教育方针、教育目的、培养目标、课程目标与教学目标。这是一个由整体到局部、由概括到具体、由宏观到微观的体系架构，见图 6-2。

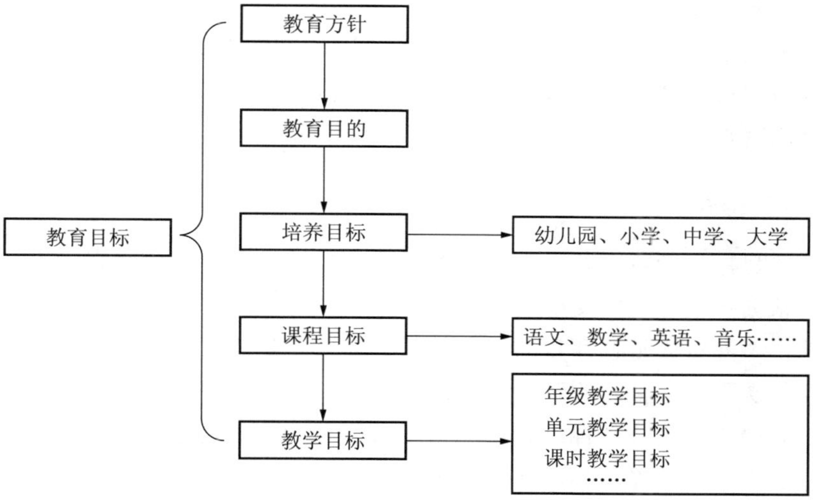

图 6-2　教育目标体系

（一）教育方针

教育方针是国家在一定历史阶段，根据社会的政治、经济发展的要求而提出的教育工作发展的总方向，是国家教育基本政策的总概括，是国家对教育培养目的、教育政策、教育方式方法等重大问题总的规定。教育方针所概括的内容一般有教育的性质、教育目的及实现教育目的的基本途径等。其中以教育目的即培养什么规格的人最为重要。不同时期，教育方针有不同的内容、要求和特点。1995 年颁布的《中华人民共和国教育法》中规定，我国的教育方针是：教育必须为社会主义现代化建设服务，必须同生产劳动相结合，培养德、智、体全面发展的社会主义建设者和接班人。

（二）教育目的

教育目的是指把受教育者培养成为一定社会需要的人的总要求。教育目的从属于我国的教育方针，是根据一定社会的政治、经济、生产、文化科学技术发展的要求和受教育者身心发展的状况确定的。它反映了一定社会对受教育者的要求，是教育工作的出发点和最终目标，也是确定教育内容、选择教育方法、检查和评价教育效果的根据。我国教育的总目的是教育方针中所提出的“培养德、智、体全面发展的社会主义建设者和接班人”，即培养全面发展的人。这应该是各级各类教育在实施中所追求的共同方向与目标。教育方针与教育目的是国家教育发展在较长时期内的方向与政策，具有稳定性和规定性的特点。

（三）培养目标

培养目标是指各级各类学校、各专业的具体培养要求，是在教育目的指导下，根据各级各类学校不同的教育对象和教育任务提出来的培养人的质量和规格。培养目标是教育目的的分解与具体化，是教育目的最直接的体现与表达，是实现教育目的的直接途径，因而在整个教育目标体系中居于重要的地位。按照不同的分类标准，培养目标可以分为小学的培养目标、中学的培养目标、大学的培养目标，普通学校的培养目标、特殊学校的培养目标，普通教育的培养目标、职业教育的培养目标，等等。另外，在教育发展的不同阶段，各级各类学校的培养目标将会根据政治、经济与社会发展的变化作出相应的调整，具有一定的灵活性与可变性。对培养目标的研究是教育目标体系研究中的核心内容之一。

（四）课程目标

课程目标又是培养目标的具体化。培养目标的落实更多依赖于课程的设置和实施。特定学校的培养目标必须通过特定的课程实施来实现。譬如，自2001年开始的我国新一轮的基础教育课程改革就是旨在通过重新审定课程目标、课程标准与课程设置，来推进基础教育改革，达到实现培养全面发展的人这一教育目的。

（五）教学目标

教学目标是师生通过教学活动预期达到的结果或标准，是课程目标的具体化与实践。教学目标又可以依次分为年级教学目标、单元教学目标以及课时教学目标。

二、特殊学校培养目标的内涵

（一）特殊学校培养目标的含义

特殊学校培养目标规定的是有特殊教育需要学生在一定阶段所应达到的质量标准和规格要求，是教育目标在特殊教育领域最直接的体现和表达，也是教育目标体系在特殊教育学校的具体化。它规定着各类特殊学校教育活动的总方向，也是特殊学校教育工作的出发点和归宿。

如果从学校教育这个角度来剖析特殊学校培养目标，其核心内涵就是学校将学生培养成什么样的人。特殊学校培养目标的研究是一切特殊教育学校工作的出发点。从当前来看，随着整个世界特殊教育的发展和融合改革运动的推行，对特殊需要学生的培养提出了更高的要求。传统的盲校、聋校、培智学校等如何确立与社会发展相适应的培养目标是一个值得深入探讨的话题。

（二）特殊学校培养目标的依据

特殊学校培养目标从属于我国的教育方针与教育目的。特殊学校培养目标的确定同样需要以特殊需要学生个体的发展和社会的要求为依据。一方面，特殊教育目标要和国家的整个教育目的相一致，培养德、智、体等全面发展的社会主义建设者和接班人。另一方面，“特殊教育作为整个教育的一个组成部分，同样要以学生全面发展为自己的教育目标，但在具体任务上要从各类特殊教育对象的实际出发，有自己的特殊性的目的和任务，也就是满足各种特殊教育需要的目的任务，如补偿缺陷、潜能开发等，以便有特殊教育需要的学生也能与普通人一样全面发展，成为有理想、有道德、有文化、有纪律的国家建设人才”①。

（三）特殊学校培养目标的意义

特殊学校培养目标对特殊教育活动具有规定指向作用，具体表现为以下三方面。

---

① 朴永馨. 特殊教育辞典［Z］. 北京：华夏出版社，2006：44-45.

1. 特殊学校培养目标的定向作用

特殊学校培养目标是特殊教育活动的总方向，对特殊教育活动的结果起着规范的作用。特殊教育对象是有着特殊教育需要的学生，通过旨在尽力满足特殊教育需要的活动，使他们获得身心的充分发展。特殊学校培养目标正是在观念上规范了这种充分发展的目标指向，从而改变了特殊需要学生的自然发展进程，使之纳入预期的努力发展的方向。

2. 特殊学校培养目标的调控作用

特殊学校培养目标是特殊教育活动的依据，也是特殊教育活动的出发点。特殊教育学校培养目标对特殊教育活动起着支配、调节和控制作用。从宏观上讲，它对整个特殊教育改革、规划、政策制定具有支配调控作用；从微观上说，它对具体的教育教学实践起着调控和支配作用。因为特殊教育工作者总是在特定的特殊教育目标的指引下，去设置相应的课程，编制相应的教材，设计相应的教学，选择相应的方法与组织形式，以至于进行相应的教学改革。可以说，特殊教育目标决定着特殊教育的发展方向和价值所在，也决定着特殊教育活动的策略、手段、方式和具体的实施。

3. 特殊学校培养目标的评价作用

特殊教育学校培养目标还是特殊教育活动的归宿，具有检验特殊教育效果的标准作用。特殊教育学校培养目标是对未来特殊教育成果的预期。因此，当人们检验特殊教育结果时，必须以其设定的目标作为检验参照的标准。也就是说，通过特殊学校培养教育目标来衡量学生发展到何种程度，获得了哪些方法和技能，在思想情感态度、身心补偿等方面得到哪些培养和提高。

三、特殊学校培养目标的构成

与教育目标体系一样，我国特殊教育学校培养目标也是一个由几个相对独立又相互联系的目标构成的体系。我们可以分纵向和横向两个维度来表述。

（一）纵向层次结构

按涉及的层次范围可以将特殊学校培养目标划分为国家层次的总目标、学校层次的分目标和学生个体层次的个别化目标。每一层次的目标既符合特殊教育的总目标，又都具有特定的内容，它们都在一定的层次上发挥着对特殊教育的规范、调控和检验作用。

1. 国家层次的培养目标

国家层次的培养目标是宏观性的培养目标。它根据国家的教育目的、教育方针、社会需求和特殊教育的性质特点，对各类特殊教育学校培养的学生的基本规格和质量标准作出规定，是特殊教育培养人的总的质量目标和规格要求。相对于教育目的，它是特殊教育领域的特定目标；而相对于各类型的特殊学校来说，则是共同的目标。

2. 学校层次的培养目标

学校层次的培养目标是中观性的培养目标。它是依据国家层次的特殊教育培养目标的基本规格要求和质量标准、学校类型，在整个特殊教育学校系统中，制订学校所属类型的培养目标，提出进一步适合学校类型的规格要求和质量标准，是各类特殊学校总培养目标的进一步具体化。也就是说，盲校、聋校、培智学校的培养目标同中有异。

3. 学生个体层次的培养目标

学生个体层次的培养目标是微观性的培养目标。由于特殊需要学生个体差异的显著性，特殊教育学校中的每一个学生原则上都应该有适合其身心特点和发展水平的培养目标。从这个意义上说，学生个体的培养目标要依照国家层次总的培养目标的基本规格和质量标准，根据其个体身心差异等作进一步的规定。但从中国目前的实际情况看，要像许多发达国家那样为每一个有特殊教育需要学生制订一份个别教育计划，现实的资源还难以支持。

（二）横向内容结构

横向内容结构主要是从特殊教育的基本内容来分析，又可以从两个角度来划分，即课程内容目标和发展领域目标。

1. 课程内容目标

从特殊学校的基本内容来分析，课程内容目标可以划分为一般性课程目标和特殊性课程目标。一般性课程目标是指与普通教育课程相对一致的课程目标，这是社会公民教育、素质教育学习的基本内容，在具体的科目上表现为语文、数学、社会、科学等。特殊性课程目标是指为满足学生特殊教育需要而特设的一些具有补偿性质的目标，在具体科目上表现为定向行走、沟通训练、感知觉训练等。

2. 发展领域目标

从特殊学校对学生身心发展的角度来划分，发展领域目标可以分为认知领域、感觉运动领域、适应行为领域、语言和言语领域等。当然，我们还可以从特殊学校教育的阶段性以及具体的教学内容来确定教育目标的结构。但不管从哪一种结构出发，培养目标的最终归宿是特殊需要学生的发展。因此，相对而言从特殊需要学生发展的角度来确定培养目标是一种较为直接的方式，或更为接近他们发展的目标结构。

（三）特殊学校培养目标的总规定

特殊学校培养目标的总规定是国家层次的培养目标，是对所有各类特殊教育学校的规定。历史是一个不断演进的过程，在不同的历史发展阶段，由于背景不同，特殊教育学校培养目标的具体内涵和基本定位也有所不同。

新中国成立后，国家关于特殊学校培养目标的总规定主要有三次。最早的见于 1957 年 4 月教育部颁布的《中华人民共和国教育部关于办好盲童学校、聋哑学校的几点指示》。由于当时还没有弱智学校，所以只对盲聋两类学校作了规定，文件提出："我国盲童学校、聋哑学校的基本任务是：培养盲童和聋哑儿童具有一定的文化科学知识，掌握一定的职业劳动技能，并具有共产主义的道德品质，使他们成为积极的自觉的社会主义的建设者和保卫者。"这一表述鲜明地阐明了特殊学校培养目标的社会主义方向性，打上了浓厚的历史烙印。"由于对特殊教育的规律和特殊儿童的特点认识不足，这一指示所提出的教育目标也存在拔高，一定程度是上脱离特殊学生实际，脱离初级教育所能达到的实际水平问题。"① 此后，国家教育行政部门曾于 1984 年、1987 年和 1993 年分别对聋校、盲校和弱智学校作过相关的规定。

第二次是进入 20 世纪 90 年代后。1994 年由国务院颁布的《中华人民共和国残疾人教育条例》，对特殊教育目标提出了明确要求，该条例第二条规定："实施残疾人教育，应当贯彻国家的教育方针，并根据残疾人的身心特性和需要，全面提高其素质，为残疾人平等地参与社会生活创造条件。"

第三次是 1998 年 12 月，教育部颁发了《特殊教育学校暂行规程》，其中对特殊教育学校的培养目标进行了总的规定："培养学生初步具有爱祖国、爱人民、爱劳动、爱科学、爱社会主义的情感，具有良好的品德，养成文明、礼貌、遵纪守法的行为习惯；掌握基础的文化科学知识和基本技能，初步具有运用所学知识分析问题、解决问题的能力；掌握锻炼身体的基本方法，具有较好的个人卫生习惯，身体素质和健康水平得到提高；具有健康的审美情

---

① 顾定倩. 特殊教育导论［M］. 大连：辽宁师范大学出版社，2001：198.

趣；掌握一定的日常生活、劳动、生产的知识和技能；初步掌握补偿自身缺陷的基本方法，身心缺陷得到一定程度的康复；初步树立自尊、自信、自强、自立的精神和维护自身合法权益的意识，形成适应社会的基本能力。”第三次表述在强调国家教育方针的原则的同时，突出了全面发展和缺陷补偿相统一的要求。

四、三类特殊学校培养目标

特殊教育学校的培养目标要通过各类特殊教育学校来贯彻实施，这是培养目标的中观层次。当前，我国特殊学校主要是指盲人学校、聋人学校和培智学校（也称辅读学校）或综合性的特殊教育学校（中心）。对于这些学校的培养目标，国家教育行政部门都分别在各类特殊学校课程计划中多次作出了具体规定，这里重点摘录1993年和2007年的相关内容。

（一）盲校培养目标

1. 1993年分阶段的培养目标

1993年10月12日原国家教委在印发的《全日制盲校课程计划（试行）》中，分小学和初中两个阶段规定了全日制盲校的培养目标：

盲校小学和初中要按照国家对义务教育的要求，对视力残疾儿童、少年实施全面的基础教育，补偿视缺陷，使他们在德、智、体诸方面生动、活泼、主动地得到发展，具有良好的思想道德品质、基本的文化知识、健康的体质和一定的生活能力、社会交往能力及初步的劳动技能。为学生适应社会生活、继续获取知识，成为社会主义的建设者和接班人奠定基础。

（1）小学阶段的目标

初步具有爱祖国、爱人民、爱劳动、爱科学、爱社会主义的思想感情，初步具有关心他人、关心集体、诚实、勤俭、不怕困难等良好品德和乐观开朗、合群、活泼的性格以及热爱生活、积极向上的精神，养成讲文明、懂礼貌、守纪律的行为习惯，初步具有自我管理和分辨是非的能力。

具有阅读、书写、表达、计算的基础知识和基本技能，掌握一些生活、自然和社会常识，达到普通小学相应的文化知识水平。培养较广泛的爱好和兴趣。

具有健康的身体，形成正确的定向和运动能力，坐、立、行等动作协调，姿势正确；懂得初步的体育、卫生保健知识，养成锻炼身体和讲究卫生的良好习惯。

具有爱美的情趣和初步的审美能力。

具有初步的熟悉、适应新环境的能力，一定的生活自理能力和家务劳动能力，养成良好的劳动习惯。

(2) 初中阶段的目标

具有爱祖国、爱人民、爱劳动、爱科学、爱社会主义的思想感情。初步了解辩证唯物主义和历史唯物主义的基本观点，具有一定的分辨是非和抵制不良影响的能力，初步具有为人民服务的集体主义的思想，懂得正确履行自己的权利和义务，养成文明礼貌、遵纪守法的行为习惯，初步具有乐观进取，自尊、自信、自强、自立、立志成才的精神和健康的心理素质以及平等参与的意识。

掌握文化科学知识和基本技能，文科方面基本达到普通初中的相应水平，理科方面接近普通初中的水平；具有一定的自学能力和运用所学知识分析问题、解决问题及动手操作的初步能力；初步具有实事求是的科学态度和追求新知识的精神。

初步掌握锻炼身体的基础知识和正确方法，提高定向运动能力，养成积极参加体育活动、讲究卫生的良好习惯，具有健康的体魄。

具有初步的审美能力，形成健康的志趣和爱好。

具有一定的适应新环境的能力和较熟练地从事一般的家务劳动的能力，掌握一些生产劳动的基础知识和基本技能；了解择业的一般常识，具有正确的劳动观念、劳动态度和劳动习惯。

2. 2007 年九年一贯制义务教育培养目标

2007 年 2 月 2 日教育部印发的《盲校义务教育课程设置实验方案》中，规定了九年一贯制义务教育阶段盲校的培养目标：

盲校义务教育要全面贯彻党的教育方针，促进视力残疾学生全面发展，尊重个性发展，开发各种潜能，补偿视觉缺陷，克服残疾带来的种种困难，适应现代生活需要。使学生具有爱国主义、集体主义精神和民族精神，热爱社会主义，继承和发扬中华民族的优秀传统和革命传统；具有社会主义民主法制意识，遵守国家法律和社会公德，依法维权；逐步形成正确的世界观、人生观、价值观；正确地认识和对待残疾，具有乐观进取、自尊、自信、自强、自立、立志成才的精神、顽强的意志以及平等参与的公民意识；具有社会责任感，努力为人民服务；具有初步的创新精神、实践能力、科学和人文素养以及环境意识；具有适应终身学习的基础知识、基本技能和方法；身体健康、具有良好的心理素质，养成健康的审美情趣和生活方式，学会交流与合作，初步具有独立生活能力、社会适应能力和人生规划意识，成为有理想、有道德、有文化、有纪律的一代新人。

（二）聋校培养目标

1. 1993 年的培养目标

1993 年 10 月 12 日原国家教委印发的《全日制聋校课程计划（试行）》中规定了全日制聋校的培养目标：

聋校要按照国家对义务教育的要求，对听力语言残疾学生实施全面发展的基础教育，补偿生理和心理缺陷，使他们在德、智、体诸方面生动、活泼、生动地得到发展，具有良好的思想道德品质、基本的文化知识、健康的体质和一定的生活能力、社会交往能力，掌握初步的劳动技能，为他们适应社会生活，成为社会主义的建设者和接班人奠定基础。

具体目标是：

具有爱祖国、爱人民、爱劳动、爱科学、爱社会主义的思想感情，初步了解辩证唯物主义和历史唯物主义的基本观点，具有为人民服务的思想和集体主义观点，具有良好的品德，养成文明礼貌、遵纪守法的行为习惯，形成健康的心理素质和良好的个性品质，具有分辨是非和自我教育的能力，初步树立自尊、自信、自强、自立和不断进取的精神，以及平等参与的意识。

掌握基础文化科学知识和基本技能，具有阅读、语言和文字表达、计算的能力，有良好的学习习惯和初步的自学能力、动手操作能力，以及运用所学知识分析问题、解决问题的初步能力，初步具有实事求是的科学态度。

初步掌握锻炼身体的基础知识和正确方法，了解自身的缺陷及补偿方法，养成讲卫生的习惯，具有健康的体魄。

具有一定的审美能力，形成健康的志趣和爱好。

具有正确的劳动态度、良好的劳动习惯，有自我服务、家务劳动的能力，掌握某些生产劳动的知识和技能，了解择业的一般常识和职业道德。

2. 2007 年九年一贯制义务教育培养目标

2007 年 2 月 2 日教育部印发的《聋校义务教育课程设置实验方案》中规定了聋校义务教育阶段的培养目标：

全面贯彻党的教育方针，体现时代要求，使聋生热爱祖国，热爱人民，热爱中国共产党；具有社会主义民主法制意识，遵守国家法律和社会公德；具有社会责任感，逐步形成正确的世界观、人生观、价值观，努力为人民服务；具有创新精神、实践能力、科学和人文素养以及环境意识；具有适应终身学习的基础知识、基本技能和方法；具有生活自理能力、社会适应能力和就业能力；具有健壮的体魄、良好的心理素质，养成健康的审美情趣和生活方式，培养自尊、自信、自强、自立的精神，成为有理想、有道德、有文化、有纪律的一代新人。

（三）培智学校培养目标

智障学生比较复杂，教育部分别于 1987 年、1994 年和 2007 年对相关的培养目标和训练任务作了规定。

1. 1987 年的培养目标

1987 年 12 月 30 日原国家教委印发的关于《全日制弱智学校（班）教学计划》中规定全日制弱智学校（班）的培养目标是：

全日制弱智学校（班）要认真贯彻德、智、体、美全面发展的方针，从弱智儿童身体和智力特点的实际情况出发，对他们进行相应的教育、教学和训练，有效地补偿其智力和适应行为的缺陷。为使他们成为有理想、有道德、有文化、有纪律的社会主义公民，适应社会生活、自食其力的劳动者打下基础。

要培养学生爱祖国、爱人民、爱劳动、爱科学和爱社会主义的国民公德，懂得遵纪守法，讲究文明礼貌；使学生具有阅读、表达和计算的初步能力；发展学生的身心机能，矫正动作缺陷，增强身体素质；培养学生爱美的情趣和良好的生活习惯，具有生活自理能力，并学会一些简单的劳动技能。

2. 1994 年训练纲要中的目标与任务

原国家教委于 1994 年 10 月 22 日印发的关于《中度智力残疾学生教育训练纲要（试行）》中规定了中度智力残疾学生教育训练的目标与任务：

中度智力残疾儿童少年是儿童少年的一个部分。应当通过适合其身心发展特点的教育与训练，使他们在德、智、体诸方面得到全面发展，最大限度地补偿其缺陷，使其掌握生活中实用的知识，形成基本的实用能力和必要的良好习惯，为他们将来进入社会参加力所能及的劳动，成为社会平等的公民打下基础。

全面发展的任务，是指应使每个中度智力残疾学生在基本的道德品质和行为规范、初步文化知识、身心健康等方面都有适合其特点与水平的发展与进步。

补偿缺陷的任务，是根据每个中度智力残疾学生的运动、感知、言语、思维、个性等方面的主要缺陷，采取各种教育训练措施，使其各方面的潜在能力发展到尽可能高的水平，达到康复的最佳效果。

准备进入社会的任务，是指培养中度智力残疾学生生活自理能力，与人友好相处和参与社会生活的能力，学会简单的劳动技能，养成劳动习惯，为其成为自尊、自信、自强、自立的劳动者打下基础。

3. 2007 年九年一贯制义务教育培养目标

2007 年 2 月 2 日教育部印发的《培智学校义务教育课程设置实验方案》中规定了培智学校义务教育阶段的培养目标是：

全面贯彻党的教育方针，体现社会文明进步要求，使智力残疾学生具有初步的爱国主义、集体主义精神；具有初步的社会公德意识和法制观念；具有乐观向上的生活态度；具有基本的文化科学知识和适应生活、社会以及自我服务的技能；养成健康的行为习惯和生活方式，成为适应社会发展的公民。

第三节　特殊教育学制

特殊教育学校是指由政府、企业事业组织、社会团体、其他社会组织及公民个人依法举办的专门对残疾儿童、少年实施义务教育的机构。特殊教育学校教育制度，简称特殊教育学制，它是特殊教育制度的核心，是指一个国家各级各类特殊教育学校的系统及其管理规则，它规定着各级各类特殊教育学校的性质、任务、入学条件、修业年限以及它们之间的关系等。

一、特殊教育学制的沿革

（一）民国时期的特殊教育学制

自中国第一所特殊教育学校——瞽叟通文馆成立至今，已有 100 多年的历史。但在漫长的旧社会，特殊教育的性质一直属于慈善救济的社会教育，特殊教育的对象仅限于盲、聋两类残疾儿童少年，而且盲、聋学校很多是私立的。历届政府从未颁布过有关特殊教育的专门法律，只是在几个一般性教育法规中对涉及特殊教育的某些问题作了规定。由于旧中国政治腐败、战乱不断，致使这些有关特殊教育的规定也仅为一纸空文而已，并未对特殊教育的发展给予有力的保障，所以这一时期特殊教育学校的学制相对原始，层次较低且极不规范。

在盲校教育方面，由国民政府教育部建立的南京市立盲哑学校盲生部设有师范科、初中、小学三部。台湾省立台北和台南两所盲哑学校盲生部各设有小学、初中和电疗、针灸、按摩三个专科。云南省滇光瞽目学校设有师范班、小学和幼稚园三部。除此之外其余各盲校（盲哑学校盲生部）均为小学，且年级班数也不完全。

在聋校教育方面，南京市立盲哑学校哑生部设有初中和小学。台湾省立台南和台北的两所盲哑学校哑生部各设有木工、缝纫两技艺专科（相当于初中程度）。除此之外各聋哑学校（盲哑学校哑生部）仅设小学，且所设年级多不完全。

（二）新中国成立后特殊教育学制的建设

新中国成立后，特殊教育被纳入国家教育体系，特殊教育事业进入了发展的新阶段，新中国特殊教育学校教育制度建设也开始了新的进程。1951 年 10 月 1 日政务院颁布《关于改革学制的规定》；1956 年 6 月 23 日国家教育部颁布《关于聋哑学校使用手势教学的班级的学制和教学计划问题的指示》；1956 年 7 月 21 日国家教育部颁发《关于聋哑学校学制和教学计划问题指示中的若干有关问题的补充说明》；1956 年 11 月 23 日国家教育部颁发《关于盲童学校、聋哑学校经费问题的通知》；1957 年 4 月 22 日教育部颁发《关于聋哑学校口语教学班级教学计划（草案）的通知》；1957 年 4 月 25 日教育部颁发《中华人民共和国教育部关于办好盲童学校、聋哑学校的几点指示》。上述这些教育法规、规章明确了特殊教育是我国社会主义教育事业的一个重要组成部分，确立了盲童学校、聋哑学校的基本任务、办学方针和领导隶属关系等政策，对盲聋学校的学制、教学任务作了具体规定。如《关于办好盲童学校、聋哑学校的几点指示》中明确规定：盲校小学学制为 6 年，聋校学制为 10 年。盲童、聋童入学年龄为 7—11 岁。

在“文革”结束、国家实行改革开放以后，特殊教育学制的建设进入了一个健康、快速、有序发展的新时期。1998 年教育部颁布的《特殊教育学校暂行规程》，成为特殊教育学制建设的里程碑式教育行政文件。文件对特殊教育学校的性质、学制、培养目标、学籍管理、教育教学工作、人事管理、卫生保健及安全工作、学校建设等方面都作了相应的规定，对加强特殊教育学校的规范化管理、促进特殊教育学校健康发展提出了政策法规要求，是管理特殊教育学校的重要行政规章。

二、现行特殊教育学制

基于中国国情，满足更多特殊儿童接受义务教育的需求仍是我国现阶段特殊教育发展的重点。我国特殊儿童实行义务教育的年限原则上与当地健全儿童相同。入学年龄一般为7—9周岁，有条件的地方可以逐步过渡到六七周岁。初等教育阶段，在校学生的年龄一般不得超过18周岁。特殊教育学校的学制一般为九年一贯制，各类特教学校可以根据各地的不同情况和各类特殊儿童教育的特点，确定不同年限。国家教委等八部委联合发布的《关于发展特殊教育的若干意见》以及《特殊教育学校暂行规程》等行政规章都对我国现行各类特殊教育学校的布局、学制和入学年龄等作了明确的规定。

（一）盲校

盲童教育，原则上以省、自治区、直辖市为单位划片设校，或以地市为单位设校；并有计划地在聋童学校和普通小学附设盲童班，或吸收掌握盲文的盲童在普通小学随班就读。

盲校学制为9年，其中小学阶段为5年，初中阶段为4年。也可以实行小学阶段6年、初中阶段3年的学制。各地应在盲童中，先普及五年制或六年制初等教育，有条件的地方适当发展四年制或三年制初级中等教育。招收盲童随班就读的普通学校，其学制不变。

（二）聋校

聋童教育，根据生源情况原则上以县为单位办班办校。凡具备条件的应在普通学校随班就读。

全日制聋校学制一般为9年，条件不具备的地方可以实行六三分段，先在聋童中普及六年教育。招收听力障碍儿童随班就读的普通学校，其学制不变。

（三）培智学校

培智教育，城市可以在普通小学、残疾儿童福利机构分散办班或随班就读，也可以集中办校；农村实行就近入学，随班就读，加强个别辅导；有条件的县、乡（镇）也可以办班或建校。

培智学校（班）的学制一般为 9 年。条件不具备的地方，可实行六三分段，先普及六年义务教育。无论是培智学校、弱智班，还是随班就读，都不实行留级制，一律逐年升级。招智障儿童随班就读的普通学校，其学制不变。培智学校的班级人数以每班不超过 12 人为宜，中度智力障碍学生特殊班一般为 8 人。

第四节　随班就读制度

随班就读是指特殊儿童在普通教育机构普通班中和普通儿童一起接受能满足其特殊需要的教育安置形式，它是顺应融合教育潮流，结合中国国情发展特殊教育的一个创举，对于保障特殊儿童受教育的机会与权利起到了重要的促进作用。自我国政府从 20 世纪 80 年代末期开始大力推行随班就读至今，随班就读已经成为了我国实行特殊儿童教育安置的重要方式，同时已经成为我国探索全纳教育、追求教育公平的重要实践方式。随班就读的蓬勃发展势必对随班就读质量提出越来越高的要求。加强随班就读管理、完善随班就读制度、为随班就读发展提供全方位的支持已经成为近些年特殊教育研究与实践中的重要课题。

一、随班就读的制度化

虽然我国早在 20 世纪 50 年代就已经有了接收当地特殊儿童随班就读的实践，但并没有形成一种制度。随班就读教育制度建设始于 20 世纪 80 年代后期。1987 年 12 月，原国家教委在《关于印发〈全日制弱智学校（班）教学计划〉（征求意见稿）的通知》中写道："在普及初等教育的过程中，大多数轻度弱智儿童已经进入当地普通小学随班就读。这种形式有利于弱智儿童与正常儿童的交往，是在那些尚未建立弱智学校（班）的地区特别是农村地区解决轻度弱智儿童入学问题的可行办法。"这是首次在国家文件中出现"随班就读"一词。1988 年《中国残疾人事业五年发展纲要（1988—1992 年）》中提到："普通班中要吸收肢残、轻度弱智、弱视和重听等残疾儿童随班就读。"同年，在第一次全国特殊教育工作会议上，国家将残疾儿童随班就读正式作为发展特殊教育的一项政策。

在经历了多年的实践探索之后，为规范和进一步推行随班就读教育，1994 年国家教委颁布了《关于开展残疾儿童少年随班就读工作的试行办法》，比较简要地规定了我国随班就读教育工作的具体要求和办法，这标志着制度化的随班就读教育已经初步形成。虽然在今天看来这一试行办法还不够完善，而新的办法也正在修订之中，但是它对推动和规范我国随班就读的发展在特定时期起到了重要的作用，成为各地开展随班就读工作的依据。在此之后，国家陆续出台的一些特殊教育方面的相关政策文件中，随班就读政策被不断提及，例如 1996 年的《全国残疾儿童少年义务教育“九五”实施方案》、1998 年的《教育部特殊教育学校暂行规程》、2001 年的《关于“十五”期间进一步推进特殊教育改革和发展的意见》等。特别是 2010 年我国出台了进入 21 世纪之后的第一个中长期教育发展规划纲要《国家中长期教育改革和发展规划纲要（2010—2020 年）》，其中将特殊教育专门列为一章，并再次提到要不断扩大随班就读规模。

二、随班就读工作办法

1994 年《关于开展残疾儿童少年随班就读工作的试行办法》对随班就读的对象、入学、教学要求、师资培训、家长工作、教育管理等方面作出相关规定，其最主要的内容如下。

（一）明确对象范围

随班就读的对象，主要是指视力（包括盲和低视力）、听力语言（包括聋和重听）、智力（轻度，有条件的学校可以包括中度）等类别的残疾儿童少年。

（二）规定入学条件

残疾儿童少年随班就读，应当就近入学；在城市和交通便利的地区，也可以相对集中在指定学校就读；残疾儿童随班就读的入学年龄与普通儿童相同，特殊情况可以适当放宽；在普通学校随班就读的残疾儿童少年每班以 1—2 人为宜，最多不超过 3 人。

（三）提出教学要求

学校应当安排残疾学生与普通学生一起学习、活动，补偿生理和心理缺陷，使其受到适合于自身发展所需要的教育和训练，在德、智、体诸方面得到全面发展。对随班就读的残疾学生应当贯彻因材施教的原则，制订和实施个别教学计划。学校可以根据学生的实际情况对其教学内容作适当调整。

各科教学应当结合本学科的特点，在教授文化科学知识的同时，注重对残疾学生适应社会生活能力的培养和心理、生理缺陷的矫正、补偿。

（四）强调资源支持

各级教育行政部门要加强与当地卫生、民政、残联等有关部门的协调，并争取社会的支持和帮助。

县级教育行政部门应当委派指导教师，对残疾儿童少年随班就读工作进行巡回指导。应当注意发挥乡镇中心学校在当地开展残疾儿童少年随班就读工作中的积极作用，组织各校随班就读班级教师进行经验交流，开展教学研究等活动。

从发展的角度来看，在特殊教育蓬勃发展的今天，这一办法已不能适应新的特殊教育发展的需要。比如在对象范围上，只限于三类残疾儿童少年，已远远落后于随班就读的实践。我国浙江、上海、北京等地区已把肢体障碍、学习障碍等特殊需要学生纳入随班就读教育范围。再次，在教育的层次上，已有许多障碍学生进入高中以上甚至高等学校随班就读。另外，作为制度层面，还缺乏实施的具体细则来规范和指导随班就读教育工作的可持续开展。因此，有关部门目前正对其进行修订，以使之不断完善，适应新的发展需要。

三、随班就读支持保障体系

（一）随班就读支持保障体系的意义

随班就读这种教育安置方式迎合了世界范围内的融合教育发展的需要，在融合的理念下，随班就读未来必将获得更加蓬勃的发展。然而，随班就读要有效且可持续地发展，依赖于政府的各个部门、社会的各个方面的参与和合作。虽然我国的随班就读工作取得了很大的成绩，但也应看到在实践中却面临着一系列的问题与挑战，主要表现为：“我国的随班就读工作教学质量不高，随班就读工作还处于低水平、低层次的发展阶段。虽然它解决了大量的残疾儿童少年入学的问题，但它的教学质量、工作水平应该说还是比较低的，和国内普通教育相比还有较大的距离，这个距离实事求是地讲还远远大于当今世界教育发达国家普通教育与特殊教育之间的距离，和那些教育发达国家的特殊教育相比，差距则更大。”① 形成这种低水平的一个重要原因就是缺乏系统的保障体系。

随班就读支持保障体系是指支持和保障随班就读有效、可持续开展而建立起的各机构、组织系统及制度的总和。要提高随班就读教育的质量，就必须为随班就读的发展提供全方位的支持并形成制度体系的保障，使之成为特殊儿童与普通儿童公平接受教育、获得身心全面发展的重要途径。

（二）支持保障体系的构成

经过近些年的理论研究与实践探索，我国已基本确立了“以政府为主导，教育行政部门为主体，各职能部门紧密配合，全社会共同参与”的随班就读支持保障体系建设的雏形。总体来说，它是一个具有层次性的由宏观到微观的体系所构成（见图 6-3）。

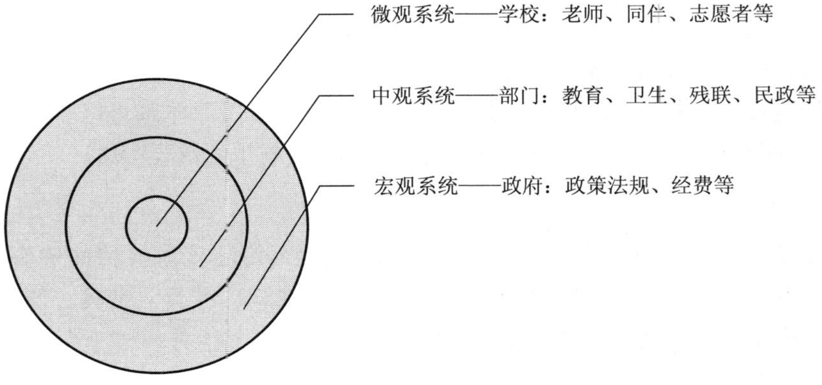

图 6-3　随班就读支持保障系统

1. 宏观支持系统

从宏观层面上来看，政府在整个随班就读的推行与发展中居于主导地位。随班就读本身就是一个由政府推行、自上而下的实践形式。政府的政策与相关制度构成了整个随班就读的宏观支持系统。政府支持主要包括从国家到地方的各级政府职能部门，为开展随班就读的普通学校提供鼓励随班就读的政策、法规、资金支持以及指导机构的建设等方面的支持。

① 教育部基教司. 全国随班就读工作经验交流会议纪要. 2003.

2. 中观支持系统

中观支持系统是由实践层面的组织所构成。包括承担特殊儿童随班就读的普通学校、特殊教育学校、残联、民政、卫生、家庭及社区等。它们在整个随班就读的发展中从不同的功能与角度发挥重要作用。其中，普通学校与特殊学校是整个实践层面的支持系统中最核心的两个环节。

3. 微观支持系统

微观支持系统由随班就读教师、助学小伙伴及志愿者等人员构成。他们是随班就读支持系统的重要参与者，在支持保障体系的构建中同样不能忽略。

（三）支持保障体系的运行

从宏观到微观的支持保障体系建构主要是从行政管理的层面上为随班就读的顺利发展提供了可能。在整个支持保障体系的运行之中，仅有行政管理层面还不足以支撑具体的随班就读教育的有效开展，还必须在业务管理层面建立起确实可行的运行机制，才能配合行政管理层面共同推动随班就读，使其有序而有效地运行。在业务管理层面有几个核心要素是支持保障体系得以顺利运行的关键，同时也是当前我国随班就读支持保障体系发展中的重要尝试。

1. 资源中心

资源中心是为随班就读教育教学活动提供全面专业资源支持的中心机构。这种专业资源既包括必要特殊教育设施、设备、资料、教具、学具、测评工具等物质资源，也包括支持特殊需要诊断、评估、训练、治疗等专业化的人力资源。其主要功能是开展教育教学指导、教师在职培训、巡回指导服务、教育教学评估等。特殊教育资源中心一般设立在特殊教育学校，有的也设立在教育研究室（所），主要是以特殊教育学校为骨干，对本地区的随班就读工作进行指导，提供有效的资源支持。目前我国特殊教育资源中心一般分为省、市、县三级管理体制，负责本地区随班就读的教育教学研究，并提供资源支持。

2. 资源教室

资源教室是建立在随班就读的普通学校之中为特殊儿童随班就读提供有效支持与服务的专门场所，相当于就读学校的资源中心。资源教室通过提供专业训练、康复设施，配备资源教师等方式，为普通班级中有特殊教育需要的儿童提供学习补救、康复训练、心理指导等服务，从而使特殊儿童在普通班级里能够顺利地发展。接受教学或辅导的特殊儿童，大部分时间在普通班级学习一般课程，部分时间到资源教室接受资源教师或特殊教育人员的指导。目前，在普通学校里建立资源教室、为特殊儿童提供帮助已经成了全国很多地方随班就读发展中的重要支持方式。北京、上海、杭州等教育发达省市已经开始自发探索资源教室的运作机制、运作方法，并形成了各具特点的实施模式。

3. 巡回指导

巡回指导是特殊学校参与随班就读，为随班就读提供服务的重要支持方式。所谓巡回指导，是指资源中心通过派出专业人员，定期或不定期深入到普通学校为特殊儿童随班就读提供指导、咨询与帮助的重要支持方式。资源中心有丰富的专业资源和特殊教育经验，是我国随班就读支持保障体系建设中不可缺少的构成环节。从近年来的随班就读实践来看，一些特殊学校已经自发地通过提供巡回指导的方式来为当地随班就读的儿童和普通学校服务，这种积极的参与有效地缓解了普通学校开展随班就读所面临的一些困境与问题，诸如特殊教育专业知识、技能、特殊教育资源短缺等，促进了特殊儿童更好地融入普通班级和主流社会。但从全国范围内来看，巡回指导这种服务还缺乏制度层面的支持，巡回指导的方法、模式与运作还缺少有效的理论研究与实践探索。但可以预见的是，作为一种有效推进随班就读发展的支持方式，巡回指导必将走向制度化和常规化。

在以上三个核心要素中，资源中心是整个随班就读支持系统运行机制中的关键，是形成随班就读有效管理和活动开展的枢纽，教育行政部门通过资源中心把资源教室和普通学校教师与学生联系起来（见图 6–4），确保教育教学的有效开展。

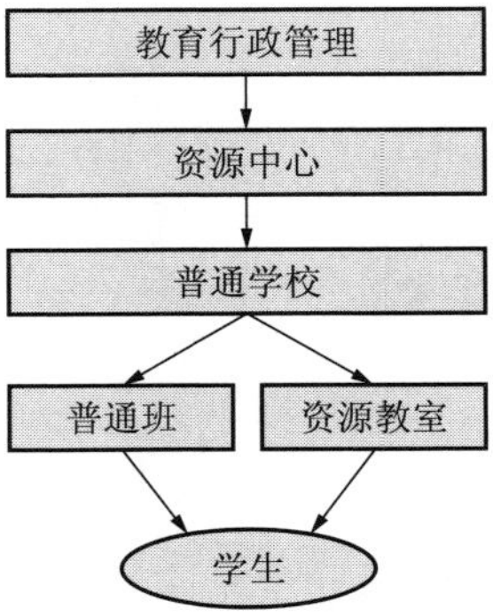

图 6–4　支持保障体系的运行

总之，随班就读支持保障体系是一个有机整体，它需要各个支持系统中的构成要素协同发生作用。其中，政府居于主导地位，政府的政策导向与制度完善是随班就读发展中最核心的决定性因素。而作为承担随班就读任务的普通学校，也要以自觉的热情和主动的精神探索这种有效的特殊儿童安置方式，在其他构成要素的支持与合作下，共同推进我国随班就读健康、有序、快速地发展。

*　　　*　　　*

【练习·思考·实践】

一、名词解释

1. 特殊教育体制
2. 特殊学校培养目标
3. 特殊教育学制
4. 随班就读
5. 资源中心
6. 资源教室
7. 巡回指导

二、思考回答

1. 我国特殊教育有哪些类型结构？
2. 比较三类特殊学校培养目标有哪些异同之处？
3. 我国现行的特殊学校学制有哪些特点？
4. 建立随班就读保障体系的重要性是什么？

三、实践活动

走访随班就读学校和学生，了解一下目前学校和学生分别对随班就读教育的态度，谈谈你的想法和思考。

【扩展阅读】

请利用课余时间阅读下列文献，并做好读书笔记。

1. 教育部于2003年颁发的《关于印发〈全国随班就读工作经验交流会议纪要〉的通知》。

2. 葛新斌．关于特殊儿童教育安置模式的理论分析［J］．教育导刊，2006（03）．

第七章

特殊教育课程

课程也是特殊教育活动的重要问题之一，是联系特殊教育理论和实践的桥梁或中介。本章首先从分析特殊教育课程的基本内涵入手，认为特殊教育课程本质在于充分满足学生在学习中的特殊需要，具有基础性、补偿性、灵活性的特征。特殊教育课程观经历了由医疗补偿模式、心理发展模式到社会生态模式的价值转向。然后，论述了特殊教育课程设置的原则，重点介绍了我国盲校、聋校和培智学校的课程设置特点。最后，从特殊教育课程发展的历程讨论到我国特殊教育课程的改革，以及当代特殊教育课程发展的趋势等问题。

第一节　特殊教育课程概述

一、特殊教育课程的含义

（一）课程的一般概念

课程是教育领域中含义最复杂、争议最多的概念之一。它到底是教材、教学计划，还是学习经验、学习活动，或者是学习目标和结果？在实际教学工作中，课程经常被看成一个相对狭义的概念，被认为是学校设置学科的总和，或者是指学生在教师指导下开展的各种活动的总和，甚至被简单地看作某一门学科，而不包括教学活动的动态进程。所以，课程往往被看成学科、教材及教科书的同义词。另外，由于教学科目及教学内容大都包含在课程标准中，所以通常也会把课程等同于课程标准。虽然课程研究者的观点存在很多分歧，但在现代课程观下，对课程的含义形成越来越统一的共识，即认为课程应该同时具备静态结构和动态过程两个层面的含义，也就是说课程不仅指教材、教学计划、经验等静态形式的存在，还应包括具体的教学与活动组织过程以及评价过程等动态元素。简而言之，课程是学生学习内容及其进程与安排的总和。认识到这一点后，才能更准确地理解课程的性质与功能。

理解课程的概念，还需要了解它和教学的关系。课程和教学曾经有各自独立的理论体系。课程探讨的是教什么，教学探讨的是如何教。但课程和教学实际上是密不可分的，在探讨任何一方的问题时都不可避免地会涉及另一方。现在，课程论和教学论已经呈融合趋势发展，课程的动态实施过程实际上也是教学过程的完整体现。

（二）特殊教育课程的含义

特殊教育课程顾名思义是为特殊需要学生而设置的课程，可以定义为特殊需要学生学习内容及其进程与安排的总和。由于学生有着特殊的教育需要，因此特殊教育课程本质在于充分满足这些学生在学习中的特殊需要。对于身心有障碍的特殊需要学生，这些特殊需要表现在课程目标、课程内容、课程实施等诸多要素方面，贯穿于知识传授、技能学习和态度、情感、价值观培养的各个领域之中，同时也影响整个学习内容的安排进程。这就意味着特殊教育课程在贯彻国家基础教育课程改革精神的同时，必须从特殊需要学生身心发展的特点和特殊的教育需要出发，注重学生的潜能开发和缺陷补偿，调整教育内容、时间和方法，促进学生充分的发展。因此，特殊教育课程既与普通教育课程有相同重叠之处，也有许多不同的地方。需要特别说明的是，由于特殊需要学生的教育安置存在不同形式，如特殊教育学校、普通学校特殊班、普通学校随班就读等，从严格意义上说，不同安置形式下，其课程设置也应该有所不同。由于特殊教育学校是目前我国特殊需要学生的主要教育安置形式，也是我国特殊教育工作的基础，所以，本章采用的特殊教育课程概念，如无特别说明，主要是指特殊教育学校的课程，且主要指的是义务教育阶段的课程。

二、特殊教育课程的特征

特殊教育课程具有基础性、补偿性、灵活性等特性，这些特征通过课程目标、课程内容、课程实施的过程整体体现出来。

（一）基础性

特殊教育课程具有明显的基础性。我国特殊教育学校的重点是九年义务阶段的教育，而义务教育具有普遍性和基础性，它是现代国民教育体系的基础，关系着全民素质和整个国家教育的成败。义务教育的普遍性和基础性既反映了社会发展对每一个公民基本素质的要求，也决定了其教育内容“应该包括每一个社会成员必须具有的基础知识和基本技能，包括相应的价值观念、情感态度”①。所以，特殊教育课程在目标定位、内容设置等方面都是围绕基础教育的要求，对特殊需要学生进行素质教育、人格教育和公民教育。因此，在课程设置上，特殊教育课程的结构、门类、标准与义务教育课程设置方案基本保持一致，以确保学生素质的全面养成。可以说，特殊教育课程的基础性特征，既是基础教育的目标指向，也是特殊教育课程的基本使命。虽然特殊需要学生的特殊性决定了他们的教育不能和普通儿童的教育一概而论，并且专门为他们设置了特殊教育课程体系，但这并不意味着就可以改变课程的基础性质，把特殊儿童就和普通儿童的教育孤立起来。根据《义务教育法》的规定，所有适龄儿童都应该接受义务教育，特殊需要学生也不例外，所以特殊儿童的义务教育也是基础教育的一个组成部分。

（二）补偿性

特殊教育课程具有独特的补偿性。如果说基础性反映了特殊教育课程与普校课程的共性要求，那么补偿性则反映了特殊教育课程的特殊性要求。由于特殊需要学生个体差异的显著性，特别是身心障碍学生有着特殊的教育需要，特殊教育学校的课程设置中，必须遵循他们身心发展的特点，注重缺陷补偿和潜能开发。因此，在课程内容上，既注意课程门类、课程标准与义务教育课程设置方案大体保持一致，以确保学生素质的全面养成，又注意根据视障、听障、智障学生的身心特点增设专门课程，或在普通课程中渗透补偿性的课程内容，以满足他们多样化的特殊需要。比如生活自理、定向行走、感觉统合训练、沟通与交往以及相应的专业治疗等课程的开设，都是为特殊需要学生的特殊教育需求而设置的。生活自理课程可以帮助障碍儿童学会生

① 陈敬朴. 基础教育概论［M］. 苏州：苏州大学出版社，2000：22.

活技能，能独立解决自己生活中遇到的问题，减少对父母和老师的依赖。定向行走课程可以帮助障碍儿童摆脱对他人的依赖，独立行走，甚至独自出行。沟通与交往课程可以帮助障碍儿童学习用语言或非言语方式进行沟通，学会表达自己的想法，与他人积极地互动，形成良性的社会交往关系。这些课程的设置贯彻了缺陷补偿的教育理念，帮助特殊需要学生减小器官损伤或智力残疾造成的障碍，这不仅仅是为了补救缺失的技能，更是为了开发出他们在新领域中的潜能，找到可以替代缺失技能的新能力，从而利用它学会学习、学会生活、学会合作、学会生存。

（三）灵活性

特殊教育课程具有很强的灵活性。特殊教育对象的复杂多样性，决定了特殊教育课程的灵活性。首先，从特殊教育学校的类别来说，不同类别的特殊教育学校，其课程的设置具有不同的特点，需要开设适应不同类别的特殊需要课程，即盲校、聋校和培智学校在坚持基础性、补偿性原则的基础上，都要遵循各自教育对象的身心特点和发展规律，编制灵活的相应的课程。其次，从个体而言，即使同一类型特殊教育学校的学生，其个体差异也非常大，整齐划一的课程并不能满足他们的教育需求，因此必须在面向全体的基础上，兼顾到个体间差异，对课程的目标内容进行灵活的调整，做到因材施教。比如，三类特殊教育学校设置的选择性课程，以及按障碍程度进行的分类教学与课程调整，都是为了照顾到个别差异而开设的具有灵活性的个别化课程。另外，在课程具体实施时，虽然科目相同，但也要考虑到学生的具体差异和需要，进行灵活的分流安排。如有些特殊教育学校根据学生的学习成绩、特长和志愿在高年级时实行分流教学：对于不准备升学的学生，可安排较多的时间进行社会生活和劳动技术教育；对于准备升学的学生，可安排较多的时间学习文化课。这样，在灵活的课程组织方式下，课程内容和课程实施都能够最大程度地适应特殊需要学生的教育需求，促进特殊需要学生知识和能力的发展，并且使他们的缺陷可以得到补偿，潜能得到开发。

三、特殊教育课程类型

课程类型是按照课程设计的不同性质和特点形成的课程类别，不同的划分标准有着不同的课程分类。其中，为人们所熟悉并且经常采用的课程分类标准主要有以下几种：根据课程中学生学习的方式，可以把课程分为学科课程和活动课程；根据课程内容的组织方式，可以分为分科课程和综合课程；根据课程的实施要求，可以分为必修课程和选修课程；根据课程的表现形态，可以分为隐性课程和显性课程；根据课程的设计开发和管理层次，可分为国家课程、地方课程与校本课程。特殊教育课程除了具备上述课程形态外，还可以根据其自身的特点与需要划分为以下不同的类型。

（一）以学校类别划分

按照学校类别划分，特殊教育课程可分为盲校课程、聋校课程、培智学校课程。这种划分方式主要缘于我国根据学生类型分别开办的学校，一般采用统一课程集体教学，由教育行政部门统一组织专家为三类学校分别制订课程方案、教学计划，制定课程标准，编订教材，所以三类课程都自成体系，充分考虑了本类学校学生的身心特点和学习特点，课程设置上也具有明显的独特性。虽然综合性特殊教育学校已占一定比例，但学校内部都是分为盲、聋、智障等不同的部门，各部门仍然根据学生类型采用相应的盲校、聋校、培智学校的统一规定课程体系。

（二）以课程功能划分

根据特殊教育课程内容的功能性质，可以划分为普通课程和特殊课程。由于基础教育的基础性和特殊学校培养目标的定位，课程设置必须遵循普遍性与特殊性相结合的原则，即在坚持特殊需要儿童与普通儿童教育的共性的同时，从特殊需要学生身心发展的特点出发，注重潜能开发和缺陷补偿，促进学生全面发展。所谓普通课程，又称一般课程，它是指为学生发展奠定基础素质的和普通学校相一致的课程内容设置，主要包括文化学科科目（如语文、数学、外语、社会、科学等）、思想教育（如思想品德、政治）科目等。而特殊课程又称补偿课程，它是为满足学生的特殊教育需要而设置的有别于普通学校的课程内容，主要是一些康复性训练科目（如感觉统合训练、定向行走、沟通交流训练、生活自理训练等）。普通课程和特殊课程的结合反映了特殊教育学校培养目标和课程改革的目的——促进每一个特殊需要学生获得整体、和谐发展的素质教育理念。

（三）以实施模式划分

特殊教育课程还可以按照实施模式分为统一课程和个别化课程。统一课程面向全体学生，按照整体需要来进行整体设计；个别化课程则体现出每个学生的个别化需求。特殊教育学校由于师资力量有限，目前仍然以班集体形式开展统一的课程教学为主。特殊教育学校课程的设置特点也适合集体教学形式，但对于具体课程内容，特别是康复训练类的课程，个别化课程更有利于实现课程目标。另外，在培智学校义务教育课程设置实验方案中还有一种一般性课程和选择性课程的分类方法。一般性课程主要是指满足智力障碍学生的生理、心理和社会发展的需求，以最大限度地开发他们潜能的课程。它适合所有儿童，可以选择集体教学方式同时开展教学。而选择性课程则需要考虑到智力障碍儿童的个体差异和个别需求，最终目的是为了使他们获得多样化的发展和多方面的发展，可以以集体教学方式教学，也可以进行个别教学。选择性课程中的康复训练课程，就是比较典型的根据学生的特殊需求而设置的个别化课程。

四、特殊教育课程观

特殊教育课程观是特殊教育观在课程领域中的体现，是人们对特殊教育课程的本质、功能、目的、规律和法则等问题所持的基本态度。特殊教育课程观反映了一定的课程价值取向，它影响着课程的编制、实施、评价等整个过程。在特殊教育发展过程中，特殊教育课程的设计受到各种理论的影响，其课程观也经历了从医学补偿模式、心理发展模式到社会生态模式价值取向的转向。了解不同的课程价值取向，把握课程改革发展的趋势，对于特殊教育课程建设具有重要的意义。

（一）医疗补偿模式的课程观

医学补偿模式的课程观是基于医学理论的假设所形成的课程价值取向。医学的实践特征就是关注疾病，认为残疾是由个人内部的生理疾病或功能紊乱造成的。因此，医学总是设法通过衡量身体、心理缺损、伤残疾的程度，然后找出治疗康复的方法和措施用以克服、消灭“残疾”或矫正缺陷。而特殊教育的源头就是通过医学研究以及其后的心理学探究来发展的一种差异病理学，即把特殊儿童看作是有某种缺陷的个体，进而设想这些学生需要特殊的教育。因此，医学补偿模式的特殊教育从某种意义上说就是治疗教育，而其课程的概念在本质上就是一种形式的治疗——矫正性课程。矫正性课程的目标主要聚焦于学生缺陷技能的矫正和补救，即人们常说的“缺什么，补什么”。如聋童因为耳聋不会说话，就想方设法地试图通过言语、语言的训练，促进他们说话的能力；盲童有盲相，就想方设法地通过个别矫正，使其学会用正常的举止、行为待人接物。

医疗补偿模式的课程取向是早期特殊教育的重要特征，至今还有其影响。其主要特征是：首先，它关注学生本身的残疾缺陷及其对学习的影响，能够针对残疾引起的学习困难与障碍，进行缺陷补救教学，其目标指向非常明确，即进行缺陷矫正；其次，强调对影响学生学习缺陷的诊断和分类，以便更好地了解学生学习中的特殊教育需要，并根据缺陷的原因、特点，采取相应得当的措施，尽可能地矫正或补救学生缺陷的领域和技能。在课程设置上多表现为以生理的感觉替代训练补偿为主，诸如定向行走、口语训练等，而文化知识性科目则相对较少、简单、浅显。医疗矫正模式有其明显的弊端，由于它聚焦于学生的病理缺陷，却忽视了环境和个人经历的影响，往往夸大残疾的负面作用，造成一种普遍的教育低期望值；而病理学诊断、分类的结果，又极易带来一种消极贬损的标签效应；同时，专注于缺陷领域的训练，常常忽视学生认知、行为、情感等其他领域能力的培养。

（二）心理发展模式的课程观

心理发展模式的课程观是在对医学补偿模式取向的质疑批判中兴起的。以心理发展模式课程价值取向设置的课程又称为发展性课程。发展性课程是基于心理学的理论假设，认为特殊需要学生的发展虽然是一种非典型发展，但同样遵循着个体发展的一般规律，它们在认知、交流、情感、运动和生活自理技能方面和其他人一样有着同样的发展顺序、阶段和方式。由于障碍的影响，它们发展的速度可能慢一些，但是除了需要更精细或更强化的学习训练外，它们在学习上的顺序和其他学生也是相同的，如排序、行走、系鞋带、说出字母顺序等。因此，对于那些有障碍的特殊需要学生，教育的目标就是通过系统的课程教学来证明其自身和非障碍学生有同样的发展顺序，尽管在发展速度上会慢一些。基于心理发展模式的观点，发展性课程比较强调认知领域的教学训练，强调知识学习的逻辑顺序和系统完整。

比起医疗补偿模式的价值取向，发展性课程给予了学生更高的教育期望，部分地淡化了标签的消极影响，但也有其局限性。一方面，对于不同障碍类别的学生，发展性课程的优势也有所差异，它比较适合于智力没有问题的感官障碍学生。因此，盲校、聋校的课程更趋向于发展性课程取向。但是，在培智学校，尤其是以中、重度学生居多的学校，则不太适宜。另一方面，在一定时期内，发展性课程的设置理念得到认可，认为它能有效提高特殊需要学生的发展水平，特别是对于视障、听障等类别的学生能较好地促进系统的知识学习和学科能力的发展。然而，单纯以知识、能力发展为目标的课程，如果没有与生活建立联系，就不具有生活准备的意义，也就不能满足学生未来生活的需要。随着年龄增长，越来越要求特殊需要学生能更积极主动地去适应社会，展现出较好的社会适应性。这时发展性课程脱离生活实际的弊端就暴露无遗。因为它没有考虑到特殊需要学生未来生活的需要。许多生活适应性问题不是自身能力发展到一定水平就可以解决的，而是在与环境的互动过程中，通过适应、调节、平衡等环节逐步使问题得以解决的，就像很多能力优秀的普通儿童存在的问题一样，在社会化过程中出现一些适应障碍，已具备的能力发挥不出来，最后无法获得与能力水平同等的成就。

（三）社会生态模式课程观

正是因为心理发展性课程取向不能解决特殊需要学生自身能力发展和社会环境的协调互动问题，一种新的课程观——社会生态模式开始被广为接受。社会生态模式价值取向的课程又称为功能性课程。功能性课程是基于社会学生态的理论假设，认为残疾形成的障碍只是表示个体因某种健康状况与个体所处的情境性因素（环境）之间发生交互作用的消极方面，即个体参与社会活动的功能受到限制（见图 7-1）。这种功能性的限制不仅有个体生物因素，还有社会环境因素，是生物与社会因素的综合。比如，双腿截肢的学生，我们不能简单地认为他没有行走的能力，而只是行走的功能受到限制，这种限制不仅仅是因为双腿残疾，也包括环境的因素，如果我们提供轮椅，把楼梯改造为安全的坡道，他同样可自己独立地行走、上楼。因此，生态环境的视野强调，对于特殊需要学生，在残疾或特殊性的归因上不能单从学生本身的身心特征去认识，还应该从学生的行为与环境关系去看待，注意学生的学习和社会环境的交互影响，特别是要提供各种环境性的系统支持，来帮助他们克服或消除障碍带来的消极影响。

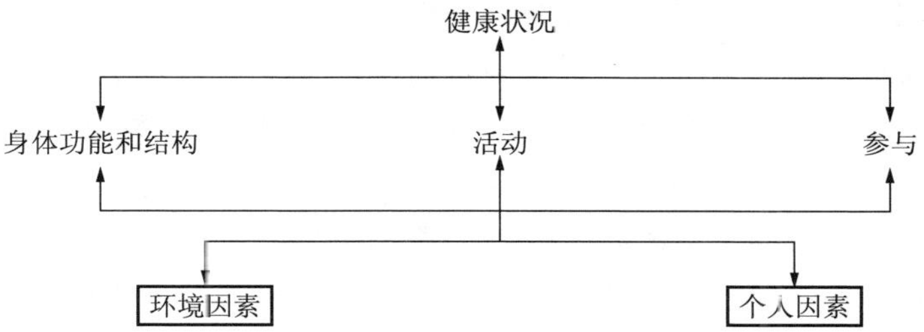

图 7-1 ICF 理论模式①

功能性课程的概念最早由美国特殊教育学者雷诺和伯奇（Reynold & Birch）提出，而它成为一种流行趋势却是源于1992年美国智力障碍协会修改智力障碍的定义后，不再把智力残疾看作一种能力缺陷，而是智力功能与适应性行为受到限制。此后，功能性课程的理念也广泛地渗透于其他发展性障碍、感官性障碍、身体障碍及多重或重度障碍学生的课程开发。功能性课程具有如下特征：首先，在课程理念上要求超越发展性的课程取向，注重环境与学生障碍的关系，强调环境支持的重要性及环境障碍的确认与消除。在课程的目标上，关注个人在日常生活领域包括家庭、社区、工作场所、休闲和学校环境中所需要的技能和行为发展，强调学生获得与年龄相当的技能，促进个人社会生活的独立性和参与性。在课程内容上，重视内容选择的生活意义，即学生所学的一定要与生活实际相联系，特别是与学生具体的家庭和社区生活相联系，从生活中发展出教学主题，为其未来自食其力做准备。在课程的实施上，强调课程内容的整合和生态系统的个别化支持，从家庭、社区到学校，从教育到医学、心理、社会等各专业都要提供系统的支持与服务；同时，要求在实际教学时，应该立足于真实生活环境，学会生活技能并在生活中加以应用。

社会生态模式的课程取向揭示了人与环境的互动关系，转变了残疾形成的障碍仅限于个人缺陷的观念，强调于环境的个别化支持，对于提高特殊需要学生社会适应能力具有重大的现实意义，也标志着特殊教育课程理论革新发展到了一个新阶段。但是，功能性课程如果走向极端，片面地强调功能性技能的训练，很有可能会忽视学生潜在的其他能力，导致教育的平庸化。此外，适应于每一个学生特殊需要的生态支持，也需要一定的物质和文化的条

① 世界卫生组织. 国际功能、残疾和健康分类（International Classification of Functioning, Disability and Health，简称ICF）［S］. 2001：18.

件支撑，比如对自然真实教学环境的强调，需要大量的教育资源和成本。因此，它需要一定的国情基础。就我国目前的现实条件看，生态环境化课程理论还缺乏实践基础，还不能广泛地在特殊需要学生的教育实践中得以推广。

以上我们讨论的三种不同价值取向的课程观，并不是说在现实中和实践中存在着一种正统的、一致的概念，它更多的是对特殊教育实践特征的概括。这三种课程观在不同时期对特殊需要学生的教育产生了重大的影响，各有其理论依据和优缺点，在当代的特殊教育课程改革中，其理念也相互影响、相互渗透。但是即使到现在，我们也不能片面地排斥某一课程取向，或完全否定它的意义，在一定程度上，它们都能为特殊需要学生的教育实践提供有力的理论解释。

第二节　特殊教育学校课程设置

一、特殊教育学校课程设置原则

（一）特殊教育学校课程设置的含义

特殊教育学校课程设置一般指特殊教育学校的教学科目、各种活动及先后顺序和教学时数的安排。课程设置是一项系统工程，它设置的基本依据是根据特殊学校培养目标、科目的特点，为特殊需要学生建立完整的知识结构和素质结构服务。因此，它是特殊教育学校的培养目标在学校课程计划中的集中表现。借助课程设置，特殊教育学校所开设的各门功课之间发生有机联系，构成实现培养目标的所必需的知识系统、技能系统。具体来说，课程设置要达到以下目的：第一，根据特殊教育学校培养目标，确定特殊教育学校开设的课程门类和课程类型，以及各类课程的名称。第二，要对这些课程进行组合，明确各门功课的地位、性质与作用，构建课程之间的联系。第三，确定各门功课开设的先后顺序和学时分配，确定其教学的方法，并简要规定各类各科课程的学习目标、学习内容和学习要求。

合理的课程设置主要包括合理的课程结构和课程内容这两个方面。合理的课程结构指各门课程之间的结构合理，包括开设的课程合理，课程开设的先后顺序合理，各课程之间衔接有序，能使学生通过课程的学习与训练获得相应的知识与能力。合理的课程内容指课程的内容安排符合知识和技能的学习规律，课程的内容能够反映学科的主要知识、技能与方法。

（二）特殊教育学校课程设置的原则

我国特殊教育学校课程设置的主体通常是国家教育行政主管部门及学校自身。国家教育行政主管部门在课程设置中起领导、决策作用。特殊教育学校自身设置的课程是根据学校和学生的实际情况对国家课程的补充。无论是国家对课程设置的领导，还是学校自身对课程设置的补充，都必须从特殊教育学校的培养目标出发，考虑到特殊需要学生的发展和他们的身心特点，以及时代的发展要求等因素。因此，特殊教育学校课程除应遵循普通义务教育课程设置的综合性、均衡性和选择性原则外，还必须坚持以下原则。

1. 课程的普遍性与特殊性的统一

特殊需要学生首先是学生，他们的发展是普遍性与特殊性的统一。用发展的观点来看待特殊需要学生，要始终抱有积极的教育期望，既要看到他们发展的普遍性，又要看到他们发展的特殊性，这就要求处理好课程设置的普遍性与特殊性的关系。

首先要遵循国家基础教育课程改革精神，以每一个特殊需要学生发展为目的，以基础教育课程改革的精神为依据和指导，以义务教育九年一贯制课程方案结构为基础框架来整体建构课程。原则上，对于认知功能无问题的障碍学生［包括仅有感官或肢体障碍的视障、听障、言语（语言）障等纯感官及上肢障碍、下肢障碍与智力未受损脑瘫等纯肢体障碍学生］以及超常学生，其课程设置应以和普通课程基本相同为原则；对认知功能有轻微缺损的学生（包括轻度智障学生、学习障碍学生、情绪障碍学生及高功能的自闭症学生），课程的设置应基本参照普通课程，但要降低相应的目标难度；对于认知功能障碍严重的学生（包括低功能的自闭症学生，中、重度智能障碍学生或中、重度智能障碍伴随有感官、肢体或情绪等其他障碍的多重障碍学生），其课程设置原则上参照普通课程的框架，除了要降低课程目标难度外，课程内容则应以功能性为主。

其次要坚持从课程的特殊需要出发，遵循特殊需要学生的身心特点，注重缺陷补偿和潜能开发，对普通教育课程作必要的调整，以满足学生的特殊需要。在对普通课程进行调整时，应依据学生特殊教育需要的性质、类型、程度和数量的度，提供其学习困难领域的课程调整与补偿教学，或者对学习优异领域进行充实提高教学，以及提供所需的学习辅具，进行环境调整等相关支持。在普通课程的基础上设置特殊需要课程，主要有以下几个策略与方法。

（1）附加

在普通课程结构的基础上增设附加的科目，如盲校的定向行走、聋校的沟通与交往、培智学校的感觉统合训练以及其他相关的康复训练课程等。

（2）替换

在不改变普通课程科目性质的基础上，将有些内容替换为与学生感知方式相适应的内容。如艺术科目中，盲校的课程可把美术绘画替换为泥塑或剪纸，而聋校则把音乐替换为律动，便于学生的感知与学习。

（3）强化

在普通课程科目里强化渗透相关的内容。如在语文、思想品德中强化身残志坚的意识教育，在劳动技术中强化生活职业技能的培养，在学科知识教学中注重功能性运用等。

总之，特殊教育课程是基于普通教育课程进行有弹性的调整，视其特殊需要的度而决定其普通课程和特殊课程的比例和成分。

2. 课程的分化性与整合性相统一

特殊教育课程设置在处理好普遍性与特殊性关系的同时，还要在课程内容的组织方式上，处理好课程的分化性与整合性的关系。课程的分化性指的是课程内容的分科特征，在形式上主要表现为以学科知识传授为主的分科课程；而课程的整合性指的是课程内容的综合特征，在形式上主要表现为以经验活动为主的综合课程。特殊教育课程的整合性更多地表现为把各种知识、技能及适应性的行为训练等整合在一起，或整合到一个主题的教学中。这在功能性的课程中最为强调。比如一节数学课，教师可以通过实际购物的主题活动，把计算、识字等整合在一起，形成一节以数学为主题，但又包含了语文、运动技能训练等内容的综合课程。

特殊教育课程的分化性与整合性有着特殊的需要。在借鉴普通课程设置时，它更加强调课程的整合性。因为对于许多身心障碍的学生来说，相对于传统的脱离生活实际的纯知识教学，他们更需要把所学的知识与自己的实践经验、自身的生活和社会生活相联系，做到学以致用，独立生活。因此，注重把知识、经验与生活相联系，强调课程内容的整合性是满足学生特殊教育需要的必然要求。分化与整合的适度把握取决于学生的身心特点及其发展的阶段性。整体而言，对于认知功能缺损的发展性障碍学生（包括多重及重度障碍），课程的整合程度应高于其他学生，且障碍程度越高，整合度也就越高；低龄障碍学生课程的整合性要高于大龄学生，但随着心理、生理年龄的增长，应逐渐增大分化性的学习比重。因此，理想的整合与分化关系的处理，应以根据特殊需要学生的需要，有层次地递减或递增（见图 7-2）。

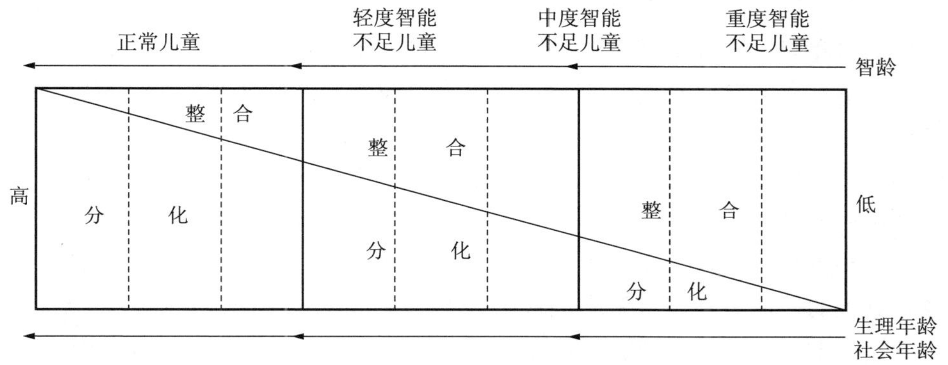

图 7-2　特殊教育课程整合和分化的关系①

3. 课程的补偿性、发展性与功能性相统一

补偿性、发展性与功能性是特殊教育课程的不同价值取向，每一种取向的背后都有其课程观的理论支撑，也都有其实践的指导价值，并在特殊教育课程设置中均有不同程度的反映。由于学生特殊需要的差异性、多样性和复杂性，单纯地强调课程的某一取向都是片面的。补偿性课程、发展性课程与功能性课程必须根据特殊学校的类型，或特殊学生的具体的特殊教育需要而有所兼顾，做到相互渗透、和谐统一。基于此，要处理好矫正性、发展性与功能性相统一的关系，要注意以下几个方面：就特殊教育学校的类型来说，盲校、聋校课程设置应以发展性课程为主要取向，兼顾课程的功能性和补偿性，而对于培智学校的课程，则应以功能性课程为主要取向，兼顾课程的发展性；就障碍学生的类别来说，发展性障碍学生（一般也指有认知功能障碍的学生）课程的功能性要高于其他学生；就障碍的程度来说，相对而言，重度或兼有多重障碍学生的课程，更取向于功能性的设置。

① 毛连塭. 特殊教育行政［M］. 台北：五南图书出版社，1993：354.

二、盲校课程设置

（一）盲校教育对象的特殊性

盲校教育对象主要是指有着视觉障碍的特殊需要学生。视觉障碍包括盲和低视力两类，绝大部分视觉障碍学生在智力上一般没有问题，但他们最大的学习困难在于视觉通道受阻，因而在接受外界信息时会受到很多局限，由此而引发了一系列的学习问题。这些问题突出地表现在三个方面：一是经验范围的多样性受到很大影响，无法通过视觉迅速地获得事物全面、完整的感性认识；二是运动定向能力受到严重限制，视觉障碍造成定向和行走的许多困难，导致与环境打交道的能力受限；三是社交能力受到限制，如无法用视觉观察人的表情、姿势，无法正常进行人和人之间的非言语互动，所以无法建立这一重要的社会参照，在社交情境中，不能迅速、正确地把握整体的人际线索，获取的信息量有限，影响到其人际关系的发展。正是盲校教育对象的特殊性，决定了盲校课程的设置特点。

（二）盲校课程设置特点

1. 课程目标与普通学校一致

由于大多数视觉障碍学生在智力发展方面与普通儿童基本没有差异，所以在课程目标的确立上基本与普通学校趋于一致，不宜降低课程内容的难度，或减少教学内容。因此，2007 年教育部颁布的《盲校义务教育课程设置实验方案》参照了普通学校基础教育九年一贯制的课程设置，除了增设康复性的科目模块以及对艺术科目中的一些内容进行适度的调整以外，其他学科课程内容的安排及其难度与普通教育基本保持一致水平，这样可以保证他们能和普通儿童一样获得全面发展的教育基础。

2. 课程内容满足视障特殊需要

根据课程设置的发展性原则，在坚持视障儿童教育与普通儿童教育共性的同时，还必须从视障儿童身心发展的特点出发，尽力满足他们发展的特殊需要，因此在课程的结构中单设了康复科目模块，主要包括认识初步、生活指导、视功能训练、感觉统合训练、行为矫正、定向行走及相关的治疗训练等。在具体安排上，不同年级的学生在内容上有所侧重，比如低年级着重开设综合康复课程，中高年级着重开设社会适应课程。另外在开设信息技术和美工等具体的科目时，对其内容进行适应性的替换，替代为盲用信息技术、剪纸、泥塑等适合视障学生学习的课程内容，以补偿缺陷、开发潜能。

3. 课程安排灵活确保目标实现

考虑到既要达到普通目标又要完成特殊补偿任务，盲校课程方案对课程进行了灵活而富有弹性的安排。把课时总数相对增加，同时规定每节课时原则上为 45 分钟（低年级阶段规定在每节课的中间安排 5 分钟的休息或活动），与普校相比，这样就弥补了相对学习时间的不足。在课时分配上，也根据盲校学生寄宿为主、识字任务少等教学特点作了相应调整，如历史与社会、科学、外语、艺术所占课时比例与普校基本一致，而思想品德、语文、体育与健康等科目略低、数学科目略高（照顾盲生学习数学的艰难性）。

表 7-1　盲校与普校一至九年级课时比较①　　单位：课时

年　级	普　校	盲　校	表面多出	实际多出
一年级	910	980	70	192
二年级	910	980	70	192
三年级	1050	1050	0	131
四年级	1050	1120	70	210
五年级	1050	1120	70	210
六年级	1050	1155	105	249
七年级	1190	1155	−35	−35
八年级	1190	1190	0	0
九年级	1122	1122	0	0
合计	9522	9872	350	1149

① 钱志亮. 努力构建有中国特色的视力残疾儿童义务教育课程体系［J］. 现代特殊教育，2007（5）：4-5.

表 7-2　视力残疾儿童义务教育课程设置

课程 \ 周课时 \ 年级			一	二	三	四	五	六	七	八	九	占总课时的比例（%）
课程门类	品德与生活		2	2								6.3
	品德与社会				2	2	2	2				
	思想品德								2	2	2	
	历史与社会*	历史							2	2	2	3.5
		地理							2	2		
	科学*	科学			2	2	2	2				7.8
		生物							2	2		
		物理								3	3	
		化学									4	
	语　文		7	7	6	6	6	5	5	5	5	18.3
	数　学		5	5	5	5	5	5	6	6	6	16.9
	外　语				2	2	2	4	4	4	4	7.8
	体育与健康		2	2	2	2	2	2	2	2	2	6.3
	艺术*	美工	2	2	2	2	2	2	1	1	1	10.6
		音乐	2	2	2	2	2	2	1	1	1	
	康复	综合康复	3	2	1							7.4
		定向行走	1	1	1	2	2	2				
		社会适应				1	1	1	1	1	1	
	信息技术应用		1	1	1	1	1	1	1	1	1	15.1
	综合实践活动		1	2	2	3	3	3	2	1	1	
	学校课程		2	2	2	2	2	2	2	1	1	
周总课数（节）			28	28	30	32	32	33	33	34	34	共计 284
学年总时（节）			980	980	1050	1120	1120	1155	1155	1190	1122	共计 9872

说明：带 * 的课程为积极倡导选择的综合课程，条件不足的也可选择分科课程。国家将通过制定各科目课程标准来规定各科目课程的具体内容和要求。

三、聋校课程设置

（一）聋校教育对象的特殊性

聋校教育对象主要是指有着听觉障碍的特殊需要学生。听觉障碍包括聋和重听两大类，绝大部分听觉障碍学生在智力方面没有问题，但他们最大的学习困难在于听觉通道受阻，会直接影响听觉障碍儿童的语言发展程度和思维方式，导致沟通交往能力受到严重限制，主要表现为三个方面。首先，听觉障碍儿童不能通过语音感知来学习语言，就不利于内部语言机制的完善，往往在语言理解和运用上出现错误，以至于影响口语的习得能力。其次，因为语言是思维的工具，语言习得能力受阻会导致在思维方面出现问题，使得听觉障碍儿童会倾向于使用图像、符号等视觉形式进行认知加工。这样，他们会把一些抽象概念理解得表面化，从而影响到其抽象思维发展的速度和质量，而形象性手语的运用往往又会强化这种负面影响。再次，听觉障碍儿童对自己的社会角色、自我价值、与他人关系的认知等方面都受到其思维发展的影响，自我意识和社会认知水平比同龄正常儿童发展缓慢，表现为明显的社会交往技能不足，不能主动地和外界交往。聋校教育对象的特殊性决定了聋校课程设置的特点。

（二）聋校课程设置特点

1. 课程目标体现义务教育的基本性质

与盲校课程一样，聋校课程目标体现了义务教育的基础性质，因为大多数听觉障碍学生在其发展的能力上具有普通儿童相同的潜力，即在智力发展以及学习能力上都是正常的，所以设置聋校课程时要兼顾义务教育阶段的基础性，使听觉障碍儿童能通过学校教育获得必要的基础知识和技能，因而现行的课程方案同样参照了基础教育九年一贯制的课程设置。针对沟通与交往的困难，在整个方案中，单独增设了沟通与交往科目，加强了生活技能和劳动职业技术的教育，同时在艺术科目中以律动替换相应的内容。除此之外，绝大部分科目的设置与普通学校保持一致。但需要指出的是，由于“聋哑儿童的逻辑发展比正常儿童迟 1—2 年”①，相对于 9 年的义务教育时间，学习时

① J. 皮亚杰，B. 英海尔德. 儿童心理［M］. 吴福元，译. 北京：商务印书馆，1986：67.

间相对较短，因而实际上在整体能力发展上与普通学校的目标还会有差距。

2. 课程内容突出沟通与交往训练的需要

聋校课程在体现了义务教育的基础性质的基础上，再结合听觉障碍的特殊性，突出了沟通与交往能力的训练。为此，聋校义务教育课程设置实验方案中专门为听觉障碍儿童设置了“沟通与交往”课程，主要内容包括感觉训练、口语训练、手语训练、书面语训练及其他沟通方式和沟通技巧的学习与训练，并且强调课程的功能性取向，以改善听觉障碍儿童的社会交往状况为目标，帮助他们掌握多元的沟通交往技能与方式，同时使自身的语言和交往能力获得整体发展。

3. 课程类型适应差异和需求的多样性

听觉障碍儿童由于障碍发生时间、残余听力水平、语言康复程度的不同，会导致他们在学习能力、理解水平、思维方式上有很大的个体差异，并且不同年龄阶段的听觉障碍儿童其教育需求也有所不同，所以在课程类型安排上充分考虑到学生的特点和灵活而多样化的需求。首先，在学段课程上，小学阶段（一至六年级）以综合课程为主，初中阶段（七至九年级）设置分科与综合相结合的课程。其次，在课程的选择上，针对不同学生的语言能力，开设一般性课程和选修课程，特别是把外语课程作为选修课程，便于学校根据地方的实际情况和听觉障碍儿童的实际语言发展水平有选择地开设。另外，在课程管理上，对劳动类课程，实施国家指导与地方选择相结合的原则，学校可根据当地的实际情况和需要，选择不同的劳动和职业技术教育的内容，也可以结合校本课程，统筹安排。

表 7-3　聋校义务教育课程设置

周课时 / 年级 / 课程门类		一	二	三	四	五	六	七	八	九	占总课时比例(%)
品德与生活		2	2	2							6. 6—6. 7
品德与社会					2	2	2				
思想品德								2	2	2	
历史与社会[1]	历史							2	2	2	3. 7—3. 8
	地理							2	2		

续表

课程门类（周课时／年级）		一	二	三	四	五	六	七	八	九	占总课时比例(%)
科学[2]	科学				2	2	2				5.5
	生物							2			
	物理								2	2	
	化学									3	
语　文		8	8	8	7	7	7	7	7	7	24.3—24.8
数　学		5	5	5	5	5	5	5	5	5	16.6—16.7
沟通与交往		3	3	3	3	3	3				6.6—6.8
外　语[3]								2	2	2	2.2
体育与健康		3	3	3	3	3	3	2	2	2	8.8—9
艺　术	律动	2	2	2							8.8—9
	美工	2	2	2	2	2	2	2	2	2	
劳　动	生活指导	1	1	1							4.9—7
	劳动技术				1	1	2				
	职业技术							2-4	2-4	2-4	
综合实践活动					2	2	2	2	2	2	4.4—4.5
学校课程		2	2	2	2	2	2	1	1	1	5.5—5.6
周总课时数		28	28	28	29	29	30	31-33	31-33	32-34	—
学年总课时数		980	980	980	1015	1015	1050	1085-1155	1085-1155	1088-1156	共计9278—9486

注：

1. “历史与社会”是综合课程，也可以选择分科课程，可选择历史、地理。
2. “科学”是综合课程，也可以选择分科课程，可选择生物、物理、化学。
3. “外语”为选修课程。

四、培智学校课程设置

（一）培智学校教育对象的特殊性

培智学校教育对象主要是指有着智力障碍的特殊需要学生。智力障碍的本质特征是智力功能与适应行为受到严重限制。这种限制的程度又可以分为轻度、中度、重度三种类型。由于智力功能与适应行为的严重限制，智力障碍儿童在概念认知、社会交往、生活自理方面表现出明显的迟滞。在概念认知方面，读、写、计算等概念性技能发展极其缓慢。在社会交往方面，他们对人际关系的理解与处理，以及社会公共行为的表现同样严重受限，不能较好地理解和分析社会情境中的线索，导致一系列社会适应问题，经常表现出一定的情绪和行为问题。在生活自理方面，与同龄典型发展的儿童相比，差距相当大，特别是那些中度与重度的智力障碍儿童，甚至连穿衣、如厕、饮食等日常活动都存在着障碍。因此，智力障碍儿童无论在培智学校还是在普通学校就读，都对课程的设置和教学手段提出了特殊要求。强化社会适应能力培养，强调功能性学科知识教学，教会他们生活独立和自食其力，成为培智学校课程的主要任务。

（二）培智学校课程设置的特点

1. 课程目标着重培养社会适应能力

盲校、聋校课程可以对文化知识方面提出较高要求，开设的一些常规课程与普通学校课程有相同之处。培智学校课程因为教育对象在智力、适应行为等方面的功能受到显著的限制，所以培养社会适应能力是课程目标的重点。在课程目标的定位上，主要是强调学生积极生活态度的养成，特别注重对学生生活自理能力等社会适应能力的培养与训练，即重视文化知识的运用和日常适应技能的训练，以此来提高他们的独立生活能力，而不能只是单纯地教给他们各类学科知识，或者只是把他们当作养护的对象。

2. 课程内容强调功能性取向

培智学校课程目标的重点，决定了课程内容的功能性特征。功能性取向反映在课程结构上，就是要围绕适应性能力的提高，以功能性学科（生活化的语文、数学等）、生活自理（包括自我照料、居家生活）、职业技术劳动以及康复性训练（精细或粗大运动训练、感觉统合训练、康复性的治疗等）构成课程模块的主体，达到提高学生社会适应能力的目标。即使是学科性的知识教学，也是强调生活中的实际运用，培养学生生活中必备的阅读、书写和计算能力。

3. *课程实施灵活富有弹性*

培智学校课程实施采取了非常灵活的方式。首先，课程实施具有选择性，设置了一般性课程和选择性课程。一般性课程主要是根据他们的一般教育需求，通过课程教育促进他们的生理、心理和社会性发展，最大限度地开发他们的潜能。选择性课程则由地方和学校根据实际情形，进行缺陷补偿、功能康复，以及满足智力障碍儿童个性化的需求，体现出个体差异的弹性要求，促进他们多方面的发展，且两类课程的比例可根据实际情况进行适当调整。其次，强调地方课程的自主性，即由学校根据地域特征、社会环境、经济文化发展的特点，以及学生实际生活需要，设置和开发的具有本校特点的课程，以满足学生的特殊需要。另外，在实施方式上，强调在进行集体教学的同时，全面推进个别化教育，尽量为每个智力障碍儿童制订和实施个别教育计划，针对他们的个体需要安排一定时间的个别训练，为有需要的学生提供补救教学，满足不同学生的发展需求。

表 7-4 培智学校课程计划

课程 / 年级	一般性课程							选择性课程				
	生活语文	生活数学	生活适应	劳动技能	唱游与律动	绘画与手工	运动与保健	信息技术	康复训练	第二语言	艺术休闲	校本课程
低年级	3—4	2	3—4	1	3—4	3—4	3—4	6—9				
中年级	3—4	2—3	2—3	2	3—4	3—4	3—4	6—9				
高年级	4—5	4—5	1	3—4	2	2	2—3	6—10				

表 7-5　培智学校课程设置及比例（%）

课程 / 年级	一般性课程							选择性课程				
	生活语文	生活数学	生活适应	劳动技能	唱游与律动	绘画与手工	运动与保健	信息技术	康复训练	第二语言	艺术休闲	校本课程
低年级	10—12	6—7	11—13	3—4	10—12	10—12	10—12	20—30				
中年级	10—12	8—9	7—8	5—6	10—12	10—12	10—12	20—30				
高年级	13—15	13—15	3—4	8—9	6—7	6—7	11—13	20—30				

第三节　特殊教育课程改革

一、特殊教育课程的演进

在特殊教育发展的进程中，如果我们以普通教育课程作为参照来考察特殊教育课程发展的轨迹，可以发现，特殊教育课程的发展基本经历了与普通教育课程趋于分离，然后再回归到融合的历程。为了论述的方便，我们把特殊教育课程发展中两个主要的阶段特征分别称之为趋于分离的课程模式和走向融合的课程模式。

（一）趋于分离的课程模式

趋于分离的课程模式特别强调课程的特殊性，使课程设计尽量区别于普通课程，从而形成与普通课程泾渭分明、平行分立的特殊教育课程模式。这种分立的课程主要表现在以下三个方面：一是课程模式主要以医学、心理学为主要理论取向，这尤其是早期特殊教育学校课程的重要特征。早期特殊教育机构诞生时，基本没有任何可资借鉴的课程经验，因此以医学为理论取向的矫正性课程观是早期特殊教育学校课程设置的主流模式。随着心理学课程取向的胜出，基于所有个体具有相同发展顺序的理论，特殊教育课程的编制者相信通过系统的课程学习，障碍学生同样能够在知识、技能方面获得相应的发展。二是课程类型以障碍类别为根据，高举“特殊”的旗帜，形成“特殊”与“普通”明显区隔的“特殊学校课程”，而在特殊学校课程中，又根据学校类别的不同，单独制定盲校课程、聋校课程和培智学校课程，互相之间壁垒森严，独立而行。三是不同的特殊学校，各门科目又制定自己的“特殊”课程标准，以此进一步标示各自的“特殊”性，强化与普通学校课程的分立地位。这种现象在我国特殊学校课程的设置中仍较为明显。

（二）走向融合的课程模式

走向融合的课程模式，是当代特殊教育课程设计的重要特征。随着融合教育的兴起与发展，普通教育和特殊教育渐趋并轨，一些特殊教育工作者开始探索如何帮助特殊需要学生在普通课程中进行有效学习，并积累了大量的有益经验。于是对普通课程调整的适应性研究成果也被运用于特殊学校课程设计。基于这一背景，特殊教育课程也开始了“回归”融合的改革。课程融合的根本目的不是为了拷贝普通教育课程，而是试图以普通课程为基本框架，作为达成基础教育标准的手段，并以此确保包括障碍学生在内的所有学生能获得全面的最基本的概念与技能，挖掘其潜在的能力；同时，也为特殊教育学校与普通学校之间的教学、障碍学生与普通学生之间的学业检测提供相互比较参照的统一依据，从而促进教育整体质量的提高。为了兼顾学生的特殊教育需要，融合式课程模式在课程设计上，首先取消了按特殊学校类型分立各类课程的做法，统一以普通课程框架为基础标准，然后再在课程结构上作适应性的调整。在课程结构上，主要采取二元设计，基本保留普通教育课程的学科性科目（主要包括语文、数学、历史、地理、化学、生物等），然后增设特殊性课程科目（主要包括感知觉训练、康复治疗、生活自理、社会交往等科目），形成普通科目模块和特殊科目模块的二元互补。在课程具体要求上，同样不再制定各类特殊教育学校各科目的课程标准，而是在具体实施时，以个别教育计划为核心，通过调整、替代、分层、选择等策略以及现代教学辅助技术的应用，使课程满足所有多样化的个性需要。

二、特殊教育课程改革

中国特殊教育学校的诞生，要比西方迟一个世纪多。从清朝到民国，由于特殊教育事业整体起步较晚，课程建设发展迟滞，特殊教育课程的开发建设基本处于初始的无序形成阶段。其间，特殊教育学校以民办或教会办学居多，学校各自为政，没有有效的统一组织与管理，缺乏统一的课程计划，所使用的教材一般为普通学校教材或改编的普通教材。有些学校曾尝试自编教材，但总体而言，这一时期的课程目标不明确，课程标准不一致，教学工作随意性较大，整体处于无序状态。综观我国特殊教育课程的发展历史，有意义的课程改革是在新中国成立后，迄今已有三次。

（一）新中国成立初期的课程建设

新中国成立不久，为改革旧教育，开始了建立与新中国相适应的特殊教育课程体系的探索。这一时期，课程建设的主要成果在以下三个方面。一是对盲校、聋校的课程作了一些具体规定：要求除了图画、音乐课程特殊处理外，其他课程均须与普通学校一致，还要求增设一些特殊性课程，如生产技术训练课程、聋校的发音训练课程等，但此时还没有形成有体系的课程计划。二是颁发相关的教学计划。1955 年，教育部公布了新中国第一个盲校教学计划；1956 年为聋校手语教学班颁布了第一个教学计划；1957 年为聋校口语教学发布了专门教学计划。这几份教学计划一直沿用到 20 世纪 80 年代。三是组织编写和出版了盲（聋）校的语文、数学等教材。通过对旧教育的革新，特殊教育学校第一次有了适用于全国范围的独立课程计划，奠定了新中国特殊教育课程的基础。但是，从课程的发展意义上，这次的课程革新也有其不足。因为培智学校课程建设工作仍处于空乏状态，而盲校、聋校课程基本是在普通学校课程基础上稍加调整而成的，基本使用普通教材，较少关注学生的特殊性需要，只有少数学校尝试编写了教材。另外，在已设置课程中，主要以盲校和聋校的小学阶段为主，未涉及初中、高中、职业教育阶段。这一阶段虽然整体上还不尽完善，但在当时条件下，这是一种相对合理的探索，课程建设工作毕竟走出了第一步。

（二）改革开放中的课程革新

经历了“文革”十年浩劫后，国家实施改革开放。根据改革开放和残疾人教育事业发展的需要，特殊教育开始重建特殊学校课程体系，力图改变原有教学计划严重滞后于特殊教育发展的实际状况。20 世纪 80 年代开始，原国家教委陆续出台了全日制盲、聋、培智学校的教学计划（见表 7-6），编辑出版了三类特殊教育学校的各科教材。1993 年又重新制定了盲校、聋校课程计划，分别对培养目标、课程设置、考试考查和实施办法作了具体规定。课程以学科和活动两种类型实施。学科课程以文化基础知识为主，采用分科教学，在学习基础文化知识的基础上加强劳动和技能教育。课程内容组织形式体现为分科课程、必修课程为主，适当设置综合课程和选修课程，既开设与普通中小学一致的一般性课程，也开设必要的特殊性课程。在课程管理上，以国家安排课程为主，部分课程由地方自主安排。1994 年颁布了《中度智力残疾学生教育训练纲要》，供培智学校（班）参考执行。它规定了中度智力障碍学生教育训练的目标任务、对象、学制、教育训练的原则等，提出生活适应、活动训练、实用语算三个教育训练范围，要求弱化学科知识的学习，使教学尽量贴近生活实际。

表 7-6 特殊教育课程规范发展阶段盲校、聋校、培智学校的课程计划

年 代	名 称
20 世纪 80 年代	《全日制盲校教学计划》（1987）
	《全日制八年聋校教学计划》（1984）
	《全日制弱智学校（班）教学计划》（征求意见稿）（1987）
20 世纪 90 年代	《全日制盲校课程计划（试行）》（1993）
	《全日制聋校课程计划（试行）》（1993）
	《调整后的全日制盲、聋、弱智学校课程计划》（1994）
	《中度智力残疾学生教育训练纲要》（1994）

在走向改革开放的过程中，特殊教育课程改革取得了显著的成果。培智学校的课程计划终于出台，基本形成了具有相对科学、规范、完整的三类学校课程体系，尤其是在教育年限上均含括了整个九年义务教育阶段。在课程设置上，增加或强化了一些个别矫正等康复性的特殊课程或内容。但整体看，其课程设置中仍存在着重学科知识学习、轻功能性的适应技能培养的倾向。

（三）面向 21 世纪的课程变革

进入 21 世纪，为了应对全球化、信息化的新挑战，国家开始了以素质教育为基本取向的第八次基础教育课程改革。作为基础教育重要组成部分的义务教育阶段的特殊教育，其课程也应随基础教育课程改革而改革，这既是实施基础教育课程改革、推进素质教育的必然要求，也是时代发展的需要。2002 年，在教育部的领导下，特殊教育课程改革稳步有序地开展起来，并最终于 2007 年发布了《盲校义务教育课程设置实验方案》、《聋校义务教育课程设置实验方案》、《培智学校义务教育课程设置实验方案》。新课程方案是在继承和借鉴已有的课程建设经验基础上的创新，也吸收了当代国际最新的特殊教育理念和实践成果，代表了我国特殊教育课程改革的最新水平。其突出的亮点是，全面贯彻第八次《基础教育课程改革纲要》的精神，“以为了每一个残障学生发展为目的，既注意继承、总结与发展我国特殊教育的成功经验，借鉴与吸收国外特殊教育先进的理念、方法，又注意根据义务教育的基本性质（公平性、均衡性、统一性、基础性）和残障儿童身心特点整体重构课程体系”①。同时，呼应了当代特殊教育的发展潮流，提出了潜能开发与缺陷补偿并重的指导思想，成为特殊教育课程和教学改革的一个重要里程碑。但是，在借鉴普通教育课改成果时，由于对新基础教育改革的理念理解不够透彻，存在着许多值得反思探讨的地方。首先，引用普通课程改革理论显得较为生硬，而缺乏特殊教育自身课程理论的引领；其次，提出“潜能开发”的理念更多的是一种概念式的口号宣示，而缺乏足够的理论解释和实践指导；另外在具体结构课程、设置科目时，所提及的概念诸如“康复（训练）”与“生活适应”、“一般性课程”与“选择性课程”等，无论在逻辑上还是在分类上都有许多模糊之处。这些都削弱了课程改革的力度和实践的指导意义。

三、特殊教育课程发展趋势

特殊教育课程的发展受社会制度、经济发展水平、科学技术、文化创新及课程观等因素的制约。在当代以融合为导向的特殊教育发展迅猛，特殊教育课程理论也不断丰富发展的形势下，特殊教育课程的发展正表现出许多新的动向。

（一）课程设计走向的融合化

随着全纳教育的兴起，普通教育和特殊教育渐趋并轨，为每一个学生的发展奠基，成为包括特殊教育在内的教育改革的时代要求。追求均衡课程的融合理念要求在课程设计中达到兼顾共同要求与个别需要。因此，将普通教育课程内涵纳入特殊教育框架中，或将特殊教育的教学策略、调整理念融入普通教育的教学，成为世界各地当代特殊教育课程改革的共同走向。美国2001年通过的《不让一个孩子掉队法案》（The No Child Left Behind Act，简

---

① 丁勇. 为了每一个残障学生的发展——关于三类特殊教育学校义务教育课程设置实验方案的述评［J］. 中国特殊教育，2009（10）：14-19.

称 NCLB）要求每个州都必须为所有的学生建立年度充分发展目标，在基于国家规定的基础上去调整和改进用于特定学生的学习标准，以保证学生的充分发展。马萨诸塞州根据这一精神，要求包括障碍学生在内的所有学生都必须参与马萨诸塞州综合评估系统（MCAS）考试，要求不管是特殊教育学校还是普通学校随班就读都必须以《马萨诸塞州课程框架》标准为依据设置课程，其中英语文学、数学、科学和技术/工程、历史和社会科学是必修的核心课程，在此基础上同时专门制定了《为残疾学生而设计的〈马萨诸塞州课程框架〉的资源指导》，为残疾学生学习普通课程内容提供教学设计和评价策略的指导。我国台湾地区现行的《国民教育阶段特殊教育课程纲要总纲》已改变按障碍类别分别设置课程的方式，全部与普通教育九年一贯课程相接轨。其课程结构采取二元设计，保留语文、健康与体育、社会、艺术与人文、数学、自然与生活科技及综合活动七大学习领域科目，然后根据学生的个别差异与特殊需要，增设特殊需要领域①的科目，形成普通科目模块和特殊科目模块的二元互补。基于特殊性的要求，在课程的能力指标上，以加深、加广、重整、

表 7-7　台湾九年一贯课程学习领域阶段划分

学习领域 \ 年级	一	二	三	四	五	六	七	八	九
语文	本国语文		本国语文		本国语文		本国语文		
			英语				英语		
健康与体育	健康与体育			健康与体育			健康与体育		
数学	数学		数学		数学		数学		
社会	生活		社会		社会		社会		
艺术与人文			艺术与人文		艺术与人文		艺术与人文		
自然与生活科技			自然与生活科技		自然与生活科技		自然与生活科技		
综合活动	综合活动		综合活动		综合活动		综合活动		
特殊需求	特殊需求（依课程类别分段）								

① 特殊需求领域的学习内容可包含职业教育、学习策略、生活管理、社会技巧、定向行动、点字、沟通训练、动作机能训练、辅助科技应用、领导才能、创造力、情意课程等科目。

简化、减量、分解或替代等方式对其进行弹性调整。这充分保证了特殊需要学生参与普通教育课程的机会，又顺应了融合教育的潮流（见表 7-7）。

（二）课程价值取向的生态化

在特殊教育课程理论的发展历程中，经历了补偿性课程、发展性课程、功能性课程几个阶段。每一种课程观的背后都有其理论依据和实践意义，但也都有其偏向。以社会生态学为理论基础的当代课程观，力图改变已有课程理念的不足，主张把生态环境当作课程的一个重要因素，要求根据特殊需要学生能力水平和生活现状，充分利用现有的社会生态环境，从中寻找特殊需要学生可参与的活动和发展机会，为他们提供把现实生活和未来生活紧密联系起来的课程，从而在生态化的教育中获得个性发展。生态化的课程取向特别关注对特殊需要学生的生活掌控能力的培养，以及未来在社区中参与社会生活的独立性。它以生活质量的提高为成果导向，以此作为课程开发的基础，以全面的生态支持为手段，力图使特殊需要学生在个人发展的基础上体验到更多的生活快乐。因此，在课程实施时更重视科目内容的功能性整合，重视学习环境的选择。有理由相信，随着特殊教育课程的改革发展，课程的生态化取向将随着特殊教育的发展而充分展现。

（三）课程目标导向的综合化

从缺陷补偿转向潜能开发的综合素质培养，是特殊教育课程发展的重要趋势。当代教育愈益关注人的个性的全面发展。为此，当代特殊教育课程设计也从单纯注重特殊需要学生的缺陷补偿或知识技能的培养，转向注重培养学习者的社会适应能力、综合的生活能力以及情感、态度、价值观等全面素质的发展，追求特殊教育工具性、效应性和发展性价值的统一。这种发展趋势必然促成各种课程观的融合，使得特殊教育课程的价值取向逐渐从单一的补偿性或发展性、功能性，向以综合素质能力发展为核心的多元整合型发展，呈现出“缺陷矫正本位—知识发展本位—功能强化本位—素质能力本位”发展的总趋势。这种发展态势表明，当代特殊教育课程改革的一个重要指导思想是以人为本，在强调人的全面发展的同时，力争使每一个有特殊教育需要的学生获得整体、和谐发展，最大限度地为障碍学生提供参与和发展机会，提高生活质量，实现个人存在的价值。

（四）课程内容实施的弹性化

为了适应复杂多样的特殊教育需要，实施个别化教学，特殊教育课程必须由刚性走向弹性。一些发达国家的特殊学校或实施融合教育的普通学校都在不断强化课程的选择性，赋予课程实施更多的个别化弹性空间。比如，提供具有弹性的不同层次水平的学业课程，可分为标准课程（接受与一般普通学生完全一样的课程与评价条件）、调整课程（接受与一般学生相同的课程与评价方式，但视其需要可采取基线及格标准）、修正课程（对不可能达到基线标准的学生，对其科目的课时数、评价条件和方式作必要的修改，以达到最大限度地参与学习）。在具体课程教学时特别强调替代性设计，运用灵活的替代性策略，以适应学生的独特需要。如在语文课程中，普通课程原定的要求“能正确认读、拼写注音符号”，这一目标虽然适用，但对于盲生可以用替代的方式实施达成，即能运用点字正确认读、拼写注音符号；而对智障学生，即使认知功能受到严重限制，无法独立地对复杂的计算项目进行运算，也可借助于计算器的帮助计算结果，提高其生活中的使用工具计算的技能，这也是一种替代性的策略。

*　　　　*　　　　*

【练习·思考·实践】

一、名词解释

1. 发展性课程
2. 功能性课程

二、思考回答

1. 特殊教育课程的特征是什么？
2. 如何认识特殊教育课程观中三种不同的价值取向？
3. 我国三类特殊学校课程设置有哪些特点？
4. 当代特殊教育课程的发展趋势有哪些特点？

三、案例分析

王老师设计了“搭乘火车”教学单元，在语文领域学习认识车站站名；在数学领域学习购买车票；在生活教育领域学习使用车站内的厕所；在社会适应领域学习转乘公交车。分析这是属于哪一种课程取向的教学设计，然后再仿照本案例重新设计一个主题教学活动，并说明理由。

第八章

特殊教育教学

教学是教育过程的中心环节，是实现教育目的、达成培养目标的主要途径。学习与研究特殊教育教学的基本理论，理解并掌握特殊教育教学的规律和特点，对有效开展教学活动、顺利完成教学任务有着重要的理论价值和现实意义。本章首先对特殊教育教学中的一些基本问题进行探讨，从总结特殊教育教学的特点开始，重点分析了特殊教育教学任务、教学原则、教学方法和教学组织形式方面的特点。个别化教学作为特殊教育的重要特征，本章进行了专节讨论，同时围绕个别化教学，分别介绍了美国的合作教学和个别教育方案，提出了个别教育方案本土化的问题。另外还从学习支持的角度，讨论了教学辅助技术的概念、功能、分类及其信息化等内容。

第一节　特殊教育教学概述

一、特殊教育教学特点

教学是教师教与学生学的双边活动，是双方共同作用的过程，是教与学的统一。特殊教育教学是指特殊需要学生在教师的指导下，最大限度地获得身心补偿，掌握所学的知识和技能，发展能力并形成情感、态度和价值观的活动。需要特别指出的是，由于教学对象的特殊性，不要狭隘地把特殊教育教学理解为课堂学科知识的教学。在特殊教育教学中，社会适应、日常生活技能以及与之相关的其他康复性训练也是教学活动的重要组成部分，如听觉与言语训练、沟通训练、感知技能训练、视功能训练、生活指导等都是不同形式的教学活动。特殊教育教学同样遵循教学过程中的普遍的、客观的规律和特点，但是，特殊的教育对象、特殊的教学任务也使得特殊教育教学过程有着自身的特点，突出地表现在以下几个方面。

（一）教学的个别化

特殊教育教学是集体教学与个别教学相结合、特别注重教学个别化的活动。特殊教育教学是基于教学对象个别差异的显著性而进行的，其整个教学活动应是以个别化的教学设计展开的，因此个别化特征成为特殊教育教学的重要标志。虽然普通教育也倡导个别化，但是由于个体差异相对较小、班额人数又多，难以达到很高程度的个别化。特殊教育教学中的个别化，从教学目标、教学内容、教学方法，乃至教学材料、学具的选择都要考虑到每一个特殊需要学生的认知特点和特殊的学习需要，以适应其独特的学习方式，是一种程度很高的个别化活动。特殊教育教学的个别化特征还表现在教学活动的进程必须建立在对每一个学生系统的、持续的认识发展评价结果上，再作出个别化的调整。总之，特殊教育教学活动是以个别差异为前提，对个别差异的关注和对由此引发的特殊需要的满足贯穿于特殊教育教学的全过程。这不管是在特殊教育学校，还是随班就读的教学中，都有着共同的要求。

（二）教学的专门化

特殊教育教学是强调使用专门性资源促进学生身心发展的活动。专门化是指特殊教育教学过程中需要专门性资源支持的特性，它是在促进特殊需要学生学习认识活动的过程中体现出的另一显著特征。专门性资源包括专门性的学习策略、学习材料、学习服务和学习技术设备等。专门性的学习策略主要是指所涉及的一些特殊教学策略和步骤，如代币强化、自我监控等。专门性的学习材料是指在教学过程中组合多样化的学习材料来支持帮助学生完成学习任务，达到学习的目标，如沟通板、符号、图标等。这些专门性的教学材料既可以是自然的实物，也可以是人工制作的替代品或标记图片等。专门性的服务主要是指学习过程中所需要的言语治疗、物理治疗、作业治疗等特殊需要康复措施的同步支持；专门的技术设备是在教学过程中特殊的辅助技术支持，诸如沟通器具、盲文点显器等。

（三）教学的精细化

特殊教育教学是突出精细化、满足学生不同发展需要的活动。对于有身心障碍的学生，由于障碍导致感知能力受限，影响学生认知的速度、广度和深度。因此，特殊教育教学活动中，师生双边活动的设计及其开展又体现出精细化的特征。精细化的特点首先表现为教学活动要注重每一个细节的呈现，注意每一个环节的清晰表达，做到内容精准、表述清楚，给予学生明晰的认知理解线索，引导学生给予足够的注意，把障碍对认识过程的负面影响降低到最低限度，从而保证学习活动的有效进行。其次，精细化的特点表现为教学活动的结构化。这在发展性障碍学生的教学中尤其突出，特别是对自闭症儿童的教学。结构化教学是要求根据特殊学生学习的特点，有组织、有系统、有顺序地安排学习时间、学习环境、学习材料及学习用具的学习活动，高度的结构化意味着高度的精细化。再次，精细化的特点表现为学习活动中练习的反复性和持续性。对于障碍学生，无论是知识的学习，还是技能性的训练，往往需要分解为多个步骤、多次的练习，并要求反复地巩固才可能维持。精细化的教学，要求教师不仅要有足够的细心和耐心，还要有足够的信心和智慧。

二、特殊教育教学任务

特殊教育教学任务的实质是教学目的的具体化，是特殊教育教学活动要达到的预期结果，并体现在课程与教学内容之中。特殊教育教学任务的决定，受教育目的、学生的身心差异和年龄特征、科目的性质以及教学的时空条件等因素制约，同时，各类别的特殊需要学生及各不同教育阶段也有着具体的目标和要求。特殊教育教学比起一般的教学任务更为艰巨和复杂，具有如下特点。

（一）在传授相应的科学基础知识和基本技能时，强调社会适应能力的培养

特殊教育教学在传授相应的科学基础知识和基本技能时，特别强调社会适应性能力的培养。知识是人类对客观事物的认识成果，是社会实践的经验概括和总结，又是人类武装自己、认识世界、改造世界、增强自身能力的武器。特殊教育对象主要集中在义务教育阶段，具有基础性。因此，学生学习的主要是文化科学基础知识及各种技能，主要包括自然科学、社会科学、哲

学以及语言文字等知识和应用技能。但是，由于障碍的影响，许多特殊需要学生在社会适应等方面的能力低于常规的水平，因此特殊教育教学的一项重要任务是在基础知识和技能的教学中，特别注重社会适应能力的培养。社会适应能力是指人适应自然和社会环境的能力，包括生活、学习、劳动、人际交往能力。适应性技能领域的训练一般有四个方面：生活自理（包括自我照料、居家生活、社区休闲、自我保健与安全等）、功能性学科（与学生学校学习和个人的实际生活有直接关系的认知能力培养，包括阅读、计算、写作等基本技能）、沟通交往（包括沟通、社交等）和职业劳动。不同的障碍类别、不同的障碍程度，学生所需的适应性技能训练要求也不一样，对于大多数智力障碍、重度障碍或多重障碍学生，适应技能的训练往往涵盖了所有的领域。

（二）在发展学生的智力、体力和创造才能时，注重潜在能力的开发

特殊教育教学在发展学生的智力、体力和创造才能时，注重通过潜能开发来实现。掌握知识与发展智力、体力是教学活动中相辅相成的一对任务。智力是人的认识能力，一般包括观察力、注意力、记忆力、思维力、想象力和创造力；体力是人体活动时所能付出的力量，而能力则是指运用知识所进行的智力活动，即分析问题解决问题的本领，包括一般能力和特殊能力；潜能是人潜在的还未成为现实的能力。智力的发展决定着人的潜能的实现与发挥，体力的发展支撑着智力的发展和能力的实现。特殊需要学生由于各种障碍的影响，对智力结构中的某些智能因素的发展产生了明显的阻碍和限制，也会对体力的发展形成消极影响。比如，视觉障碍会影响学生的观察力和身体的运动能力，语言障碍会影响学生的抽象概括能力，这些都会阻碍或限制学生智力的发展，但这并不意味着限制、阻碍了智力结构中所有因素的发展。根据多元智力理论，即使是障碍儿童，在其智力结构中也有其强项——优势智力。大家所熟知的周舟，虽然在数理逻辑、语言乃至绘画等方面存在着功能限制，但在他的智力结构中，音乐智能却明显地占据优势。但这种优势潜能往往是潜在的、不易被发现的，所以，在特殊教育教学中，发展学生智力的途径更主要的是通过缺陷补偿与优势潜能的开发来实现，这也是培养创造才能在特殊教育教学中的体现。

（三）在培养良好的品德和审美情趣、奠定科学的世界观基础时，渗透身残志坚的生命意识教育

特殊教育教学在培养良好的品德和审美情趣、奠定科学的世界观基础时，

注重渗透身残志坚的生命意识教育。教学永远具有教育性。教学不仅是培养与发展学生认知能力的基本途径，也是对学生进行品德教育和情感教育的重要途径。特殊教育教学在进行社会主义精神文明教育，培养学生分辨是非的能力和正确的审美观念、审美情趣时，非常重视渗透身残志坚的生命意识教育。所谓生命意识教育就是珍惜生命、尊重生命、热爱生命，提高生存技能和生命质量的教育活动，其本质在于尊重生命以及生命的价值。生命意识教育中，要帮助学生认识自身生命存在的价值，正确对待障碍和残疾，并以众多顽强拼搏、奋发向上的典型人物和事例，鼓舞和激励学生的学习。因此，渗透身残志坚的生命意识教育，对于障碍学生具有特殊的意义，必须通过生命意识教育，让学生充分认识到生命的价值及其对自身的重要意义，从而珍惜和敬畏生命，发扬自强不息的拼搏精神，与命运作斗争，努力实现自我的生命价值。

三、特殊教育教学原则

教学原则是人们根据一定教学目的、遵循教学规律而制订的指导教学工作的基本要求。教学原则不是主观臆造的，而是有一定的客观依据：教学原则是教学实践经验的概括和总结，也是教学规律的反映，同时也受到教学目的制约。一般教学原则主要包括直观性原则、启发性原则、系统性原则、思想性和科学性相统一原则、理论联系实际原则等。特殊教育教学活动与一般教学活动既有共同性，又有自身的特殊性。特殊教育教学活动中，除了要遵循上述原则外，还要遵循以下几条重要的教学原则，它们在特殊教育教学中具有特殊的意义。

（一）差异性原则

差异性原则是指在教学中，根据特殊学生的个别差异的显著特征，确定教学要求、教学内容、教学进度和教学方法，以满足每个学生的独特的教学需要。这对障碍儿童的教学具有特殊的意义。因为障碍不同，教学中的特殊需要也有所不同，即使同一类别的障碍学生，障碍的性质、时间、程度等不同，也存在着不同的教学需要。因此，差异性教学原则要求教师必须了解学生的个别差异以及由此引发的特殊教学需要，尽可能采取个别化的教学策略与方法，以达到个别化的教学目标。

（二）适调性原则

适调性原则是个别化原则的延伸，它是指在具体教学中通过对教学各要素的调整，来适应学生的特殊学习需要，使学生顺利完成学习任务。适调性原则主要要求对以下四个要素进行调节：一是调节学习目标，根据学生的实际水平和接受能力，确定相应的目标要求；二是学习材料的类型，即随时给学生提供替代材料或补充材料，譬如提供可触摸盲文、触摸凸起图或录音磁带来代替印刷信息，或用图标或实物来替代文字理解概念等；三是调节学习的时间，即要制订因人而异的学习时间表，如允许一些学生做费时较少的作业，或给出较充裕的时间，或进行动静交替的短时学习活动，以克服注意力不够集中的问题；四是调节学习的强度，即对学习的难度分量作出必要的调整，如将作业分解为几个相对费时较短的学习任务，来分散学习的强度，或突出课本中包含关键事实或概念的段落，或布置分量较少的作业等。

（三）补偿性原则

补偿性原则是指在教学中充分发挥缺陷补偿的作用，把传授知识与缺陷补偿紧密地结合起来。缺陷得不到补偿，障碍学生就无法获得接受知识的手段和基础，教学也就无法顺利进行。因此，贯彻补偿性原则，要求教师在传授文化知识的过程中，既要重视生理补偿，又要注意心理补偿；既要重视学生文化知识的学习，也要重视各种适应性技能的训练，使学生在掌握知识的过程中，各种感觉器官的功能以及适应能力由于不断的训练而获得相应的提高，实现缺陷补偿与潜能开发的统一发展。关于缺陷补偿的具体内容与策略，本书第三章中已有详细论及，可结合已有论述来理解。

以上特殊教育教学原则与一般的教学原则构成一个相互联系、相辅相成的整体，必须在特殊教育教学过程中全面贯彻这些原则，才能提高教学质量，保证各项教学目标的实现。

四、特殊教育教学方法

教学方法是指在教学过程中教师和学生为实现教学目的、完成教学任务而采取的相互作用的活动方式、步骤、手段和技术的总称。教学过程中的教学方法，包括教师的教法和学生的学法。教师的教法要通过学生的学法加以体现，而学生的学法实际上是在教师指导或影响下的学法。尽管有时学生的学习是以自学的形式进行，但这是在教师直接或间接的教育影响下的自学活动，所以教学方法是教法与学法的辩证统一。运用教学方法的根本目的是要促成学生有效地学习。目前教育理论界一般将教学方法分为以下五类：以语言传授为主的方法、以直观感知为主的方法、以实际训练为主的方法、以引导探究为主的方法、以情感陶冶为主的方法（见表 8-1）。这五类教学方法，都是常规的教学方法，在特殊教育教学中有着广泛的运用。掌握这些常规的教学方法，是教师必须具备的基本功。

表 8-1 常用教学方法的含义及其特点

方法类别	具体方式	特　点
语言传授：教学中的信息传递主要是靠书面语言和口头语言的交流来实现的方法。	讲授法	快捷、高效，有助于发展学生的抽象思维能力和语言表达能力。
	谈话法	
	讨论法	
	读书指导法	
直观感知：主要通过实物或直观教具的演示、组织参观学习等，使学生能够经由自己的感官直接感受，从而形成正确认识的一种方法。	演示法	形象、具体、直接和真实，有助于学生联系实际、激发兴趣，为理解和掌握理论知识创造条件。
	参观法	
实际训练：通过亲自动手实践，通过各种操作活动逐步形成和发展自己实践技能和能力的方法。	练习法	手脑并用、理论联系实际，在学中做、做中学。
	实验法	
	实习作业法	
引导探究：通过独立探究或研究活动而学习知识、形成技能和发展能力的教学方法。	发现法	逐步掌握探究问题的方法和形成创造性地分析问题和解决问题的能力。
情感陶冶：参与到一种类似于真实情景的活动中，进行情感体验，并受熏陶、感染，从而陶情冶性的一种方法。	欣赏法	有效地激发学习动机，激发浓厚的兴趣和求知欲，特别能让学生在教学活动中获得成功的体验。
	情境法	

在特殊教育教学中，由于教学对象的特殊性，教学方法也同样有它的特点，或是一些常规的教学方法在特殊教学中运用较多，或是更强调某些方法的功能，或是在特殊教育教学中具有独特的影响，常用的方法有如下几种。

（一）多维感知法

多维感知法又称感官并用法，它是强调在教学时调动各种感觉器官功能，使障碍学生从不同的角度、不同的侧面来感知事物、接受信息，从而加深对事物的理解，提高教学效果的方法。任何事物都有多重属性，从不同的方面反映事物的本质或内涵。人的各种器官也各有其独特的功能，能从不同的方面感受这些属性而达到认识的目的。比如，视障学生可以充分发展听、触、嗅、味等感官的功能，达到感知目的。如果教一个盲童理解芒果的概念，那么教师不仅要告知学生芒果的颜色，还应让学生触摸芒果的形状，闻嗅芒果的气味，有条件的情况下最好买来实物，让学生亲自品尝一下芒果的滋味。这样，盲童才能通过多感官的感知来认识芒果的特性，获得比较完整的认识。

（二）模仿法

模仿法就是在教学中，通过学生模仿教师的语言或动作，调整学生的概念行为，使之协调，从而促进他们智力发展的一种方法。模仿法常用在智障儿童教学中。由于智障儿童的理解力差，希望他们像正常儿童那样在理解的基础上掌握知识并发展能力。智障儿童的认识主要靠模仿和记忆。模仿适用于动作技能教学的学科，如体育课、体操课、舞蹈课、手工课等。通过模仿教师的动作，可以使学生的大脑机能得到改善。

（三）任务分析法

许多障碍学生学习新的技能不会一蹴而就，因而必须把学习任务分解成几个小的步骤。这种方法也就是所谓的任务分析法。任务分析法也叫工作分析法，它是对特定的复杂的学习行为或技能进行分析评定的一种方法，其宗旨是使学生逐步有效地掌握该行为和技能。任务分析法的步骤有：先将目标教学任务分解成循序渐进的较小单元，接着对学生是否掌握特定的行为、技能或掌握的难点加以评价、鉴定，然后针对问题设计教学方法，循序渐进地训练学生完成个单元学习任务。例如，如果一个儿童要学习刷牙，首先要让他习惯把牙刷放在嘴里，然后才可以实施后续的步骤，即找取药膏、拧下牙膏管的帽盖、把牙膏挤在牙刷上，等等。在教学新的或复杂的技能时，为确保给予学生成功的机会，教师可以把所有分解的步骤具体地写下来，这样便于实施。

（四）游戏表演法

游戏表演法就是在教学过程中通过游戏的形式使学生在做中学、玩中学，增加教学中的愉悦气氛的方法。形式多样的游戏有助于调动学生学习的积极性，发挥主动性，并且有助于学生对知识的理解和记忆。在教学中教师应根据教学目的和教学内容的需要，创造性地设计一些游戏，达到寓教于乐的目的。教学时运用游戏不是教学目的，而是教学手段，游戏要兼顾教学的内容和学生的兴趣。游戏表演特别适用于注意品质差的智障儿童教学，其中唱游课的教学是较为典型的一种。

五、特殊教育教学组织形式

教学组织形式是指教学活动采用的结构方式，主要涉及教学活动的规模、师生的活动形式、教学活动的时间和教学活动的场所等方面。换言之，教学组织形式实际上就是教学的人员、空间、时间如何联系、如何控制、如何利用的问题。特殊教育教学组织是由其课程性质、教学目标、教学过程、教学方法方面的特点所决定的。教学组织形式的个别化取向是特殊教育教学组织形式的最显著特征。

（一）小班教学

小班教学顾名思义是指规模小的班级授课制。班级授课制是按照一定的数量将学生根据年级、学业程度等因素组成班级，教师面对班级全体学生，根据教学计划规定的课程内容、教学时数和教学进度进行教学的组织形式。它的突出特点是一个教师可以在同一时间内面向一个班的学生进行教学，大大地提高了教学的效率，但它的弊端也很明显，即不利于根据学生的个性特点因材施教。小班授课制是目前我国特殊教育学校最基本的教学组织形式。考虑到有身心障碍的特殊需要学生教学的难度、教学任务的艰巨，班级学生一般不超过 12 人。因此，人数少、班额小、年级单一是我国大多数特殊教育学校小班授课的特点。由于特殊学校或特殊班中学生的个别差异复杂多样，并显现出障碍程度的不同，因此班级授课制的缺点也就更加明显。这就要求特殊教育学校在教学过程中更加注重贯彻个别化的因材施教原则，处理好统一要求和个别差异的关系，同时注意班级授课制与其他教学形式的结合。

（二）分类教学

分类教学主要是指特殊教育学校按学生障碍的类别或障碍程度的差异实施的教学组织形式。目前，我国许多特殊教育学校已逐步综合化，由招收单一障碍类别的学生转向招收兼有多重类别障碍的学生。因此，为了更好地实施个别化教学，一般在同一学校采取听障班、视障班、智障班或多重障碍班等分类编班形式实施分类教学。

还有一种分类教学是按障碍程度将学生进行区分对待、实行针对性教学的一种组织形式，如分为全盲和低视、聋与重听、轻度智障与中度智障等。按障碍程度分类教学的意义在于，重视障碍程度的差异，让不同程度的学生获得相应的发展，满足其特殊的教育需要。

（三）小组教学

这里小组教学不是指班级课堂内的分组教学，而是把具有相同或相近学习水平的学生以 4—5 人编成不同的小组进行教学的形式。一些特殊教育学校实施无班级授课制，即不再将学生按年级分班或分配固定的教室进行授课教学，而对大部分学科课程实施小组分层，学校根据学生自身情况和各自不同的特殊教育需要，为每个学生安排了不同的课程表，每一个学生根据自己独立的课表按时到老师的办公室上课学习。上课时，一般一个教师负责一个小组学生的教学，小组学生一般在 5 名左右且相对固定。这种无班级授课的小组教学已成为欧美等发达国家特殊教育学校主要的教学组织形式。

（四）走班教学

走班教学是指在不改变以班级为主体的教学形式下，对个别有特殊教育需要的学生实施跨年级进入其他班级学习，以更好地适应差异，挖掘和培养这些学生潜能的一种教学组织形式。走班教学是我国部分特殊教育学校借鉴普校的经验，旨在进行个别化教学的改革尝试，这种教学组织形式并不普遍。走班教学有以下几种类型。

1. 学科走班

学生某学科学习与同班差距特别大，原班教学不能满足需要，实行走班。如，某四年级学生数学学习突出，就进入五年级班级学习数学。某三年级学生大部分学科达到四年级水平，而个别学科还有所欠缺，则该生进入四年级班级学习，有所欠缺的个别学科去三年级班级学习。

2. 兴趣走班

兴趣走班是与某个兴趣相联系实施走班教学。如，某学生某学科已经达到本年级教学要求，那么学校可以给这名学生一定的自主选择权，让学生根据个人的兴趣，在本班级某学科学习时走进其他班级学习自己感兴趣的知识。

3. 导师走班

与某个辅导教师相联系。如，某学生在美术、音乐等学科学有所长，那么，可以让这个学生选择一位教师作为导师，教师在哪个班级教学，学生的美术或音乐就进哪个班级学习。

4. 特需走班

与某个特殊教学需要相联系。如，在全盲、低视混班教学中，某低视学生需要进行视功能训练，而本班由于人少没有安排此课，其他班开设视功能训练课时，该学生可以实施走班。

（五）个别教学

个别教学就是教师对单个学生进行一对一教学的组织形式，即教师根据个别教育计划对单个学生实施的单独的教学。个别教学显著的优点是便于针对学生的个人特点因材施教，具有很强的针对性，对于适应学生的个别差异有着重要的意义。个别教学在技能性、康复性训练的课程教学中占有重要的地位。由于我国特殊学校教学资源的限制，目前个别教学的形式还不普遍，大多是以补救性的个别辅导措施进行的。这种补救性的个别辅导主要是针对班级某些个别差异特别突出的学生而组织的旨在有效提高教学效果、加强辅导的教学形式。它是着眼于集体教学时不能针对班级学生程度的差异时，为顾及学生的个别差异与特殊需要而采取的特别对应措施。

（六）合作教学

在课堂上有时仅靠一个教师来照顾学生的差异，满足他们的特殊学习需要是有困难的，这时往往需要两个或两个以上的教师进行配合才能完成教学任务，这种方式就是合作教学。合作教学，在国外又称协作教学，即课堂上由两位以上教师共同合作上课，或分担教学、或主辅结合、或侧重帮助特殊需要学生学习的教学形式。关于合作教学的形式与功能将在本章第三节中详细介绍。

第二节　个别化教学

个别化教学是特殊教育学校教学最重要的特征之一，也是尽力满足特殊学生不同的、复杂多样的特殊教育需要的前提。因此，个别化教学问题是特殊教育的一个基本理论与实践问题，对个别化教学内涵、方法和策略的理解和把握，是开展个别化教学的前提和基础。

一、个别化教学内涵

在对个别化教学内涵及其相关概念的认识上，存在许多模糊、混乱之处，因此要理解个别化教学的内涵，我们有必要对相关概念进行澄清和梳理。

（一）“个别”与“个别化”

要理解个别化教学的内涵，我们首先必须对个别与个别化这两个关键概念进行辨析，这是把握个别化教学实质的前提，否则就会模糊我们对个别化教学的认识。个别是单个、各个之意，是相对于群体、集体而言的。“化”做词缀，用在名词或形容词之后，表示转变成某种性质或状态，或表示向着某种特征性质和状态转化的动态过程，具有了某种特征的倾向，但在程度上并不一定完全实现某种性质、状态的改变，如儿童化、成人化等。这种动态过程决定着“化”的转化程度，既有程度高的个别化，也有程度低的个别化，程度越高越是理想的个别化。

如果说个别是相对于群体、集体而言的，那么个别化就是相对于集体化或统一性来讲的。尽管个别化与同一化、划一性相对，但却离不开群体、集体的背景，也就是说，个别化实际上是个别在与集体的互动中突出个体的特征的。因此，群体、集体是个别化的前提和基础，离开集体、离开个别与集体的互动关系去讨论个别化，就失去了个别化存在的基础，讨论个别化也就失去了意义。这是我们区分个别与个别化的关键，也是理解个别化教学内涵的基础。

（二）“个别教学”与“个别化教学”

个别化教学不同于个别教学，根据个别与个别化的含义，个别教学指对单个学生的教学，而个别化教学则必须以集体为基点，充分照顾每一个学生的个别差异。个别教学可以成为个别化教学的一种形式，但不等同于个别化教学。

关于个别化教学的含义国内外有多种解读。我国大陆比较有代表性的是顾明远主编的《教育大辞典》的定义：“个别化教学是为满足每个学生的需要、兴趣和能力而设计的教学。”① 这主要是从教学目的角度进行定义。

---

① 顾明远. 教育大辞典（增订合编本）[Z]. 上海：上海教育出版社，1998：430.

台湾学者郑肇桢从强调措施的角度认为：个别化教学是指调节目标、教材、学校资源、学习方法、时间和管理等因素，以适应学习者的个别差异的教学方式。① 他还指出，个别化教学也有个程度问题，影响个别化教学程度有六个重要变量：目标、内容、资源、方法、时限和管理，变量的多少与个别化教学程度呈正相关。其中，目标、内容、时限是三个最重要的变量，而这三个变量的作用发挥则取决于管理。这个观点告诉我们，个别化教学管理的目标应追求最大程度“个别化”的实现。

以上各种观点，尽管角度不同，具体的表述也有一定的差异，但都立足于以下三个基点：一是在集体（主要是指班集体）教学的前提下以适应个别差异、满足教育需要为目的；二是以系统的设计、安排、措施为手段；三是以最大程度地实现个别化为目标。基于以上的认识，我们认为，个别化教学是指在集体教学面向全体学生基础上，依据个体差异和身心发展需要，通过系统的教学设计、安排，以求最大程度实现学校每个学生个性发展的教学活动。

（三）“个别化教学”与“个别化教育”

与个别化教学概念紧密联系的是个别化教育这一概念，无论是在理论研究还是教育实践活动中，人们经常使用这两个概念范畴，但很少定义，也很少加以区别，甚至交互使用。从严格意义上说，不加区别地将它们等同或混淆使用，不仅对特殊教育理论的严肃性、科学性造成了伤害，也往往造成实践中的无所适从。个别化教育与个别化教学虽然有密切的联系，但并不是同一个概念。在特殊教育领域，许多人把个别化教学与个别化教育混为一谈，其实是没有分清教育与教学这两个概念的内涵与外延的关系。与教学不等同于教育一样，个别化教学同样也不等同于个别化教育。教学与教育相互联系，又相互区别，两者是部分与整体的关系。教育指的是按照一定的目的要求，对受教育者的德育、智育、体育诸方面施以影响的一种有计划的活动，包括学校教育、社会教育、家庭教育等一切有教育作用的活动；教学指的是教师传授和学生学习所组成的教学活动，主要是指课堂教学活动。教育包括教学，而教学是学校进行全面教育的一个基本途径。“除教学外，学校还通过课外活动、生产劳动、社会实践等途径向学生进行教育。”当然，“教学工作是学校教育工作的一个组成部分，是学校教育的中心工作。学校教育除了教学工作外，还有其他工作，如德育工作、

---

① 黄显华，朱嘉颖. 一个都不能少：个别差异的处理［M］. 上海：上海教育科技出版社，2003：118.

体育工作、后勤工作等。”① 因此，个别化教学从属于个别化的教育活动，个别化教育是上位概念，而个别化教学则是下位概念。

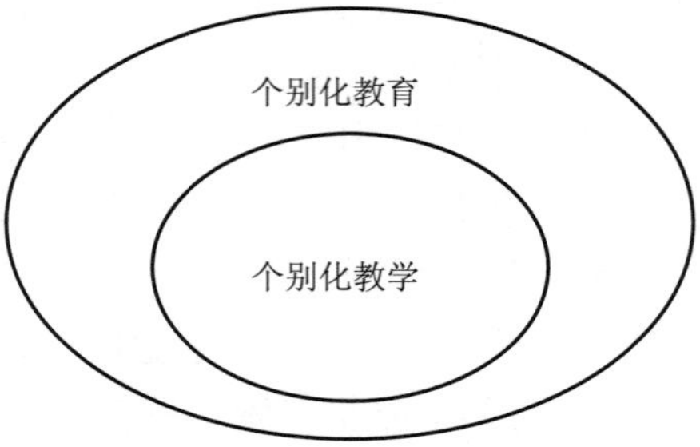

图 8-1　个别化教育与个别化教学的关系

二、个别化教学改革

（一）国外个别化教学改革

关注差异、因材施教的个别化教学思想和实践贯穿于整个教育的发展历史，尽管不同的时代赋予个别化教学的内涵和特征也有所不同，但一个共同的价值都指向对个体差异的尊重和对个体独特潜能的发挥。个别化教学改革的兴起，首先来自于对班级授课制的反思与批判。班级授课制在带来规模效应的同时，也存在着严重的标准化、划一性的弊端，即在集体教学中忽视同班学生中存在较大的个性差异而不利于学生个性及创造性的发展。西方在克服班级授课制弊端、实施个别化教学方面积累了丰富的经验，有些对世界教育都产生了重要的影响。本节主要介绍四种个别化教学模式。

1. 道尔顿制

道尔顿制又称道尔顿实验室计划。由美国的帕克赫斯特于 1920 年在马萨诸塞州道尔顿中学所创行，因此得名。该模式在教学上取消年级和班级，学生在教师指导下，各自主动地在实验室（作业室）内，根据拟定的学习计划，以不同的教材，不同的速度和时间进行学习，用以适应其能力、兴趣和需要，从而发展其个性。道尔顿制在弥补班级教学制度的不足、发展学生个性、培养学生独立工作的能力等方面有一定的积极作用，并对后来的程序教学、个

① 全国十二所重点师范大学联合编写. 教育学基础. 北京：教育科学出版社，2002：175.

别指导教学等产生过影响。帕克赫斯特 1925 年曾访问过中国，其在华演讲时，自称“道尔顿只有两个贡献：一是使‘学校社会化’，二是把‘教学’与‘学习’联合一致”①。但它过分强调个性差异和学科知识，忽视了班集体作用以及其他方面的教育，往往形成教学上的放任自流现象。

2. 文纳特卡制

由美国教育实验家沃什伯恩（又译华虚朋）于 1919 年在芝加哥文纳特卡镇公立中学创建的一种个别化教学模式。文纳特卡制比道尔顿制更为激进。文纳特卡教学法设定了四个目标：给儿童以优美快乐的生活；充分发展儿童的个性；个人的社会化；养成儿童普遍必需的知识和技能。依据这四个目标，文纳特卡把课程分为两个部分：第一部分为学科课程，但强调学科知识的功能性，为儿童准备将来生活必需的知识和技能，如阅读、拼字、习字、写作、计算等；第二部分是活动课程，通过音乐、艺术、运动、集会以及开办商店、组织自治会等来培养和发展学生的社会意识。第一部分课程是进行个别化教学——为了适应儿童的个性，安排在上午进行。第二部分是学校社会化活动——用以进行创造表演和团体生活的训练，安排在下午进行。

文纳特卡制比起道尔顿制要更成熟、稳健一些。它既注重儿童的个性和自由，也强调儿童的团体意识和社会化过程；既改造传统班级教学的标准化而注重教学程式个别化，又重视自我教学的教材建设和课程体系的科学构造，并且有效地重视诊断测试。但它同样有不足之处，尤其在小学低年级自学能力比较差的时候就实行自学和个别作业，缺少教师的直接讲授，常有抄袭作业、敷衍了事之类的事情发生，导致学生不能获得系统扎实的基础知识。

3. 程序教学

程序教学是根据美国心理学家斯金纳的行为主义学习理论，使用程序教材或利用程序学习机器并以个人自学形式进行的教学模式。程序教学的主要方法是把学习内容分成一个个小的问题，系统排列起来，通过编好程序的教材或特制的教学机器，逐步地提出问题（刺激），学生选择答案，回答问题（反应），回答问题后立即就知道学习结果，确认自己回答正确或错误。如果回答正确，得到鼓励（强化），进入下一程序学习。如果不正确，就采取补充程序，再学习同一内容，直到掌握为止。其基本操作程序是：解释—问题（提问）—回答—确认。

程序教学最大的个别化优势在于通过积极反应、小的步子、即时反馈和

① 陈桂生. 普通教育学纲要［M］. 上海：华东师范大学出版社，2009：173.

自定步调等教学原则，让学生根据自己的情况学习，从而达到在班级教学中因材施教、分层推进的目的。科学技术的进步和现代教育技术在教学中的广泛运用，给程序教学带来前所未有的生命活力，特别是计算机辅助教学具有的目标预设与智能反应特性能更好地适应个别差异和不同的水平，围绕现代技术所进行的程序教学设计已成为当代最为普遍的一种个别化教学手段。

4. 非指导性教学

非指导性教学是20世纪60年代美国人本主义心理学家罗杰斯倡导的教学理论。他把心理咨询、心理治疗理论和实践运用于教学中，形成了一种独特的教学模式，即以学生为中心的非指导性教学模式。其特点是教师通过与学生间的非指导性谈话，帮助学生创设一种适宜的学习环境，从而使学生积极主动地处理学习和生活。非指导性教学的主要特点是：①强调良好的教学心理气氛的重要性，应在课堂中创设一种乐意接受学习的气氛；②开放性探索，学生不受束缚、毫无顾忌地发表观点，教师只应学生要求参加讨论，发表自己的看法，不对学生观点作任何评论；③个人或小组鉴别。教师提供资源，对探索结果进行反思和讨论，也许没有结论，但这并不重要，因为探索的过程已经存在了，学生已经创造性地学习和工作了。如果学生希望教师讲授，可针对讨论内容进行讲授，但不作结论和总结性发言。

罗杰斯倡导的非指导性，是用来表示与传统的“指导”思想和方法相区别的新概念，不是“不指导”，而是“不明确地指导”，即要讲究指导的艺术。非指导性教学模式的理论假设是，学生乐于对他们自己的学习承担责任，其教学目标在于促进学习。教师应提供各种学习的资源，提供一种促进学习的气氛；使学生知道如何学习。在该教学当中，教师不再把大量时间放在备课与讲授上，而是放在为学生提供各类学习资源上，教师不再对学生学习行为进行指导，而是从学生个体的情感需要出发，接纳学生、理解学生。

（二）中国个别化教学改革

在学习和借鉴国外个别化教学改革经验的基础上，我国当代个别化教学改革进行了许多探索，这里我们着重介绍能力分班、异步教学和分层教学三种形式。

1. 能力分班

能力分班是根据学生能力和学业成绩编成快慢班的教学形式。这种形式虽然在理论上能较好地适应学生间的个别差异，但同时也导致了低能力班学生的自卑感加深，高能力班学生自满情绪扩张，产生许多负面的教育影响。能力分班在我国长期存在，尤其受应试教育的影响，能力分班已成为提高升学率的一个重要手段，有的已异化为只重视学科知识教育，而忽视其他能力培养的倾向。

2. 异步教学

异步教学是依据学生在能力、学习方法、兴趣、习惯、个性等方面的差异提供不同的教学活动或补救措施的个别化教学方法。根据学生的学业基础与学习能力，将同班学生分组，对各组按不同的教学要求，采用不完全相同的教学方法，同时施教，并允许学生在同一时间内用各自适宜的速度与方法学习。

3. 分层教学

分层教学是根据不同学生学习的可能性水平，将全班学生分为若干层次实施递进教学的形式。分层教学的主要特点是根据各层次学生的学习可能性，确定相应的分层教学目标；根据分层教学目标，进行分层区别施教；及时反馈，分层评价；矫正、调节，再确立新的教学目标。分层教学对教师也提出了更高的要求，教师不仅必须有很强的责任心和奉献精神，还必须有更宽的专业知识面，以把握好所传授的知识在广度、深度、难度和分量上的灵活度。

以上介绍的国内外个别化教学改革的经验，各有其特色和优势，当然也各有其适用的情况和限制。在特殊教育领域里，诸如前面在教学组织中所述及的小班教学、分类分层、灵活走班、个别辅导等也都是这些个别化教学模式的具体运用，其成效与价值也已在实践中显现出来。

三、个别化教学策略

目前，我国无论是特殊教育学校，还是普通学校的随班就读，班级授课制的课堂教学形式仍占主导地位，因此，如何在面向全体学生的基础上，又要兼顾学生的个别差异需要，特别是特殊需要学生的需要，是课堂个别化教学改革的重要课题。在特殊教育学校，要取得好的课堂个别化教学效果，应重点处理好两个关键性问题：一是教学目标的个别化设计；二是教学进程的个别化展开。

（一）教学目标的个别化

教学目标是对教学活动结果的预期，也就是说，通过教学活动要使学生学到什么知识，掌握哪些方法和技能，在思想情感态度、身心补偿等方面得到哪些培养和提高。课堂个别化教学目标的确定是课堂个别化教学的首要环节，也是课堂个别化教学活动的出发点和最后归宿。它决定着教学活动的方向和教学的进程，影响着教师对教学手段和教学方法的选择，同时也为教师提供了检验教学效果的标准。学生个别差异的多样化、复杂化要求教学目标的多层次、多元化。

课堂教学目标的个别化一般采用分层设计，即在具体要求上要有层次梯度，以适应不同学生差异的需要，因此可按照学习行为从简单到复杂的顺序有层次地组织教学目标。"但是无论对于哪一层次的学生，为他们设立的目标都应在他们的最近发展区内。"①最近发展区指学生经过自身努力可以达到的发展水平，以便有利于发挥教学目标的激励功能。因此，教师在进行教学备课前要了解、尊重学生的个别差异和具体的学习需要，依据障碍形成的不同特点、发展水平和教育需要，为不同的学习者提供与他们相适应的教学目标。教学目标分层设计一般可采取两种策略：布卢姆分层设计与金字塔分层设计。

1. *布卢姆分层设计*

美国著名的教育心理学家布卢姆立足于教育目标的完整性，制订了教育目标分类系统。他提出把教育目标分为认知、情感和动作技能三个目标领域，并按照由低到高、由简到繁的顺序把每个目标领域再细分为多个层次和水平。其中，认知领域分为识记、理解、运用、分析、综合和评价六个层次；情感领域分为接受、反应、价值化、组织、个性化五级；技能领域的教育目标分为知觉、定向、有指导的反应、机械动作、复杂的外显反应、适应、创新七级（见表8-2)。

表8-2　布卢姆教学目标分类层次

领　域	层　次	含　义
认知领域	识记	识记是指对先前学习过的知识材料的回忆，包括具体事实、方法、过程、理论等的回忆。
	理解	理解是指把握所学内容的意义，具体表现为能用自己的话表述、能加以说明、能进行简单的推断。
	运用	运用是指把学到的知识应用于新的情境。
	分析	分析是指能分析所学内容的结构及其相互联系。
	综合	综合则是将所学知识的各部分重新组合，形成一个新的知识整体。
	评价	评价是指能依据内外在标准对所学内容进行价值判断，这是最高水平的认知学习结果。

① 华国栋. 差异教学论［M］. 北京：教育科学出版社，2001：121-122.

续表

领　域	层　次	含　义
情感领域	接受	接受是指注意某种现象。
	反应	反应是指主动参与。
	价值化	价值化是指接受某种价值标准、偏爱某种价值标准和愿意为某种价值标准作奉献。
	组织	组织是指能对不同的价值标准进行比较，建立内在一致的价值体系。
	个性化	个性化是指能运用价值体系长时期地控制自己的行为。
技能领域	知觉	知觉是指运用感官获得以后可用于指导动作的相关信息。
	定向	定向是指从生理、心理和情绪等方面做好活动的准备。
	有指导的反应	有指导的反应是指对某一动作技能的模仿和尝试。
	机械动作	机械动作是指能以某种熟练和自信水平完成动作。
	复杂的外显反应	复杂的外显反应是指能熟练操作复杂的动作。
	适应	适应是指技能的高度发展水平，即学生能根据具体情境修正自己的动作。
	创新	创新是指根据具体情境的需要创造出新的动作，这里强调以高度发展的技能为基础的创造能力。

这样，布卢姆的教学目标分类基本上涵盖了个体发展的主要内容，同时也揭示了学习行为从低级水平向高级水平不断发展的内在的有序性，值得我们借鉴。这为我们根据不同学生的学习能力和需要确定相应层级的课堂教学目标提供了一个重要的理论框架。

2. 金字塔分层设计

金字塔分层设计是课堂教学中为照顾不同学生的差异常采用的一种分层方法。与布卢姆教育目标分类相似，金字塔分层设计同样是基于“学习程度”这个概念，其理论基础是“尽管所有的学生都能学习，但并非所有的学生都要学习所有的内容”。老师使用金字塔分层设计可以使教学满足课堂中所有学生不同的需要。在老师备课或组织教学时，金字塔分层设计能帮助他们分析教学内容和教学方法，即把某些课程所要学习的关键概念和技能先确定下来，然后按照三种学习水平进行分类：

①所有学生都要学习的内容（金字塔底层）；

②大部分（并非所有）学生要学的内容（金字塔中层）；

③小部分学生要学的内容（金字塔顶层）。

图 8-2 展示了一张中学科学课的金字塔教学计划。在金字塔的底层包括了所有学生都要学习的重要内容，如改变地壳的力量。在金字塔的中层是大部分但并非所有学生要学的内容，包括人类的影响如何造成地壳侵蚀。最后，金字塔顶层包括了小部分学生要学的内容，如冰河时代的地球。学生并不是被固定地安置于金字塔的某一块，学生学习的内容、数量将随时间、内容和教学而变动。

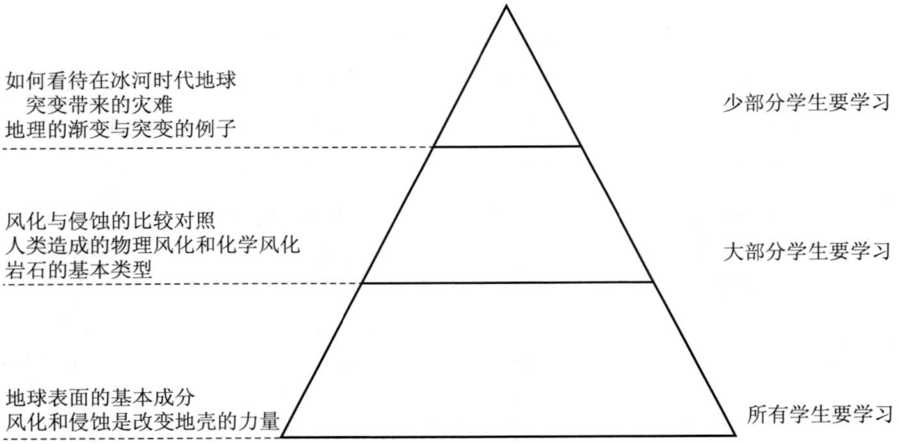

图 8-2　金字塔教学目标分层设计①

（二）教学进程的个别化

教学进程是教学活动展开的过程，也是教学活动在时空上的具体表现。在课堂教学中，共性要求与个性差异是一对矛盾，不能因为共性要求而忽视个性的指导，同样不能因为强调个性差异而放弃对共性的把握，使课堂教学成为简单的不同层次要求的复式组合。要解决共性和个性的矛盾，实现个别化教学目标，就要求教学时必须把全班集体教学与小组因材施教和个别指导有机地结合起来，既要面向全体学生，适合全班大多数学生的学习水平和发展需要，又要注意个别差异，以便满足每个障碍学生的特殊学习需求。

---

① Michael S. Rosenberg，David L. Westling，James Mcleskey. Special education for today's teachers：an introduction［M］. 2th ed. Boston：Person，2008：115.

1. 分合相间的流程推进

个别化的课堂教学要求避免一刀切的课堂教学流程，配合多样灵活的组织形式，个别化教学中什么时候需要集体整合，什么时候需要个别指导，什么时候需要小组配合，除了要在课前做好充分的设计准备外，还要在具体的教学进程中灵活把握。其原则我们可以归结为：合分有度、分合相间、交替推进。课堂个别化教学进程在分层的教学目标设计下，一般以“合”为始，提出共性要求；以“分”的推进和深化来兼顾差异；再以“合”相连整体推进。总之，要做到合中有分、分中有合、灵活处理“合”与“分”的关系，尽量满足每一名学生的学习差异。

2. 兼顾差异的方法选择

课堂教学方法是课堂教学过程中为完成教学任务采取的具体方法和手段。在实施具体的教学活动过程中，个别差异同样影响到教学手段和方法的选择、运用。有效的个别化教学方法的选择，不仅可以适应学生的个别差异，有时也可以解决课堂中共性要求与兼顾差异的冲突。如在盲校课堂教学中，分别采取摸读、听读或看读（低视学生）的方法，可以很好地避免低视学生识字与全盲学生点字阅读的冲突。课堂教学方法的个别化，从某种意义说就是特殊教育教学适调性原则的具体运用。

第三节 特殊教育合作教学

特殊教育合作教学是欧美国家为照顾个别差异、满足学生特殊教育需要发展起来的一种教学形式，它既可以用于特殊学校的课堂教学，也可以用于普通学校的随班就读教育。融合作为未来的发展方向，将成为特殊教育改革深化的必由之路。为此本章以专节来介绍美国特殊教育活动中合作教学的主要内容和形式，希望能为我国特殊教育学校的教学改革，尤其是对随班就读教育的教学实践提供一些有益的启示。

一、合作教学的含义

合作教学顾名思义，即课堂上有两位以上教师共同合作上课，或分担教学，或主辅结合相互协作完成课堂教学任务的一种形式。合作教学时一般有两位教师，一位是普通教育教师，一位是特殊教育教师或其他专业人员，共同承担一个班学生的课堂教学。在有多个障碍学生的普通班课堂上，或在有重度残疾学生的课堂里，把普通教师和特殊教育教师各自的专业优势结合起来可以更好地满足所有学生的需要，并为所有学生创造有效的学习机会。合作教学是满足学生特殊需要的一种有效形式，但它不是应对所有障碍学生的措施，也不是应对所有课堂的措施。合作教学只是满足学生需要的一种策略。当一个班级里特殊需要学生的数量和他们真正的需求确实要求有两位老师时，才应当实施合作教学。

在西方发达国家，合作教学已成为特殊教育活动中非常普遍的一种教学形式。以美国为例，无论是特殊学校还是普通学校中的特教班，或在普通班就读的特殊需要学生，都会根据需要实施合作教学。合作教学通常出现在每天的某个特定的时间段（如，每天上午 9：30 至 10：15）或每周的某些天（如，如周一和周三）。对于特教班，把一组身心有障碍的学生从普通班级抽离出来集中式教学的做法相对较少。偶尔，特别是在中学阶段，某个特定的科目会抽离式地单独上课，但其他大多数科目（特别是学科知识课）会固定地加入一个普通教育班级。在这种情况下，特殊教育教师可能每天都要参与。例如，如果一所学校某个特殊班的 6 个障碍学生要上生物课，那么班级中所有学生和他们的老师就可以加入到一个有 22 名学生的普通班级里去上生物课。这样，在生物课堂上，特教班的老师和普通班的老师就要开展合作教学。同样，对于随班就读的学生，也常常需要特殊教育教师参与到课堂中进行合作教学。

二、合作教学的形式

根据不同的教学需要，合作教学的具体形式也有所不同，美国学者在总结许多合作教学经验的基础上，概括了一些常用的合作教学形式，主要有观察教学、接站教学、平行教学、替代教学、协同教学、主辅教学（见图 8-3①）。

---

① Marilyn Friend, William D. Bursuck. Including students with special needs. A practical guide for classroom teachers [M]. 5th ed. New jiersy: Person, 2008: 92.

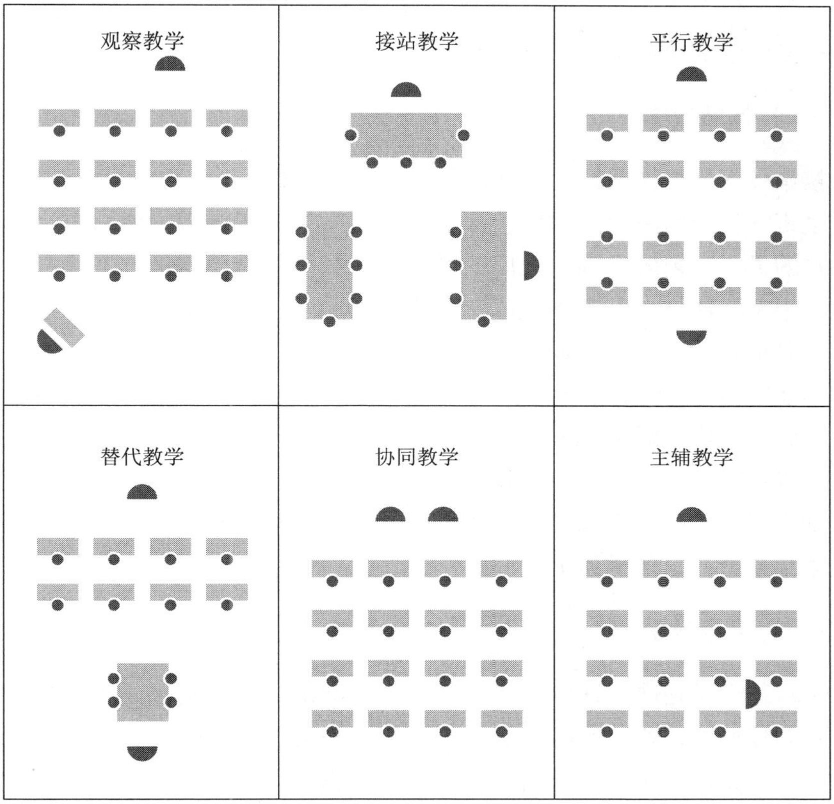

图 8-3 合作教学形式

（一）观察教学

观察教学是指一位教师教学、一位教师观察的合作教学形式。在这种教学中，通常由一位教师主持课堂教学，而另一位教师负责观察随班就读的特殊需要学生学习时的表现，并收集信息，以便更好地了解学生、改进教学。例如，在一节地理课上，当一位普通教育教师正在引导学生通过小组合作去解决有关地图的问题时，另一位特殊教育教师则在系统地观察三名有身心障碍学生沟通交往方面的表现。他在一张观察表上记下三名学生主动与同伴互动的次数以及其他同学与他们互动的频率，通过观察教师能够了解到学生的注意力以及独立工作、有效利用空闲时间或有疑问时寻求帮助的能力。这些信息将帮助教师们更进一步地了解学生学习时的表现，并不断地改进工作。观察教学中的合作，两位教师的角色可以不时地互换，每位教师都可能是上课者，另一位为观察者。用这种方式，两位教师都有机会去观察课堂进程，并且都会因教学而得到学生的信任。

（二）接站教学

接站教学是指根据教学内容和学生的学习需要，把课堂内容分为两部分，再把全班学生分为两组。两位教师各教一组学生一半内容，然后再交换分组教各自的另一半内容，师生之间的教与学，如同接站换乘一样对接展开。如果班级中有一部分学生能够独立地学习，也可能再分成第三组，在这个组里，学生可以单独学习，也可以与学习伙伴一起相互学习，完成复习任务。接站教学的前提是一部分教学内容对一部分学生来说需要用特殊的或替代性的方法来完成，这样就需要不同的教师来合作完成。例如，语文课上，一组学生跟普通教育教师一起学习朗读和背诵的方法和技巧，另一组学生则跟特殊教育教师学习盲文的拼读和书写，然后再分别交换学生和教学内容，这样师生的教学各显身手，各得其所。

（三）平行教学

平行教学是在同一课堂中，根据学生不同的学习兴趣和学习风格，配以相应的教授风格，两位教师分别进行分组合作教学的一种形式。有时当两位教师都在时，他们根据自己的教授风格和习惯，再结合学生学习的兴趣特点和认知风格，然后把学生分成相应的两组，每位教师教一组学生，这种教学效果非常好。这种教学在课堂上实际上是相互平行分立，但又是共同完成任务。在平行教学中，每个学生都有两个选择的机会，去参与自己所喜欢的教师的教学活动，讨论或回答教师的提问。例如，特别擅长于用形象图画来呈现信息的教师可以用自己拿手的方式开展教学，另外一位教师可以采取擅长的谈话方法来强调口耳相传的教学方式。学生则根据喜好，选择适合的教师。在低年级阶段，平行教学这种方式多用于阅读为主的教学，使学生基于他们的兴趣或可能的技能水平阅读不同的书籍，选择不同风格的教师作为指导；在高年级阶段，这种方式被用来给学生更多的机会去参与当前事件主题的讨论并作出反应，选择自己喜欢的教师的授课方式，或给喜欢的教师去呈现关于一个主题不同的观点，使师生在教学的情趣上相得益彰，而当小组取消后，两组学生之间也能相互展示、互为补充。

（四）替代教学

替代教学是在课堂教学中针对少部分学生的需要，一位教师教授大部分的学生，而另一个教师采取内容调整或信息替换等策略，专门教授小部分学生，共同完成全班教学任务的合作教学形式。之所以让另一位教师专门教授小部分学生，是因为他们可能跟不上（不满足）全班大多数学生的学习进度或要求，也可能是因为他们有其他的特殊需要，为了兼顾这些差异，有必要在教学内容、要求、方法上作出调整来替代划一性的教学。在替代教学形式中，针对小部分学生的教学，可能是为了补差、提优，也可能是为了巩固强化，抑或是为了方法上的适应、调整，总之是尽可能地兼顾少数学生的特殊需要。例如，对于班级中一两个比较习惯于手语沟通的学生，课堂教学时可以专门安排一位懂手语的特殊教育教师，对其进行教学，这种手语替代口语的教学，也是替代教学的一种。

（五）协同教学

协同教学是指两位教师共同分享课堂教学的领导权，平等参与教学活动，彼此不分主次地相互配合，同时开展教学活动的合作教学形式。例如，一位教师在课堂开始的时候介绍单词的意义、书写形式及其发音，而另一位教师则提供该词语在具体语境中的许多例子，让学生进一步理解和把握它的意义；也可以是一位教师绘声绘色地讲述，同时另一位教师则在黑板上书写提纲或模拟记笔记。又如，在一个重要的历史事件教学中或在一个实验活动的演示中，两位教师都可以进行不同的角色扮演，或演示有关当前事件的争论，或模拟如何解决事件的冲突，或相互配合共同完成实验教学。总之，两位教师以小组的形式，围绕一个教学主题，协同分担完成任务，不仅可以活跃课堂气氛，还可以积极带动全体师生的互动参与。

（六）主辅教学

主辅教学是指在教学中一位教师主导课堂教学活动，另一位教师则担当配角，协助主讲教师共同完成任务的合作教学形式。主辅教学的合作形式多发生在有个别学生需要特殊个别辅导的课堂上。例如，当一位特殊教育教师在组织班级考试复习时，另一位课堂教师则帮助解决个别学生的有关词语答疑等问题。同样，当班级任课教师组织历史课教学时，特殊教育教师就可以对有特殊需要的学生进行个别辅导，诸如检查作业情况、悄悄回答疑问等，帮助任课教师完成整个教学任务。但是，应谨慎使用主辅教学的形式，特别是要注意处理好主教和辅助的角色关系，过度使用会使其中一位教师（通常是特殊教育教师）感觉自己在班级里并不是一个合法的或重要的角色，还会使其认为自己干起活来更像是一个教学助理而丧失积极性。此外，合作教学中频繁使用这种方法，学生会对额外的帮助产生过度依赖。

第四节　个别教育方案

一、个别教育方案的内涵

（一）个别教育方案的起源

个别教育方案又称个别教育计划，其英文名称为“Individualized Educational Programmer”，简称 IEP。个别教育方案是为某个特殊需要学生制订的旨在满足其独特教育需要、具有授权性的书面指导性教育文件，它清晰而详细地阐明了一名障碍学生所应接受教育的计划和相关服务。个别教育方案作为一项法律要求，源自美国特殊教育法案的规定。1975 年，美国通过《所有残疾儿童教育法》（The Education for All Handicapped Children Act），即“94-142 公法”。该法案明确规定，各州必须为每一个接受特殊教育的学生制订一份书面的个别化教育计划。此后法案几经修正并更名为《残疾人教育法》（Individuals with Disabilities Educational Act，简称 IDEA）。由于个别教育方案在《残疾人教育法》中的重要性，被称之为《残疾人教育法》的灵魂[1]。自此，有关个别教育方案的相关规定成为美国特殊教育活动中最重要的法规依据之一。个别教育方案独特而理想的立意对国际特殊教育影响甚大，广为各国实施特殊教育时所借鉴，也使得它成为个别化教育理想的管理工具。但是由于国情、教育基础及资源的差异，个别教育方案在实施时也遇到了许多困难，即使在美国，也出现了许多问题。因此，如何结合本国的特殊教育实际情况，制订有效的适应特殊学生需要的个别教育方案，成为特殊教育领域值得探讨的课题之一。

---

① Bateman，B. D，Herr，C. M. Writing measurable IEP goals and objectives ［M］. Verona，WI：Attainment Company，2006：26.

（二）个别教育方案的性质

美国的个别教育方案在性质上是以国家法律形式规定的对身心有障碍的特殊需要学生教育具有法规性约束的文件。美国《残疾人教育法》对个别教育方案制订的人员、过程、内容和实施等有着严格的法律规定。它所涉及的范围不仅是教育部门，还包括家庭和社会等各方面应承担的义务和责任；在内容上不仅仅是教学问题，还包括康复、转衔、教育行政等其他内容。也就是说，个别教育方案是一种综合性的教育计划，涵盖学科、社会适应、康复训练及应提供的特殊教育服务措施等各领域。因此不能把个别教育方案简单地理解为一个仅限于教学活动的计划，不能把它误称为个别化教学计划或个别教学计划。当然，这并不是说个别教育方案与个别化教学毫无关系，个别教育方案是根据每个儿童身心发展特点和实际特殊需要制订的针对每个儿童的教育计划，它为儿童教育和身心发展提供了一个整体方案。因此，它也为个别化教学提供了指导。但如何将个别教育计划中的教学目标与集体教学联系起来，在集体教学中采取个别化的措施来落实，这还需要进行进一步的筹划，这才是个别化教学要解决的问题。正因为如此，我们把个别教育方案专门放在本章介绍。

（三）个别教育方案的内容

个别教育方案主要描述了学生的现有水平、年度目标、特殊教育相关服务需要及其方案改进等内容：

①学生现有的教育表现水平描述，包括现有的学业水平和功能性表现。

②可测量的年度教育目标的陈述，包括学业目标和功能性目标，需要时每个年度目标还要包括一系列短期教育目标。

③具体的特殊需要教育服务和支持，包括特殊专业人员和专业辅具技术等。

④每项服务的起始日期、频率和期限等。

⑤评估程序、评估内容以及适应性的评估标准及其修订等。在评估内容方面，主要包括健康状况评估、感觉功能评估、认知能力评估、学业水平评估和情绪行为评估五个领域。

⑥学生的转衔计划，即学生从 6 岁开始，个别教育方案必须包括中学后所涉及的功能训练、社会职业教育和就业服务等教育内容和目标。

二、个别教育方案的功能

正是由于个别教育方案独特而理想的立意及其在特殊教育中所起的作用，世界大多数国家或地区已将个别教育方案列为特殊教育活动的强制性工作。作为法律授权的教育文件，它不仅具有教育的法律保障意义，同时对于教育本身来说也是一个重要的个别化教育管理工具，具有法律保障和教育管理的双重功能。

（一）个别教育方案的法律保障意义

从法律的层面看，个别教育方案以国家法律的形式对障碍学生的个别化教育作出了明确的约束规范，其主要意义在于以下几方面。

1. 提供了学生个别化教育的保障

个别教育方案从法律上保障了障碍学生接受适应性的个别化教育的权利，以及相应的措施、支持系统和教育资源。

2. 强化了对学校和教师的责任义务

个别教育方案也是衡量学校和教师教育教学质量的工具，即是否通过有效的教育教学，努力帮助学生达到方案中的要求。虽然家长不可能因达不到目标而把学校和教师告上法庭，但个别教育方案作为一种约束性文件，对学校、教师的努力起着促进监督的作用，学校和教师必须证明他们是通过系统的努力来争取达到原定的教育目标。

3. 明确了家长的责任和权利

个别教育方案从法律上引导家长积极参与特殊教育，也对家长提出了教育的要求，促使家长担负起应有的责任，同时也保障了家长参与学生教育的权益，使家长成为与教育人员一起合作的教育参与者。

4. 规定了社会专业人员的介入和支持

个别教育方案明确了与特殊需要有关的专业人员在整个特殊教育过程中的职责，保证了特殊教育专业团队的协作互动，促进学校教师、家长和相关专业人员的沟通合作，从而更好地保障学生享有适当的教育。

（二）个别教育方案的管理功能

从学校教育管理的角度看，个别教育方案实际上也是一个满足特殊教育需要的个别教育系统管理工具，因此具有其独特的管理功能。

1. 描述诊断功能

个别教育方案全面地描述和评估了学生个别差异的背景、原因、性质和现有的发展水平以及特殊教育需要。

2. 决策计划功能

个别教育方案根据诊断评估的结果，确定适应差异的教育目标、内容、方法和评价等措施。

3. 组织实施功能

在确定教育方案后，根据方案的部署，逐步实施、落实方案。

4. 评价反馈功能

对实施的过程适时进行检查评估，以此检验本方案的质量，寻求改进和完善。

5. 档案记录功能

计划的制订、组织、实施、调整、改进的过程能清晰全面地记录学生整个教育活动的过程，为教育的反思、合作、借鉴提供了可贵的资料案例。

根据以上要求，我们可以建构起个别教育方案化管理模型（见图 8-4）。

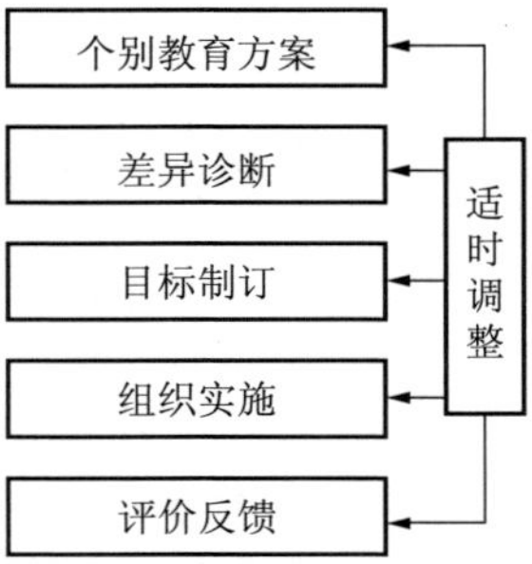

图 8-4　个别教育方案化管理模型

三、个别教育方案的制订

作为一项法规，《残疾人教育法》对个别教育方案的制订与实施都作了详尽的规定。从制订的人员到程序、形式及其实施等都有明确的要求。

（一）个别教育方案制订的成员

个别教育方案制订的成员包括以下人员：教师（如果是在普通学校还必须包括特殊教育教师和普通学校班级教师）、相关专业人员（根据需要，如物理治疗师、作业治疗师、言语治疗师、心理治疗师等）、家长、学生、学校教育行政人员、地方特殊教育行政代表等。

表 8-3　个别教育方案小组成员职责

<table>
<tr><th colspan="2">成　员</th><th>职　责</th></tr>
<tr><td rowspan="2">学校教育行政人员</td><td>团队负责人</td><td>负责学生个案管理
主持个别教育方案会议
汇总个别教育方案评估资料
负责个别教育方案拟订实施
协调个别教育方案小组活动</td></tr>
<tr><td>学校行政代表</td><td>监督个别教育方案实施
提供行政支持</td></tr>
<tr><td colspan="2">地方特殊教育行政代表</td><td>代表地方教育行政解释特殊教育法规政策
监管个别教育方案制订和实施</td></tr>
<tr><td colspan="2">特殊教育教师</td><td>提供学生在校表现资料
参与个别教育方案制订与实施
负责具体教育教学与康复训练
提供家庭教育咨询指导</td></tr>
<tr><td colspan="2">普通学校班级教师</td><td>提供学生在校表现资料
参与个别教育方案制订与实施
协助教育康复训练</td></tr>
<tr><td colspan="2">相关专业人员</td><td>参与个别教育方案制订与实施
解释评估结果
提供相关的专业服务与建议</td></tr>
<tr><td colspan="2">家长</td><td>提供学生在家庭、社区的表现资料
参与个别教育方案制订
配合具体的教育教学与训练</td></tr>
<tr><td colspan="2">学生</td><td>提供自身有关兴趣、强项和目标愿望的资料
参与个别教育方案制订与实施</td></tr>
</table>

（二）个别教育方案制订的程序与实施

（1）诊断评估

通过家访、观察和各种测验对学生进行教育评估，了解学生的特殊教育需要。一般要对学生的学科等领域进行全面评估。

（2）草拟个别教育方案初稿

根据评估的结果，依据课程计划和各种可取得相关教育资源，拟写初稿。

（3）讨论修订个别教育方案初稿

召集教师、专业人员、家长等团队成员召开个别教育方案会议，沟通协调和讨论初稿内容。根据讨论协调的意见，修订初稿内容，使之成为个别教育方案正式内容。

（4）签名定稿

组织团队成员对修订稿的内容作实施前的确认，同意后签名定稿。

（5）执行个别教育方案

根据正式稿件计划，具体实施教育和提供相关服务措施。

（6）检查调整

个别教育方案实施后，一般三个月到一个学期进行一次检查反思，如果不能适应学生的发展，必须进行调整修正，以最大限度地满足学生的特殊教育需要。

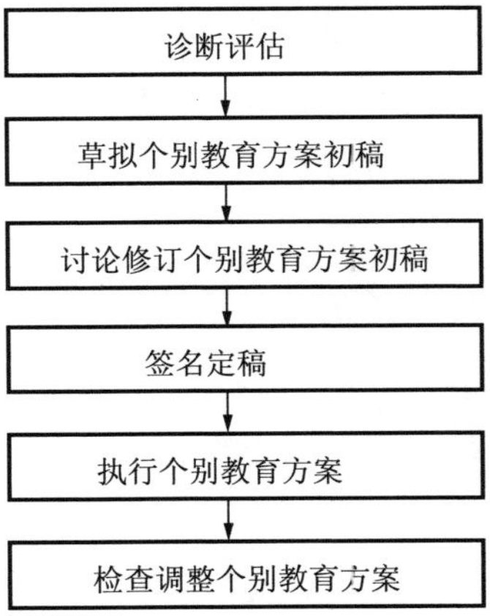

图 8-5　个别教育方案制订程序

（三）个别教育方案制订的形式

个别教育方案最初是采用书面撰写的方法，现在主要是以表格的形式呈现，随着电子文书的应用发展，一般都采用电子文档式的个别教育方案。这使得在输入、存储、检索和修改方面更为省时、便捷和灵活，也便于评价与管理。在美国，个别教育方案的表格一式四份，一份由地区教育行政当局留存，一份交家长，一份交学校，一份留在任课教师手中。目前各国、各地区、各学校在个别教育方案制订的具体形式上大同小异，但都基本上包含个别教育方案规定的主要内容。以下为美国的个别教育方案样例（见表 8-4）。

表 8-4　个别教育方案表格范例①

学生姓名 出生年月 年　　级	个别教育方案会议日期 个案负责人

本个别教育方案的复印件将会在本个别教育方案团队成员间传阅。请遵守联邦和州有关保护儿童教育记录隐私权的法令。不要将相关内容告知非授权人士，也不要包含诸如残疾类别或智商等敏感信息。

要考虑的特殊因素	**参与全州或其他较大范围的评价**
对所有的学生，要考虑： □学生的优势强项 □父母对提高儿童教育的关注 □需要的辅助技术设备和服务 □沟通需要 如果行为妨碍了学生或他人的学习，要考虑： □正向行为干预和支持策略，包括正向行为干预 □处理行为的其他策略 如果学生英语水平有限，要考虑： □语言需要，因为关系到学生个别教育方案的制订 如果学生是盲或视障，要考虑： □用盲文教学（除非个别教育方案团队认为教学中用盲文不合适） 如果学生是聋或听障，要考虑： □在学生的语言和交流模式中，直接与同伴和教师交流的机会 □在学生的语言和交流模式中，直接教学的机会	在全州和地区范围内的评价中，以下对学生学业成绩和功能表现的测量进行个别的适应性调整是必要的： 个别教育方案团队要确定学生应当采用替代性评价，因为： 个别教育方案团队要确定学生应采用以下的替代性评价：

① Bateman B. D, Linden M. L. Better IEPs：How to develop legally correct and educationally useful programs [M]. 4th ed. Verona, Wl：Attainment Company, 2006：124-126.

续表

制订与该学生个别教育方案相关的其他说明：

独特的教育需要、特征以及测得的现有学业成绩和功能表现的水平（PLOPs） （包括障碍如何影响学生参与普通课程学习和取得进步的能力）	特殊教育、相关的服务、补充的帮助和服务（基于可行性的同行评议与研究）；辅助技术和调整措施或个人的支持 （包括预期的开始日期，频率，每次的持续时间和地点）	可测量的年度目标和短期目标（进步的标志）*，包括使学生能够参与普通课程并取得进步的学术性和功能目标以及满足由障碍导致的其他方面的需要 （包括每个目标是否取得进步的测量方法）

* 对那些不使用年级水平标准而使用替代性评价的学生而言，个别教育方案必须包括短期目标（进步的标志）。对其他学生而言，个别教育方案可以包括短期目标。个别教育方案对所有的学生都必须清晰地说明将如何测量学生的进步，并且这些进步必须按指定的时段报告给学生的父母。

转衔服务	**进步报告**
个别教育方案团队制订了一个转衔计划，因为 □虽然在个别教育方案的有效期内，学生尚未达 16 岁，但个别教育方案团队认为，此时的转衔安排是适宜的。 □在个别教育方案的有效期内，学生将满 16 岁，或 □学生已满 16 岁 转衔服务必须针对学生的个别需要，考虑他/她的能力、爱好和兴趣，描述如下： 基于这些因素，本个别教育方案包括的服务和适当的可测量的次级目标在第____页。这些目标是根据学生相应年龄的转衔评估而确定的。它关系到学生的训练、教育和就业以及合适的安置、生活自理技能等。	父母将收到关于学生年度进步情况的报告，通过： □完成每份个别教育方案进步报告的日期 ________　________　________　________ □其他进步报告内容如下： **每个年度进步情况必须通过为每个目标建立的标准和评估手段来测量。** 与普通学生一起参与 不与普通学生一起参与的范围及其解释： （a）在普通班集： （b）在特殊教育服务中：

续表

转衔服务，包括学业课程，需要帮助学生达到以下这些目标： □教学 □相关服务 □社区经验 □就业规划和其他毕业后的成人生活目标 □如果适当，还可以有获得日常生活技能和功能性职业评估 学生已被告知《残疾人教育法》权利，在他成年时将转学。		
	个别教育方案团队成员	
	签名	职位
学生签名		

表 8-5　九年级学障儿童 Curt 的个别教育方案部分内容和训练问题记载①

独特的教育需要、特征以及测得的现有学业成绩和功能表现的水平（PLOPs） （包括障碍如何影响学生参与普通课程学习和取得进步的能力）	特殊教育、相关的服务、补充的帮助和服务（基于可行性的同行评议等研究）；辅助技术、调整措施或个人的支持 （包括预期的开始日期，频率，每次的持续时间和地点）	可测量的年度目标和短期目标（进步的标志）*，包括使学生能够参与普通课程并取得进步的学术性和功能目标以及满足由障碍导致的其他方面的需要 （包括每个目标是否取得进步的测量方法）
学习技能/组织需要： • 如何阅读文本 • 记笔记 • 如何学习笔记 • 记忆 • 上课准备及材料 • 延长和提高注意范围及工作行为 当前水平：Curt 在以上所有领域都缺乏技能。 学业需要/书面语言：Curt 在拼读、标点、大写和用法中需要较强的补救性帮助。	1. 言语/语言治疗师、资源教师和学业教师将给 Curt 提供直接和特别的教学，如 • 讲课中记笔记 • 阅读文本时记笔记 • 准备考试时如何学笔记 • 识记线索 • 阅读课文保持信息的策略 2. 在每个内容领域为 Curt 安排一个“学习伙伴”。 3. 为 Curt 准备一个激励系统，以便准备好上课所有必要的材料。 4. 制订一个激励计划，鼓励 Curt 学习时拓展注意的范围与时间。 5. 第一个月提供学习行为的监控帮助，或者类似的计划，教给 Curt 自我监控的方法。 6. 在每次课上，给 Curt 提供激励系统和自我记录表格去完成学习任务。	**总目标**：在学年的最后，Curt 将会有一个较高的分数，并且根据他自己汇报，证明学得了新的学习技能。 **分目标 1**：在一个 20—30 分钟的讲授课里，根据授课教师的判断，Curt 将能做适当的笔记。 **分目标 2**：给一个 10—15 页的文本去阅读，根据授课教师的判断，Curt 将使用适当的策略去获取信息，如绘图、网络图、拟写提纲、记摘要等。 **分目标 3**：让 Curt 为考试学习笔记，Curt 将以自己的考试分数证明取得了成功。 **总目标**：在一个学年内，Curt 将提高他的书面语言技能 1.5—2 个年级水平，在标准化测试中，他将达到 6 年级水平。

① Bateman B. D, Linden M. L. Better IEPs: How to develop legally correct and educationally useful programs [M]. 4th. ed. Verona, WI: Attainment Company, 2006: 153-155.

续表

当前水平：在这些技能上，Curt 大约落后于同伴两个年级水平。	1. 运用高度结构化、有序的教学策略，采用直接教学法进行书写技能训练（拼读、标点、大写和用法）。该服务在资源教室内以不多于 4 人的小组进行，每天 50 分钟。 2. 进行持续和渐进的复习，去帮助短期机械强记的困难。 3. 为 Curt 的拼写设计一个书写常用词汇表（或一个公开出版的词汇表）。 调整常规程序： • 在所有的课堂中，Curt 应坐在教室前排。 • 应当经常提醒 Curt 保持和参与学习活动。 • 在言语/语言专家和资源教师训练 Curt 时，所有的教师都要帮助他学习相关技能。 • 在开始的几周或数月内，教师应该密切监控 Curt 这方面的学习活动。	**分目标 1**：按当前的教学水平给他听写 10 个句子，Curt 标点和大写的正确率将达 90%（每个教学单元结束）。 **分目标 2**：按当前的教学水平给他 30 个句子的选择运用，Curt 将至少选对 28 个句子。 **分目标 3**：给一个有 150 个词的六年级书写水平的常用词汇表，Curt 拼写的正确率将达 95%。

* 对那些不使用年级水平标准而使用替代性评价的学生而言，个别教育方案必须包括短期目标（进步的标志）。对其他学生而言，个别教育方案可以包括短期目标。个别教育方案对所有的学生都必须清晰地说明将如何测量学生的进步，并且这些进步必须按指定的时间间隔报告给学生的父母。

四、个别教育方案的本土化

（一）个别教育方案本土化的现状

我国现行的特殊教育法规没有要求为每一个特殊需要学生制订个别教育

计划，但是对随班就读和重度弱智儿童教育提出了相关要求。如1994年7月21日原国家教委制定的《关于开展残疾儿童少年随班就读工作的试行办法》中提出了“对随班就读的残疾学生应当贯彻因材施教的原则，制订和实施个别教学计划”的要求；同年10月22日印发的《中度智力残疾学生教育训练纲要（试行）》中也提出“针对每个学生的不同特点，为每个学生制订个别教育训练计划”。实际上，受美国个别教育方案的影响，不少特殊教育学校和随班就读教育也纷纷开展个别教育方案实践的探索，积累了可贵的经验。直到目前为止，比起美国等西方发达国家，中国特殊教育资源还很欠缺，无论是相关的各种专业人员，还是相关的专业技术服务，以及学生、家长的参与等，都还不足以像美国那样来支持制订和实施全面、完整、可持续的个别教育方案。目前借鉴美国个别教育方案的思想，有两种有益的实践探索值得介绍。

1. 个别辅导式的教育计划

之所以称为个别辅导式的教育计划，是因为这种个别教育计划本质上是一种辅助的或补救的计划，而不是每一个学生的全面的整体的教育计划，它是指“教师为某个学生制定的旨在有效提高教育教学效果的备课、上课的因材施教计划”①。可以列为以下几种情况：

①在集体教学中不能解决或不能通过集体分类分层教学解决的特殊教育需要，即某个学生的需要和大多数同学的需要不同，在集体教学中不能很好地照顾到，如大家学习同一内容时，他无法或不能学习同一内容，这时需要就其学习的内容单独制订教学计划并实施有效的教学。这主要是对个体间差异而言的。

②某生在某些内容的学习上能与其他同学同步，或者某生能够在集体教学中和其他同学学习同一内容，但因其自身另外的特殊教育需要，需专门的教育和教学，或需要在集体教学之外再另外增加学习的内容才能满足自身的特殊需要，如某兼有肢残的障碍儿童的学习能力允许他和其他同学在班级中学习同一内容，但他的平衡能力、小动作的协调等需要另外专门的训练和教学，这时他也需要个别教育辅导方案。

③其他单独需要制订个别教育计划的情况，如在普校就读的学生因眼外

---

① 刘全礼. 特殊教育导论［M］. 北京：教育科学出版社，2003：264.

伤造成视觉障碍后，插班进入相应的年级之前进行的盲文补习等。

这种个别辅导式的个别教育计划，其性质实际就是我们前面在有关特殊教育教学组织中提到的个别辅导制。它是着眼于集体教学时不能针对班级学生程度的差异时，为顾及学生的个别差异与特殊需要而特别采取的对应措施。它虽然反映了在班级教学计划之外的特别需要考虑的教学目标、针对性措施等，但同样是班级集体教学的延续，是集体教学任务的一部分。

2. 随班就读式的教学计划

在借鉴美国个别教育方案的基础上，以上海经验为代表的随班就读式的个别化教学计划，具有一定的启示性。它实际上主要表现为个别化学科教学计划，即是为随班就读学生专门制订的某学科个别教学计划。这种随班就读式的教学计划一般由总计划、分计划和课时计划三部分组成（见表 8-6、表 8-7、表 8-8）①。总计划主要包含学生的基本情况、某学科的学习基础、学科学习的困难和问题、学期教学目标和所需的特殊教学措施等；分计划主要是以学科单元为单位的个别教学计划，包括单元教学目标、主要问题与困难、实施措施及所需调整的学习内容等；课时计划实际上就是教案，要求在兼顾班集体全体学生的同时，在课时计划中要对随班就读学生的课时教学目标、课时调整的内容和要求、特殊教具学具的使用、参与全班学习互动的方式时机等，在教案中单列注明。

与美国的个别教育方案比起来，这种随班就读式的教学计划主要侧重学科教学，仅是学科教学的一部分，还谈不上总体教育方案的全部，不能与个别教育方案相提并论。因为“一份理想的个别教育计划，并不是他各科的个别化教学计划，而应该是具有整体性的教育方向在内”②。之所以出现这种情况，主要有两方面的原因：一方面是由于对个别教育方案的理解不全面有关，另一方面也是受限于我国特殊教育服务资源的支持。除此而外，在具体内容方面还存在着许多不完善的地方，譬如，目标的设定重知识学习、轻学科功能性的应用；学习困难的表述以及情感目标达成度的设定等都给人以机械生硬的感觉，仿佛是为了制订计划而计划。

---

① 刘春玲，江琴娣. 特殊教育概论 [M]. 上海：华东师范大学出版社，2008：75-76.

② 陈丽如. 特殊教育论题与趋势 [M]. 台北：心理出版社，2004：155-156.

表 8-6　上海市中小学特殊学校学生随班就读个别化教学计划一

（2007 学年第一学期）

学科：语文　　　　年级：四　　　　起讫时间：2007.9—2008.1

<table>
<tr><td colspan="2" rowspan="6">基本情况</td><td>姓名</td><td>小斌</td><td>性别</td><td>男</td><td>出生年月</td><td colspan="2">1997.1</td></tr>
<tr><td rowspan="4">残障类别</td><td rowspan="4">智力：√
听力：
视力：</td><td rowspan="4">智力障碍</td><td rowspan="2">IQ：69</td><td rowspan="2">听力障碍（dB）</td><td>左耳</td><td></td></tr>
<tr><td>右耳</td><td></td></tr>
<tr><td rowspan="2">社会适应性：轻度</td><td rowspan="2">视力障碍</td><td>左眼</td><td></td></tr>
<tr><td>右眼</td><td></td></tr>
<tr><td>学习基础</td><td colspan="6">能识记部分学过的生字词语，完成简单的造句、组词；阅读分析、作文则要靠老师的辅导才能勉强通过。</td></tr>
<tr><td colspan="2">主要困难与问题</td><td colspan="7">识字等基础知识通过多记、多背、多默写尚能掌握一些，但是阅读理解和作文能力非常薄弱，学习起来较为被动。</td></tr>
<tr><td colspan="2">教学目标（知识技能、过程与方法、情感态度价值观）</td><td colspan="7">1. 识字200个左右；写字规范、正确、整洁；能理解一些近义词、反义词。
2. 能回答一些简单问题；能较正确地说明一件事；能较正确地朗读课文。
3. 在老师指导下完成课内要求作文，达到基本要求。
4. 以合作学习方式为主，通过表演、朗读掌握知识。
5. 逐步养成认真作业、仔细观察、肯动脑筋的学习习惯。</td></tr>
<tr><td colspan="2">实施措施（教学方法手段、辅导措施、硬件设施等）</td><td colspan="7">1. 通过媒体教学及小组合作学习等多种学习方式调动其学习的积极性。
2. 利用课间、放学后进行个别辅导。</td></tr>
<tr><td colspan="2">说明（内容调整情况、资源教室学习等）</td><td colspan="7">“理解课文的句意”这一内容暂不作要求。</td></tr>
<tr><td rowspan="2">评估反馈</td><td>目标达成度</td><td colspan="7">字词学习与运用能达到 70%。
说话、朗读目标达到 70%；阅读理解达到 50%。
作文经过辅导能达到 70%；独立作文能力达到 20%。</td></tr>
<tr><td>原因分析</td><td colspan="7">虽然学生本身对字词掌握有一定困难，但家长在家能帮助孩子默写巩固。
学习上开口比较困难，说话条理不清，表达不明确。
学生思维能力差，阅读理解十分困难。
作文完全在老师的指导下才能基本完成。</td></tr>
</table>

学校：黄浦区报童小学　　　任课教师：王燕　　　制订时间：2007.9—2008.1

表 8-7 上海市中小学特殊学校学生随班就读个别化教学计划二（单元）

学科：语文　　　　年级：四

单元名称	教学目标	主要困难与问题	实施措施	评估反馈	
				目标达成	分析原因
第一单元	1. 学会本单元生字，能正确书写。 2. 能正确朗读课文；背诵2首古诗；熟记3句名言。 3. 能完成作文。	1. 生字、词语忘得快，词义不理解。 2. 作文有难度。	1. 课上多辅导，课后反复巩固，熟练掌握字词。 2. 共同构思，完成作文。	词字掌握程度达80%左右，作文达成度70%。	1. 字词目标可以提高。 2. 主观不够努力，不爱写，也不知怎么写。
第二单元	1. 学会本单元生字，能正确书写，通过区别近义词和反义词积累词语。 2. 会背指定课文，默写古诗并理解诗意。 3. 结合朗读训练，提高语言表达能力。	1. 古诗意思不理解。 2. 不能有条理、完整地表达自己的观点。	1. 分步理解，掌握方法。 2. 给出几个固定表示先后顺序的词语。	目标1与2达成度80%，目标3达成度70%。	1. 字词可以与普通学生同步要求。 2. 在阅读理解能力上较为欠缺。 3. 语言训练目标要求偏高。
第三单元	1. 掌握本单元生字，借助词典理解部分词语。 2. 懂得课文要表达的情感，体会人与自然之间的美好。 3. 体会比喻的作用，并能恰当比喻。	无法识别比喻的修辞手法。	1. 逐字逐句分析，帮助理解。 2. 通过反复朗读，帮助理解课文所要表达的感情。 3. 仿写比喻句。	理解诗意达成度40%，比喻句达成度90%。	1. 理解诗意的要求有难度，要多训练。 2. 想象力欠缺，仿写比喻句有一定困难。

续表

单元名称	教学目标	主要困难与问题	实施措施	评估反馈	
				目标达成	分析原因
第四单元	1. 学会单元中生字、词语。 2. 正确流利地朗读课文，选择自己喜欢的段落背诵。 3. 激发投身大自然的兴趣、培养热爱民族的情感。	背诵段落有困难。	1. 分步背诵，再进行合背。 2. 用媒体的形式让其直观感受，培养热爱民族的情感。	流利朗读并背诵 60%，情感的培养 80%。	1. 背诵课文应放低要求。 2. 对情感的培养还可以从生活实际出发。
第五单元	1. 在阅读中识字，背诵古诗 2 首，熟记名言 3 句。 2. 继续练习复习段落。 3. 结合课文进行说话训练。	说话训练有难度。	1. 理解书中诗句、名言的意义。 2. 提供复述提纲，照样子复述。 3. 先活动，再回忆，最后再说。	理解诗句、名言达成度 80%。说话训练达成度 70%。	1. 书本提供的名言比较简单，数量也少，可适当增加数量。 2. 把复述课文的难度减到复述段落。
第六单元	1. 学会单元中的生字及词语，背诵古诗 2 首，熟记名言 3 句。 2. 激发爱祖国爱家乡的情感。 3. 找出一节话是围绕哪句话写的。 4. 在老师指导下模仿例文作文。	找出一小节的中心句有困难。	1. 通过多朗读理解节意，进而找出中心句。 2. 对例文的重点、难点讲解分析，列出提纲。	识记字词 80%，找出中心句 50%，作文达成度 70%。	1. 字词经过家长配合进行巩固练习已能超出预期目标。 2. 找出中心句受到理解能力的限制。 3. 根据提纲模仿例文写作，降低了难度。

续表

单元名称	教学目标	主要困难与问题	实施措施	评估反馈	
				目标达成	分析原因
第七单元	1. 学会单元中的生字、词语。能区别音同和音近的词语。 2. 培养默读的习惯在读中了解课文内容，了解句与句的关系。 3. 了解一些科学知识，培养热爱大自然的情感。	音同、音近字较难区别。	1. 反复呈现，帮助区别音同、音近字。 2. 用媒体的形式让其直观感受，了解一些科学知识。	识记字词及区别70%，了解句与句的关系50%。	1. 能区别音同、音近字，但还不能运用。 2. 情感的培养还需要落到实处。
第八单元	1. 学会单元中的生字及词语，背诵古诗2首，熟记名言3句。 2. 通过默读课文，分清课文主次。 3. 收集成长中的故事，体会父母的爱。	分清课文主次有一定难度。	1. 抓重点，反复强调。 2. 从生活实际出发，体会父母的爱。	熟记字词80%，背诵熟记70%，情感的培养度90%。	1. 字词目标可以调高。 2. 感受颇深，但表达能力还不够。

表 8-8　上海市中小学特殊学校学生随班就读个别化教学计划三（课时）

学科：语文	课题：我和狮子	执教教师：王燕	学校：黄浦区报童小学
	普通学生		特殊需要学生：小斌 （智商：69）
教学目标	1. 自主学习课文词句，能按要求积累带有数字的词语。 2. 在阅读中学会思考，能分清课文哪一部分是重点。 3. 能流利地朗读课文，懂得人与动物在大自然中应该和平相处，也一定能和平相处。		1. 学习生字、新词；读准生字词音；了解带有数字的词语。 2. 知道课文的重点所在。 3. 经过教师、小组帮助，正确朗读课文。
重点	在阅读中思考，分清课文主次。		学习生字、新词，正确朗读课文。
难点	根据课文中的有关内容，懂得人与动物的和平相处。		了解带有数字的词语。
教具	媒体图片		相同
学习过程	一、揭示课题 1. 出示媒体图片：你知道这是什么动物吗？ 2. 补充课题，我们来一起学习《我和狮子》这篇阅读课文。 二、课内预习 1. 出示预习要求。 （1）读课文。读准生字的字音。 （2）出示带有数字的词语：四散奔逃、九霄云外、一举一动。 （3）小组内分节朗读课文，讨论：这头狮子笨吗？为什么？ 2. 学生预习，教师巡视指导。 三、整体感知，理清脉络 1. 交流，检查预习情况。 （1）开火车，读生字、新词。 （2）指名默读“着”、“撒”，纠正读音。 （3）根据“阅读芳草地”，课文可以分成几个部分？ 2. 指名分节朗读课文。		看图片说出这是什么动物。 读课题。 在伙伴帮助下预习。 参与“开火车”，反馈：读准字音。 听同学发言，帮助正音。和同学一起读。

续表

学科：语文	课题：我和狮子	执教教师：王燕	学校：黄浦区报童小学
学习过程	四、学习第一部分，体会“我”和“狮子”的深厚感情。 1. 作者收养小狮子写了哪几件具体事例？ 2. 交流：洗澡、搏斗、换牙、挨训。 3. 重点知道小狮子夜闯驴群，被“我”教训。 （1）媒体出示：四处奔跑、九霄云外、一举一动，理解词语，用以上词语，复述事件。 （2）分角色朗读。 五、学习第二部分，理解人和动物应该和平相处 1. 理解“我”把小狮子放回大自然的原因（小组讨论、交流）。 2. 有感情朗读，理解作者为小狮子放回大自然付出的努力。 3. 联系内容，体会作者矛盾的心理。 4. 有感情朗读全文，抓重点分清主次。 六、总结全文 1. 学了课文，你有什么感受？ 2. 教师总结：人与动物应和谐相处，也能和谐相处。 3. 收集一个相关的故事。		伙伴帮助，教师加以辅导，参加讨论，鼓励其在班内发言练习有感情朗读。 课后由教师个别辅导。

（二）个别教育方案本土化的困境

实施个别教育方案是一个复杂性、系统性和发展性的教育工程，必须有足够的资源和良好的运行机制来保障其有效地实施。因此，在实际实施过程往往面临许多问题，存在着许多困难。即使在美国，自个别教育方案开始实施以来就问题不断，诸如曾因制订项目不完整、目标不明确、文书工作量烦琐等而遭受质疑。因而，包括美国在内的各国特殊教育界一直都在不断地探索有效可行的方法，以提高个别教育方案应用实施的质量。从我国大陆目前个别教育方案的实践来看，由于国情的差异和特殊教育发展基础的不同，个别教育方案实践面临着很大的困境，主要表现在以下几个方面。

（1）资源匮乏，难以支撑个别教育方案的全面实施

尤其是特殊教育团队各方面的专业人员力量薄弱，跨学科、多学科的专

业力量参与和协助严重匮乏，不可能全面地对学生的各个领域进行全面的评估。因此，往往偏重学科目标教学计划，而忽视康复性技能训练和其他教育措施的计划性。

（2）整合难度大，专业之间的协调参与度不足

制订和实施个别教育方案是团队协作的过程，即使有些学校专门邀请一些相关的专业人员参与个别教育方案的制订和实施，但由于没有机制的保障，各专业的参与也只是临时性的，可持续的参与合作难以有效地进行，加上一些教师的专业能力不足，在理解和认识上有一定的偏差，实际上难以普及和推广。

（3）形式重于内容，缺少对过程的关注

由于制订和实施个别教育方案工作量大、牵涉面广，尤其是文书工作太多，在现有的教师工作制度下，开展个别教育方案往往会影响实际教育投入的时间，而降低教育的实际质量，也造成一些教师消极地应付，甚至排斥现象，使个别教育方案的制订与实施变为“两张皮”；或只是为了应付管理，仅供备查之用；或只重形式，而忽视内容，许多实践的研究往往最后不了了之。

（三）个别教育方案本土化的改进

尽管个别教育方案在中国的实施遭遇到许多困境，但个别教育方案所体现的个别化教育思想和个别化教育的管理功能是有目共睹的，如何吸收个别教育方案的有益精华并与中国特殊教育本土实践相结合，是提高个别化教育水平的重要课题。反思个别教育方案实践的现状，个别教育方案本土化的改进，应注意以下三个方面的问题。

1. 消除认识误区

对美国个别教育方案形成的背景、内涵、条件极其发展的认识不足，是导致片面理解、盲目照搬的一个重要原因。比如，把个别教育方案当作个别化教学计划，个别特殊教育学校在不改变班级授课制的前提下，要求任课教师为全班每一个学生的每一科目、每一节课都要制订相应的个别教学计划。这不仅不现实、不可能，也误解了个别教育方案的实质。

再譬如，有关年度目标和短期目标的确定问题。年度目标是多学科团队通过评估所预测的学生在一年内应该达到的目标，这个目标是与满足由障碍引发的特殊需要相联系的。年度目标可以涉及诸多领域，既可以是学科领域，

也可以是适应行为、生活技能训练领域，或沟通交际、康复治疗等领域。具体目标领域的数量取决于学生的特殊需要，可能是两三个，也可能是八到十个。但是有些学校不管学生差异如何，要求对每一个学生列出所有领域的目标，这就有点囫囵吞枣、机械照搬。另外在短期目标的拟定要求上，也不能与时俱进。短期目标是为达到年度目标的步骤描述，但不是所有学生都需要短期目标，具体取决于每一个州的政策。美国在总结个别教育方案的经验教训基础上，对有关要求几经修订后，主要要求对实施替代性评估的学生（主要是重度障碍儿童）要制订短期目标。例如，如果是一个多重障碍儿童，他的年度目标是能够自己独立地学会进食，那么短期目标就可能包括抓握匙勺、用匙勺获取食物、用匙勺把食物从盘子送到口中。同样，短期目标的数量也取决于障碍的类型和程度，以及它对学生学习的影响和整个目标的复杂性。但是，有些特殊学校却仍然按照老规定，要求为所有学生拟订短期目标。

2. 强化管理功能

根据目前我国的国情和特殊教育的基础条件，借鉴个别教育方案应从宏观的角度出发，发挥个别教育方案具有的管理功能，把它作为一个重要的个案教育管理工具，以指导对特殊需要学生的具体教育教学和训练工作。特别应吸收个别教育方案中对学生基础现状的总体描述功能，这些是了解学生特殊教育需要的基础，也是开展有效教学的前提。虽然，还做不到分领域详细地评估，但至少能对诸如障碍原因、类别及其对教育教学的影响等形成框架性的了解，并以此作为提供学生教育相关支持和适应性教育的根据。

因此，制订个别教育方案应在新生入学后就开展起来。由于它要求对学生身心进行全面的诊断和评估，所以要对学生家长进行必要的访谈，了解学生的各种情况，同时要作各种测查、观察，必要时还要作医学方面的检查，如对障碍原因的诊断等，切实掌握学生的个别差异。在具体制订的过程中，要尽可能邀请有关的医学、康复、心理等专家的共同参与，提升计划制订的水平。这些是能够做到的，或者说通过努力也能做得较好的，也是一些成功的经验所证明必须做的。问题是有些学校并没有引起足够的重视，一些学校甚至连学生最基本情况的档案都没有，更谈不上以此作为展开个别化教育的基础了。

3. 深化教学改革

除了专业人员的参与是制约个别教育方案有效开展的因素外，我国特殊学校以班级为主的授课制形式也是一个瓶颈。一些学校由于资源有限，一个班甚至超过 14 名学生。这种按班级编班，任课教师分工教学的传统模式严重阻碍个别教育方案的实施。因此，还必须在教学组织形式上进行系统的必要的改革，采取包班制、小组教学制和个别教学制等多种形式相结合的教学方式，以适应个别化教学的要求。

总之，一个有效完整的个别教育方案的制订与实施应从宏观的角度出发，要顾及学生全面性的发展进行充分的评估。个别教育方案所建立的教育内容“应该是学生‘适当的教育’而非‘理想的’或‘最好’的教育，学生方能从中获益”①。

第五节　教学辅助技术

一、教学辅助技术概述

（一）教学辅助技术的含义

教学技术是指教学中使用的传递信息的媒体和进行教学的技术手段。在教学技术中，教学媒体的功能发挥着主导作用。如果以教学技术的发展进程来划分，教学媒体可分为传统教学媒体与现代教学媒体。传统的教学媒体主要是指黑板、挂图、标本、仪器、文字教科书等。现代教学媒体包括各种教学仪器，以及载有教学信息的数字视听设备，包括各种软件、硬件等。现代教学媒体的运用不等于否定传统教学媒体的作用，需要在教学中将两者恰当地有机结合，促进教学过程的最优化。

教学辅助技术是教学技术的一个组成部分。教学辅助技术通常是指在教学活动中可以支持、提高、保持或改善特殊需要学生学习功能、优化教学过程的技术。教学辅助技术功能的本质在于辅助和支持学生的学习，因而从学习的角度来看，这种辅助支持可以分为直接的和间接的。直接的辅助支持是直接与特殊学生的学习内容、学习工具、学习方法和学习进程相联系，成为学习活动不可或缺的因素，如盲字板、助听器等。间接辅助虽然并不与学习内容、学习工具或方法相联系，但参与学习活动的进程，如果离开它的支持，学习活动就无法开展或顺利进行，如轮椅、盲杖、支架托等。

---

① 陈丽如. 特殊教育论题与趋势［M］. 台北：心理出版社，2004：154.

（二）教学辅助技术的内容

教学辅助技术包含辅助设备和设备服务两个方面的内容。

1. 辅助设备

辅助设备是指可以提高、保持或改善障碍学生学习功能的设备。它是在市场上购买、定制或在原有基础上改进的设备、器具或产品，其开发设计一般可以分为三种：

①一般性产品、器具，可直接用于辅助特殊学生的学习。

②将原有产品附加一些功能，或附加一些配件，使之符合学生学习的特殊需要，如为方便视障学生的学习，对普通手表附加语言报时功能等。

③专门根据特殊学生的特殊需要所设计开发的设备、器具或产品，如盲文点显器、智能沟通板等。

2. 设备服务

设备服务是指帮助障碍学生选择、获得或使用辅助设备技术的任何服务。在美国，相关法律对辅助设备服务的内容作了明确的规定：

①评估障碍学生辅助技术的需要，包括在其生活环境中表现的功能性评估。

②购买、租借及其他获得辅助技术设备的服务。

③选择、设计、调整、定做、应用、申请、保养、维修或更换辅助技术设备的服务。

④协调及使用与辅助技术设备有关的其他治疗、干预或服务。

⑤对障碍学生或其家庭提供有关辅助器具使用的需要评估、训练及技术协助。

⑥向专业人员包括教育及康复服务人员、使用者或其他相关人员提供训练培训帮助。

（三）教学辅助技术的意义

对于身心有障碍的儿童而言，辅助技术意味着接受教育的可能。例如通过沟通和行走设备，许多儿童就可以接受教育。没有辅助设备，那些不具备口语交流能力的孩子就无法接受正式的教育，也无法享受教育对其社会能力和学习能力的促进作用。事实上，从特殊教育教学辅助技术的运用情况来看，广泛多样的教学辅助技术设计可以让不同类别、不同程度障碍的学生在技术的支持下，在学习中获益。随着科学技术的进步及其在教育领域中的运用，教育辅助技术已成为提升特殊教育水平、促进特殊学生发展的重要技术手段。正因为如此，美国于1988年专门颁布了《残疾人辅助技术法》（Technology-Related Assistance for Individuals with Disabilities Act of 1988），要求“广泛开发适用于不同年龄的残疾人辅助技术”①，并对辅助技术的开发、经费、运用等都作了法律上的规定。为了更好地保证特殊教育教学辅助技术的运用，美国在特殊教育专业标准中还专门将特殊教育辅助技术专业人员分立，并制定了详细的专业知识、技能等资格标准。

二、教学辅助设备分类

教学辅助设备依据不同的标准，可以有不同的分类。

（一）以科技含量划分

当代科技的发展极大地促进了辅助技术在改善个体功能方面的发展潜力，但并不是所有的辅助技术都是高科技产品，许多现有的简单方法就能适应残疾带来的特殊教学需要。因此根据设备的科技含量可以分为非科技、低科技、高科技三种。

非科技教学辅助设备即意味着设备产品没有科技含量。比如加宽学生课桌之间的通道，制作容易卸载的课桌椅，将绳子绑在门把上以方便坐轮椅的学生开关门等。

低科技教学辅助设备意味着科技含量低的设备产品。像电动轮椅、自动翻书机、语音报时钟和录像等都属于低科技教学设备。许多简单的手动控制开关，如机械开关或吸气开关等，即使学生只有极少的手掌运动能力，也可以使用机械手动开关。

高科技教学辅助设备顾名思义指科技含量高的设备产品。一般包括计算机、视频技术、视听技术为主的科技设备产品，如盲文点显器、智能沟通板和电子耳蜗等。在今天信息化的社会，电脑的快速发展和低廉价格使其成为高科技辅助设备的核心装置。

① William L. Heward. Exceptional Children: An Introduction to Special Education [M]. 9th ed. New Jersey: Person , 2009: 34.

（二）以设备功能划分

根据辅助设备在教学中的辅助作用，可划分为听觉辅具、视觉辅具、运动辅具、沟通辅具、操作辅具等。

1. 听觉辅具

听觉辅具主要用于听觉障碍学生弥补听力方面的受损，如助听器、多频道调频助听器、实时字幕软件等。

2. 视觉辅具

视觉辅具又可分为全盲和低视两类。用于盲的主要有有声时钟、有声计算器、盲杖、盲文打字机、触觉图画、盲用电脑、点显器及盲用电脑软件等。用于低视的辅具主要有放大镜、大体印刷字。

3. 运动辅具

运动辅具主要用于帮助肢体障碍学生提高独立行走的能力，如轮椅、拐杖、各式助行器。

4. 沟通辅具

沟通辅具主要用于沟通障碍学生，提高他们的沟通互动能力。最常见的是扩大及替代性沟通系统，如手语、图标卡以及高科技的微电脑语音沟通板等。

5. 操作辅具

操作辅具主要用于学习中具体操作时的辅助，如计算机操作中所用的替代性键盘、适应性开关、语音识别、书写笔托等。

三、教学辅助技术信息化

教学辅助技术的信息化是指运用现代信息技术来促进教学辅助技术改进与发展的过程。其特点是技术的数字化、网络化、智能化、多媒体化。数字化使得教学辅助技术的设备简单、性能可靠和标准统一；网络化使得教学辅助技术信息资源可共享、活动时空不受限制、人际合作易实现；智能化使得教学辅助技术系统能够做到教学行为人性化、人机通信自然化、繁杂任务代理化；多媒体化使得教学辅助技术一体化、信息表征多元化、复杂现象虚拟化。目前，美国特殊教育的一系列研究表明，“运用信息技术可以支持各类障碍学生的学习，特别是有助于障碍学生完整地参与更多的学习活动，并完成多种学习任务。”① 一般来说，通过硬件、软件的开发或改良，能够帮助学生获得具体的学习成果。下面重点介绍几种通过信息技术的设计运用来帮助特殊学生学习的辅助学习技术。

（一）互联网接入

由于绝大多数网页浏览器非常复杂，许多智障学生要想参与互联网活动都比较困难，所以美国的一些研究者专门设计了一种叫作“跋涉网页”的简便浏览器，以便让智障学生顺利地运用互联网。该浏览器提供了一个辅助界面接口，使学生能比较容易地在互联网上进行一些相同的任务操作，诸如进入 URL 地址、搜索、保存喜欢的站点以及返回等。

（二）游戏型程序

游戏型程序就是类似游戏的计算机辅助教学。它以学习为目标，以知识、技能为内容，通过游戏的形式进行学习程序设计。其主要特点是集科学性、趣味性和教育性于一体，充分激发学生学习的兴趣，起到寓教于乐的作用。游戏型程序不仅适合于智障、多重儿童的教学活动，对一般儿童的学习也有积极教育作用。在美国有很多专门网站免费提供此类辅助教学资源，学校、学生和家长可随时利用此类资源进行教学。

（三）信息识别转换

对于感官障碍者来说，最大的问题就是信息的接受受到限制。信息识别转换就是研制开发可以实现信息表达（接受）方式互转的技术，它既可以把文字印刷信息转化为有声语言，也可以转换为可以触摸的盲文点字，而且这种转换是可逆的。信息识别转换学习技术已成功地运用于视障、听障和言语障碍学生的学习。如盲文点字信息处理系统就是目前比较成熟并广泛运用的信息识别转换系统。我国借鉴国外经验开发的阳光盲用软件，不仅能够实现点字、汉字互转，还能够具备语音读屏功能，使全盲学生也能够实现浏览网页、收发邮件、上传下载等畅通无阻的信息操作。

---

① David L. Westling, Lise Fox . Teaching students with severe disabilities [M]. 4th ed. New Jersey: Person, 2006: 518.

（四）符号图标软件

国际知名的美国言语辅助技术设备、软件开发供应商 DynaVox Mayer-Johnson 公司，除了生产提供言语辅助发声装置外，主要从事用于沟通交际的特殊教育教学软件的开发设计，旨在帮助那些有复杂的沟通交际困难和学习需要的学生，克服自己言语、语言方面的障碍所带来的沟通挑战。该公司研制开发的伯德美酷 Boardmaker 符号图标软件系统蜚声国内外。伯德美酷是一种用作出版和编辑符号图标的特殊教育专用工具软件，其主要功能是通过对各种符号图标的选择、编辑、打印和运用，为特殊学生提供丰富形象的符号图标学习材料，创建交互式的教育活动，从而强化沟通交际，促进学生的学习。利用系统存储的丰富的符号图标数据，伯德美酷也可以把普通的文本材料通过信息转换改编为形象的符号图标材料，从而为阅读能力受限的学生减少阅读理解的难度。该套软件数据库有 44 种语言，包含了超过 4500 多个图片交流符号，也可以保存用户自主生成的图标，并配以 flash 动画、声响等灵活多样的功能，广泛用于听障、言语障碍、肌萎缩性侧索硬化、中风、外伤性脑损伤、脑瘫、智障、自闭症和其他原因导致的认知、身体严重受限且存有言语和语言障碍学生的学习，成为美国、加拿大、英国、澳大利亚、新西兰等英语国家特殊教育机构普遍使用的教育软件。

（五）自动语言识别系统

自动语言识别系统是一组具有很高教育价值的辅助学习技术和设备。例如，由美国开发的泰格勒（Tangon）自动语言识别系统，是一个包含有两万词汇量的自动言语识别系统。一般运用比较标准的英语发音，它的平均正确率为 95%。这种系统还可以识别来自电话中的声音。有关人员曾用 12 名听力障碍学生通过电话传来的声音，来测试该系统的识别能力，发现其正确率依据不同的说话者在 75%—95%之间变动。研究人员得出结论，认为只要交谈的主题明确，听力障碍人士也能很好地理解。在教室里使用语言识别系统，可以减少听力障碍学生对手语翻译的依赖。

（六）眼睛凝视系统

眼睛凝视系统可以帮助只有眼球运动能力的人控制电脑，进而通过电脑来交流，控制周围环境中的设备，可以玩游戏、拨打和接听电话，阅读书籍。眼睛凝视系统运用眼球跟踪技术来控制电脑。用户坐在电脑控制器的前方，监控器屏幕上显示各种控制和交流功能。安放在监控器下面的摄像机持续记录用户的眼睛，由影像处理软件来确定用户眼睛正凝视的位置。当用户将目光停留在他所希望的位置时，电脑将会执行该位置所代表的预定功能。

以上介绍的教学辅助技术已经被越来越多地运用于实际教学，但远没有穷尽当代技术手段在特殊教育中运用的全部方面。随着科学技术的发展和信息技术手段功能的开发，现代技术手段在特殊教育中的意义将会远远超出技术本身的范围，引起特殊教育教学模式的变化与更新。

*　　　　*　　　　*

【练习·思考·实践】

一、名词解释

1. 特殊教育教学
2. 个别化教学
3. 个别教育方案
4. 多维感知法
5. 小组教学
6. 教学辅助技术

二、思考回答

1. 特殊教育教学任务、原则、方法和组织形式有哪些特点？
2. 如何理解个别化教学？
3. 个别教育方案的主要内容有哪些？
4. 教学辅助技术包含哪两个方面的内容？
5. 什么是合作教学，它主要有哪些形式？

三、实践活动

1. 走访特殊教育学校，了解个别教育方案制订的情况，谈谈自己的想法和建议，尝试制订一份个别教育方案。

2. 走访特殊教育学校的一个班级，了解班级学生情况，然后根据布卢姆教学目标分类系统或金字塔分层原理，就一节课的教学进行个别化教学目标设计。

【扩展阅读】

请利用课余时间阅读以下文献，并做好读书笔记。

1. 华国栋. 差异教学论 [M]. 北京：教育科学出版社，2001.

2. 刘全礼. 个别化教育计划的理论与实践 [M]. 北京：中国妇女出版社，2007.

第九章

特殊教育合作

特殊教育是基于团队的教育活动，合作已成为当代特殊教育最基本而又必需的实践形态，也是满足学生各种特殊教育需要的关键因素。没有合作的特殊教育既不存在，也不可能。本章首先强调了特殊教育合作的必要性，概述了特殊教育合作的内涵、意义及其团队组成；随之，重点讨论了特殊教育专业合作的问题，从专业体系分类的角度，重点介绍了以医学为主的物理治疗、作业治疗、心理治疗、言语与语言治疗等特殊需要专业服务的功能及特点；然后对国外特殊教育专业团队合作的三种模式作了简要的评述；接着，比较详细地讨论了特殊教育家庭合作的意义、内容和方式，强调了特殊教育教师在家校合作中建立良好的互动关系和讲究沟通技巧的重要性。

第一节　特殊教育合作概述

一、特殊教育合作的内涵

（一）合作的概念及其条件

合作是个人与个人、群体与群体之间为了完成共同的目标所选择的一种工作方式。合作的前提是要有合作各方组成的人员，但仅有成员在一起并不意味着合作，只有当各成员明确工作的目标及其价值，并彼此尊重，达成共识，才能产生真正的合作。

合作具有条件性，成功的合作需要具备的基本条件有：

①一致的目标。任何合作都要有共同的目标，至少是短期的共同目标。

②统一的认识和规范。合作者应对共同的目标、实现的途径和具体的步骤等有基本一致的认识；在联合行动中合作者必须遵守共同认可的社会规范和群体规范。

③相互信赖的合作气氛。创造相互理解、彼此信赖、互相支持的良好气氛是有效合作的重要条件。

④合作的物质基础。必要的物质条件（包括设备、器材和工具等）是合作能顺利进行的前提，空间上的最佳配合距离，时间上的准时、有序等，都是物质条件的组成部分。

合作的条件性告诉我们，特殊教育活动中的合作要取得成功，作为合作的各方或成员之间都必须为合作创造条件，以实现共同的教育目标。

（二）特殊教育合作的特点

特殊教育合作是指参与教育活动各方为促进特殊儿童最大限度的发展，相互协调、相互配合的教育行动及其互动过程。由于特殊教育活动的特殊性，特殊教育合作具有团队性、广泛性和专业性的特点。

1. 特殊教育合作的团队性

特殊教育主要是基于团队的教育活动，团队性意味着特殊教育活动必须是由一群有着共同目标的群体人员共同参与、相互配合的教育活动，而不是单打独斗、孤立无援的个体行为。所以有人形象地比喻当代特殊教育是一个团队胜出、英雄淡出的年代。特殊教育活动过程中的每一步、每一阶段都需要团队成员为了满足学生的特殊教育需要而协作工作。因为特殊教育要想获得最佳的效益，教育组织就必须是最能发挥作用的有效团队。

2. 特殊教育合作的广泛性

特殊教育对象的复杂性、特殊教育学科的综合性以及特殊教育生态的系统性，决定了特殊教育活动合作的广泛性。从系统论的角度看特殊教育合作的广泛性，我们可以划分为两个子系统，即特殊教育内部合作系统与特殊教育外部合作系统。特殊教育内部系统的合作主要是教师队伍之间的合作，包括教师与学生、教师与教师（含普通学校从事随班就读教育的教师）、教师与其他专业人员、教师与教育行政管理人员的合作等；特殊教育外部系统合作主要是特殊教育学校或教师等与家庭、社区、社会机构等部门的相互合作。

3. 特殊教育合作的专业性

特殊教育合作的专业性体现在合作的内容和队伍上。从合作的内容上看，无论是指导学生学习，还是康复性的教育训练、医学治疗以及进行相关的家庭辅导，都需要有专业的知识、技能和方法，离开这种专业性的合作，学生的缺陷补偿与潜能开发就根本不可能实现。从合作队伍的成员来看，主要成员必须具备相应的专业知识和技能，要取得相关的从业资格认证。家庭成员虽然不一定是专业人员，但必须得到专业上的帮助并以专业的要求来具体实施，才能胜任对学生的家庭辅导。

二、特殊教育合作的意义

特殊教育合作的必要性是由特殊教育的特殊性所决定的。

（一）特殊教育需要的多样性

特殊教育需要的多样性，需要特殊教育教师队伍之间的紧密合作。特殊教育对象复杂多样决定了特殊教育需要的多样性，就障碍学生来说既有感官障碍、身体障碍，也有智力障碍、情绪行为障碍等，不同的障碍类别，其特殊的教育需要都不一样。即使是感官障碍，视障学生和听障学生的特殊教育需要也不尽一样，因此不可能以同一的教育方式和方法来教育，也不可能由一两个教师来承担，而必须要考虑到通过不同教育方式的整合以及教师队伍间的密切合作，才能共同应对复杂多样的特殊教育需要。

（二）特殊教育实践的复杂性

特殊教育实践的复杂性，需要多学科、多专业、多机构的通力合作。特殊教育学科是一门综合性学科，它涉及教育学、心理学、医学、康复学、社会学、经济学和法学等多学科专业。许多特殊需要学生不仅面临学习的困难，同时也面临着身体、医疗、情绪和行为的挑战。因此，在特殊教育实践中，特殊需要学生的教育必须得到医学、心理学、社会学、康复学等专业人员的帮助，以多学科、多专业、多领域的综合性合作活动，才能保障学生获得可持续、有质量的发展。

（三）特殊教育生态的系统性

特殊教育生态的系统性，需要特殊教育与家庭、社区和社会之间协调合作。正如我们在第一章就提到的，特殊教育生态系统是由教育者、学习者、自然环境、社会环境、学校环境、家庭环境等因素组成的一种教育生态系统，在这个系统之中，构成每一结构和功能的要素都必须相互支持、合作才能取得可持续的发展。从特殊教育学校内部关系来讲，教师和学生、教师与教师、教师与不同的专业人员之间需要密切配合、协作；从特殊教育学校和外部环境关系来看，学校与家庭、学校与不同的专业机构、学校与社会其他部门之间，同样也需调动各方面的积极性进行互助合作。因此，从生态环境着眼，从家庭、学校、社区、社会几个维度去了解、分析学生生活的环境，观察儿童与环境的适应状况，并且会利用、调整或改变环境的各个因素，建立以相互合作支持的特殊教育生态系统，对于保障特殊儿童有质量的教育、推动特殊教育健康发展，具有积极重要的意义。

三、特殊教育合作团队

（一）团队的概念

特殊教育主要是基于团队的教育活动，合作的团队性是其基本特征之一。团队在这里是一个重要的组织概念。所谓团队就是由两个或者两个以上相互作用、相互依赖的个体为了特定目标而按照一定规则结合在一起的组织。在合作的意义上，一般人们所说的团队与群体是两个不同的概念，它们既有联系又有区别。团队是通过成员集体的协调努力工作，实现团队的合作，达到组织的共同目标；而群体则主要是通过信息分享、作出决策，来帮助成员各自完成自己的本职工作。虽然团队与群体都有自己的组织目标、协作关系、工作责任和专业技巧，但在合作的性质、功能上有很大的差异。因此，团队和群体相比，最具区别性的特征在于：在合作的目的上，团队成员有着共同的愿景和奋斗目标；在合作的内容上，团队成员有各自的专业、兴趣和优势，形成互补；在合作的责任上，每位成员都有自己的职责和期望；在合作的精神上，团队成员具有高度的合作互助与互信关系。

团　队				群　体
集体的成绩	←	目标	→	信息分享
积极的	←	协作	→	中立的（有时有副作用）
既是个人的也是集体的	←	责任	→	个人的
互补的	←	技巧	→	随机和变化的

图 9-1 工作团队与工作群体的区别与联系①

（二）特殊教育团队组成

特殊教育团队是为了实现特殊学生最大限度的发展目标，而由相互协作的成员个体所组成的教育团队。特殊教育合作团队主要由学生、家庭成员、教师、有关专业服务者、教育管理人员等组成。特殊教育团队具有一定的层次性，其中学生、教师和家庭成员被称为团队的核心成员，处于团队的核心层，而其他成员被称为次核心成员。

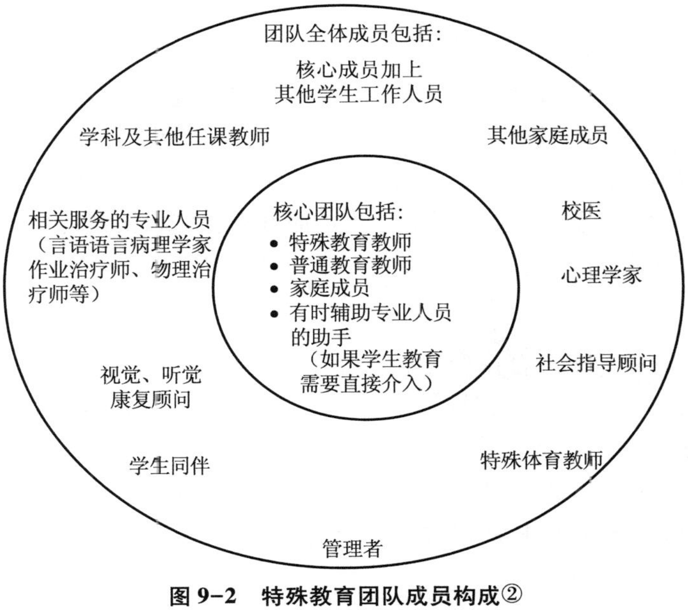

图 9-2　特殊教育团队成员构成②

---

① 刘岩. 团队合作. http://doc. mbalib. com/view/8228acbeb6641cb93fcb2893e8f98e0b. html2010/9/13.

② Martha E. Snell, Rachel Janney. Collabroative teaming book [M]. 2th ed. Maryland: Paul H. Brookes Publishing Co., 2005: 9.

在整个核心团队中，特殊教育教师的合作角色又是最为关键的，他们可以通过与同事、家长和学生的紧密合作，在整个团队中起到四个方面的关键作用①：

①支持作用，在他们需要的时候提供帮助和支持；

②促进作用，帮助他们发展解决问题的能力、参与工作或应对挑战的能力；

③提供信息，提供直接的帮助，使他们能够在现有基础上更好地处理问题。

④规范作用，根据学生的教育目标和计划规定一个行动的方向。

所以作为一名特殊教育教师，应该充分认识到自己教育教学合作的重要性，担负起更多、更大的合作责任，在整个合作团队起先锋模范作用。

（三）团队合作的开展

特殊教育团队合作的开展主要有三种形式：协调配合、咨询请教和团队协作。

1. 协调配合

协调配合是为实现合作的目标，合作成员之间进行的调整、配合的活动。协调在合作关系中是最简单的一种合作方式。它只要求成员之间对合作的活动能够及时地、持续地沟通和配合，就可以维持合作的顺利进行。比如，不同的任课教师之间就各自课后辅导学生的时间安排进行协调，然后达成一致，以免辅导时间发生冲突。

2. 咨询请教

咨询请教是为实现合作的目标，合作人之间相互咨询、求教，共同解决问题的活动。一般来讲，咨询请教往往是单向的，即新手向有经验者请教。然而在合作中，每个合作人都有自己的专业、特长、兴趣和优势，所谓“闻道有先后，术业有专攻”。因此，合作人的咨询请教的角色可以经常互换，既可以是请教者，也可以是被请教者。合作成员之间的相互咨询请教成为推动合作活动前进的不竭动力。

3. 团队协作

团队协作是指为了实现合作的目标，由多个相互协作的个体所组成的正

---

① 路得·特恩布尔，安·特恩布尔，玛里琳·尚克，等. 近日学校中的特殊教育［M］. 方俊明，汪海萍，等，译. 上海：华东师范大学出版社，2004：132.

式团体，在实施具体的任务活动中同时行动、相互支持、共同努力的互动过程。团队协作是最高层次水平的合作，也是难度最大的合作方式。虽然团队组成的方式有不同的规模和结构，但不管什么样的团队，每一个团队成员都有自己既定的任务分工和职责，都明确地认识到成员之间相互学习、相互帮助、相互协作的重要意义。特殊教育团队协作主要是在学生、教师、家庭成员、康复治疗师、校医、行政管理人员和残联工作者之间展开的，如教师在课堂中的合作教学，辅助人员和教师一起工作，专业团队共同制订个别教育计划等。

第二节　特殊教育的专业合作

正如我们在第一节中阐述的，特殊教育专业的多学科属性，需要特殊教育相关专业学科人员之间通力合作。因为有障碍的特殊需要学生中的障碍学生不仅面临学习的困难，同时也面临着身体、心理、情绪和行为的挑战。所以，障碍学生的发展除了依赖于教育外，还需要医疗、康复、心理和社会等各种专业人员的专业服务，通过不同专业人员之间的协作努力，才能保障学生获得可持续、有质量的发展。

一、特殊教育专业人员

（一）专业及其专业体系

在具体描述各种专业服务的功能以及不同的专业团队合作模式前，有必要把本章涉及的专业和专业体系两个概念作一说明，这样才能够更好地理解特殊教育专业合作的内涵。一般来说，专业是根据社会分工需要而划分的学业门类，如教育专业、医学专业、心理专业等。专业体系是指互相联系的各种专业构成的整体，如教育专业可包括普通教育、特殊教育、学前教育、高等教育等；医学专业可以包括康复学、理疗学、保健学等。特殊教育专业合作指的是组成教育团队的各相关专业成员围绕学生的身心发展所进行的合作活动。因此，团队成员既有来自相同的专业体系的成员，也有来自不同专业体系的成员。

（二）特殊教育专业人员

特殊教育活动根据专业分工和学生的特殊需要服务内容，可以把从事特殊教育专业人员分为不同的专业体系，主要包括教育体系专业人员、医疗体系专业人员和社会体系专业人员。在欧美等发达国家，尽管专业有所不同，但所有从事特殊教育服务的专业人员都必须具有职业资格，才能从事相关的教育服务。

1. 教育体系专业人员

教育体系主要是以教育教学为中心，对学生进行各种教育训练，其专业人员主要是教师，包括特殊教育教师、普通教育教师（主要是从事普通学校特殊班或随班就读工作的教师）、特殊教育行政人员等。对于特殊教育教师队伍的构成，我们已在第五章中有比较详细的描述，这里不再重复。

2. 医疗体系专业人员

医疗体系的服务多是由具有行医资格证的医师或治疗师提供的专业服务，主要从康复医学的角度实施康复治疗。其专业人员又可分为物理治疗师、作业治疗师、言语治疗师、心理治疗师、艺术治疗师、园艺治疗师等；而艺术治疗专业人员又可细化为音乐治疗师、绘画治疗师、舞蹈治疗师等。

3. 社会体系专业人员

社会体系主要是从社会福利服务的角度为障碍学生及其家庭提供相关的支援服务，其专业工作人员主要包括社会工作人员、职业指导人员、社区休闲服务人员等。

（三）专业人员合作的任务

作为一个合作团队，全体专业人员的共同任务主要包括以下四个方面。

①参与学生特殊教育需要的评估，主要包括特殊需要学生的鉴定、医学检查、学业成绩及各种功能性水平的评估。

②参与个别教育方案的制订，对学生的特殊教育需要服务进行全方位的设计和规划。

③提供教育需要的专业服务，即教育、医疗、社会各方面的专业人员协同合作支持教育教学的展开，包括课程教学、教具辅具开发、心理辅导及专业性的治疗服务等。

④提供家庭及社区的支援服务，向家长提供专业咨询和其他一系列的社会服务，并协调社区资源参与支持，包括家庭帮助和就业支持等。

二、特殊教育专业服务

特殊教育专业服务的内容广泛而全面，与发达国家相比，我国在这方面还有很大的差距。随着特殊教育的发展，尤其是特殊教育对象的扩大，多重障碍儿童教育日益得到重视，提供相关的特殊教育服务、培养相关的专业人员，已成为社会发展和特殊教育改革的必然要求。

（一）医学治疗服务

特殊教育活动中的医学治疗服务有许多内容，主要包括康复医学中的物理治疗、作业治疗、言语治疗、心理治疗、园艺治疗、艺术治疗等。艺术治疗又可以具体细化为音乐治疗、绘画治疗和舞蹈治疗。园艺治疗和艺术治疗本质属于心理治疗的范畴。本节中我们重点介绍特殊教育活动中最常见的物理治疗、作业治疗、言语治疗、心理治疗服务。

1. 物理治疗

物理治疗是针对障碍导致的功能受损状况，借助自然界物理因子对人体进行适当的生理刺激反应，以改善和提高生理功能的一种康复治疗方法。物理因子包括以下要素：声疗（治疗性的超声波）、光疗（包括红外线光疗、紫外线光疗、低能量放射刺激等）、水疗（包括旋涡浴、水疗运动等）、电疗（包括直流电疗、低频电疗、中频电疗、高频电疗或透热疗法等，而高频电疗或透热疗法又包括短波热疗、微波热疗和磁疗等）、冷疗（包括冰敷、冰按摩等）、热疗（包括热敷、蜡疗、透热疗法等）、力疗（包括牵引力、压力、撞击力、摩擦力等）。

物理治疗的主要内容是评估学生在身姿、平衡、移动等生理上的障碍状况，通过身姿摆位、放松训练、运动训练及提供支架或假肢等，维持其关节活动、促进身体运动（主要是粗大动作）的发展，减轻因身体障碍带来的不适与疼痛，改善或恢复机体的功能。物理治疗的目的在于预防、评估及治疗学生障碍功能与机体损伤的生理问题。

特殊教育活动中运用物理因子进行康复治疗的形式可以分为三种：运动治疗、徒手操作治疗和仪器治疗。

（1）运动治疗

根据运动计划的设计、动作的控制进行针对性训练，以提高障碍学生的身体机能与运动功能。

（2）徒手操作治疗

通过物理治疗师双手的操作，促进障碍学生身体软组织或关节等部位适当的活动，以改进身体结构的功能，进而促进学生动作技能的改进。我国传统的推拿按摩也是一种徒手操作治疗。

（3）仪器治疗

主要利用相关仪器通过物理因素，促进机体血液循环、肌肉放松和功能锻炼，以此促进改善学生身体结构的功能，如超音波、水疗、牵引等。

2. 作业治疗

作业是人们一切活动的总称。作业治疗是针对障碍导致的身心受损状况，通过有目的的、经过选择的作业活动与训练，来改善和提高生理、心理功能以及环境适应能力的一种康复治疗方法。

作业治疗工作的主要内容是评估学生感觉运动（动作）、感官知觉、动作协调、日常生活等行动功能，通过有意义、难度适中的作业活动训练，改善及恢复学生因疾病、伤害而受损的各项身体机能；协助学生日常活动的选择、安排与执行，引导学生主动积极地参与活动，将其潜能诱发出来。作业治疗的最终目的是改善障碍学生的日常生活功能，提高生活质量。

特殊教育活动中运用作业治疗对学生进行康复治疗的内容可分为以下五个方面。

（1）进行功能性康复

功能性康复是预防或改善躯体功能障碍的治疗活动，主要包括关节活动度训练、精细动作训练、肌力增强训练、耐力训练等。学生通过完成作业治疗师精心设计和选择相应的作业活动，如工艺、木工、雕刻、游戏等，达到治疗康复的目的。

（2）进行情绪行为康复

学生在出现躯体功能障碍时，往往伴随着继发的心理障碍，主要表现为情绪行为的异常。作业治疗师可以根据其心理异常的不同阶段，设计相应的作业活动，帮助学生摆脱否认、愤怒、抑郁、失望等不安的状态，向心理适应期过渡。学生可能会因环境的变化感到不习惯，作业治疗师可以根据学生的兴趣，设计有针对性的作业活动，对学生的心理进行支持性训练。比如，对具有愤怒、不满情绪的患者，可以设计陶艺、金工、木工等活动，通过敲敲打打进行宣泄。

（3）进行日常生活活动能力训练

日常生活活动是人在社会生活中必不可少的活动，如进食、更衣、梳洗和修饰、如厕、家务劳动等。在对学生的各种生活活动能力进行全面的评价的基础上，要评估学生不能独立完成哪些动作、需要多少帮助，然后制订训练目标和训练计划。在项目难度较大、功能难以改善时，作业治疗还要进行环境控制、改造，同时要进行自助器具的设计与制作等，以配合项目训练的开展。

（4）制作辅具、矫形器

根据学生的具体情况，灵活地设计制作一些对学生的活动具有支持、辅助的器具或其他矫形器具等，并训练学生熟练使用这些器具，增强活动的功能。

（5）就业前相关的作业评估与训练

在学生结束医学康复训练前，作业治疗师需要对学生的躯体功能、精神状态、障碍的种类及程度、日常生活能力水平、学习能力以及可能从事的职业活动进行全面的评价和训练，为学生的职业康复提供充实的资料和依据。

与物理治疗相比，作业治疗着重对身体姿势及其稳定度的训练，促进学生在日常生活中的良好活动能力以及精细动作的改善。其主要服务项目包括：精细动作训练、姿势控制训练、感觉统合训练、日常生活能力训练以及辅具制作、辅导咨询等。

3. 言语治疗

言语治疗是由言语治疗专业人员对各类言语障碍者进行治疗或矫治的一种康复疗法，其内容包括对各种言语障碍进行评定、诊断、治疗和研究。言语障碍包括失语症、构音障碍、语言发展迟缓、发声障碍和口吃等。特殊教育活动中，言语治疗主要是对障碍学生的言语功能、口腔机能及语言发展问题进行评估和康复治疗，主要内容包括以下四个方面。

（1）言语康复

对语言发展迟缓与言语表现异常学生进行检测、诊断及评估，包括语言发音器官、语言机能表现、构音表现、表达流畅度、沟通能力等问题的评估与诊断。

（2）口腔功能康复

针对口腔感知觉等问题进行评估、诊断与训练，例如吞咽困难、流口水等问题。

（3）沟通能力训练

通过言语能力的训练或使用沟通辅具以提高学生的沟通能力。

（4）提供专业咨询及辅导

向家长、学生、教师提供有关语言异常的咨询及辅导，与此相关的还包括听力治疗服务，包括对学生听力损伤情况、听知觉情况、剩余听觉功能的评估和保健指导。另外，还涉及助听器的选配及使用、学习环境噪声的改善等。

4. *心理治疗*

心理治疗又称精神治疗，是指运用心理学的技术与方法对心理障碍与行为问题进行矫治的一种康复疗法。心理治疗与精神刺激是相对立的。精神刺激是用语言、表情、动作给人造成精神上的打击，形成精神上的创伤和不良的情绪反应。心理治疗则相反，是用语言、表情、动作、姿势、态度和行为向对方施加心理上的影响，解决心理上的矛盾，达到治疗疾病、恢复健康的目的。因此，从广义上讲，心理治疗就是通过各种方法，影响对方的心理状态（影响或改变患者的感受、认识、情感、态度和行为，减轻或消除使患者痛苦的各种情绪、行为以及躯体症状），通过解释、说明、支持、同情、相互之间的理解来改变对方的认知、信念、情感、态度、行为等，达到排忧解难、降低心理痛苦的目的。

特殊教育活动中对学生进行心理治疗康复的主要内容是进行心理评估及问题的处理。其工作内容主要包括：

①协助教师解决学生在思考、情绪及行为问题上的偏差等；

②实施心理教育测验及其他评估，并进行问题的诊断及评估结果的解释；

③收集、整合、解释学生行为及与学习有关的情况等信息；

④向学校其他人员提供心理咨询等服务，针对心理测验、会谈、行为评估等分析学生的特殊需要；

⑤制订及管理学生心理治疗服务方案，针对学生及家长适时进行心理咨询辅导等。

（二）社会支援服务

社会支援服务主要是为障碍学生及其家庭提供各种社会政策、福利以及职业指导和社区休闲帮助等服务。在这里，我们重点介绍发达国家、地区的社会工作人员支援服务的主要内容。社会工作人员主要协助家庭进行社会福利的申请、经费补助，并且筹办执行各项活动，以帮助学生在教育活动中获得最大利益，其服务内容主要包括：

①执行团队内部与外部的沟通、协调与联系工作，并提供个案管理、了解家庭需要和相关信息等；

②结合卫生、教育与社会福利资源，在校园中提供综合性的服务；

③促进学校、家庭及社区之间更紧密地联系；

④协助学校成为更好的教与学的环境；

⑤对障碍学生及其家人、教师进行社会政策咨询辅导；

⑥处理学生在家庭、学校及社区的融合问题；

⑦进行个案管理；

⑧协助学生和家庭有效运用周围各项资源和服务，并寻求福利补助等。

三、专业团队合作模式

传统上，由于学生的障碍相对较轻或单一，特殊教育的专业合作也很少见。除了教师外，即使有相关的专业人员参与特殊教育工作，其服务的模式往往是各自开展，很少花时间和精力与其他人员进行相互沟通联系。随着特殊教育的发展，尤其是特殊教育对象的扩大，许多重度或兼有多重障碍学生获得了受教育的机会，他们的特殊需要更为复杂和多样。因此，加强专业之间的协调和合作，共同为障碍学生的发展提供服务成为特殊教育发展必然的内在要求。当代世界的特殊教育，已经由单一的教育服务转向专业团队合作服务，并形成了许多专业团队合作的模式。以下介绍国外特殊教育专业团队合作的三种模式（见图9-3、9-4、9-5）①。

（一）多专业团队合作

多专业团队合作属于较早的初级合作模式。它是团队成员在团队负责人的主持下各自开展工作，成员之间的工作很少沟通、联系或合作。团队召集人与成员之间的联系也是单向的，在整个专业团队中，团队负责人拥有决策权。多专业团队合作模式不需要太多的准备，也不需要规划共同的出席时间，

---

① Ogletree, B. T., Bull, J., Drew, R., & Lunnen, K. Y. Team-based Service Delivery for Students with Disabilities: Practice Options and Guidelines for Success [J]. Intervention in School and Clinic, 2001, 36 (3): 138-145.

其优点是方便、及时、有效。但是，由于协调不够，也因而造成团员之间各自为政，削弱了团队的集体力量。

（二）专业间团队合作

专业间团队的合作程度要高于多专业团队合作模式，它强调各专业成员之间相互依赖的合作关系，以建立起合作机制来保障团队合作的展开。在专业间团队合作模式中，成员之间的沟通是双向的，而且每一个成员具有相同的决定权。团队成员可分享不同专业领域内自行制订的计划，提供计划中与该领域内相关的服务。团队间的合作由团队协调员负责协调工作，最后整合团队的意见作出决策。这种模式的优点在于能较系统地分享观察、评估、鉴定的结果，所提供的服务具有整体性。由于团队成员具有相同的权利，对学生整个问题的思考和教育计划的制订比较客观（见图 9-3、图 9-4、图 9-5）。

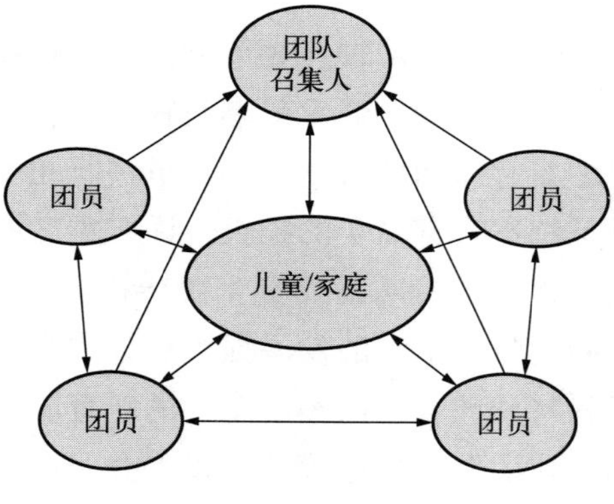

图 9-3　多专业团队合作模式

（三）跨专业团队合作

跨专业团队合作模式最主要的特色是将各种服务进行连接整合、互相训练，团队成员共同合作、完成任务。在合作中，团队成员围绕相同的工作目标，跨越彼此不同的专业领域界限，向学生提供间接的专业服务。如同专业间团队合作模式一样，此模式中由专门的协调员负责整个团队的合作，家庭也是合作的决策者之一，其内容是以家庭为中心。在跨专业团队合作模式中，成员之间的相互沟通最为密切，每个成员各以其专业的自身经验训练其他成

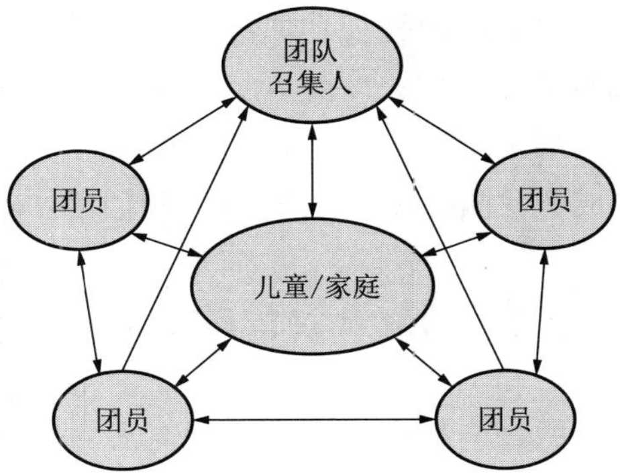

图 9-4　专业间团队合作模式

员，但不直接服务于学生，而选定一位负责人（一般是特殊教育教师）在适当场所（如康复训练室、资源教室、学生家庭等）实施教育计划。专业人员主要是在技术运用、环境调整、课程改造等方面给予建议和指导。这种模式具有方案完整、执行集中的优势。但是，它也有其缺点，由于提供的是间接专业服务，在经过协调者执行时，会造成专业信息递减，影响服务的合作效果（见图 9-5）。

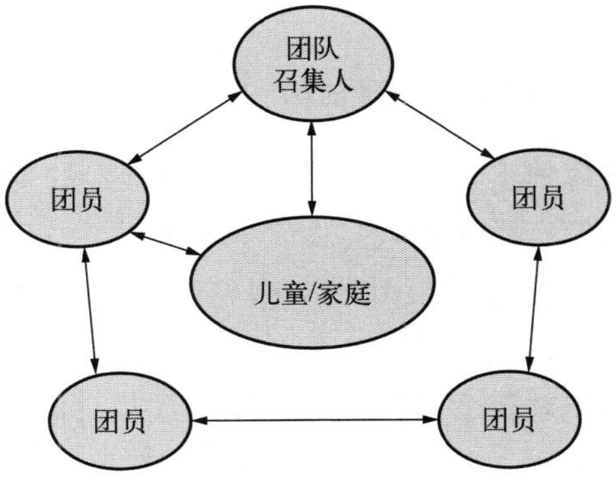

图 9-5　跨专业团队合作模式

以上介绍的三种特殊教育专业团队合作模式，是以美国为代表的发达国家经过长期的教育实践所总结的比较成熟的经验。相较于发达国家，我国大陆的特殊教育团队合作面临着严峻的挑战，专业团队组建本身就比较困难，主要有以下原因：一是与特殊教育相关的医学治疗专业人员严重匮乏，目前我国大陆还没有重视这方面专业人才的培养；二是职业要求上，相关的职业资格认证和从业许可还不够完善；三是缺乏专业的学术指引，尤其是在特殊教育学校，重视认知发展教学而轻视功能康复训练的现象仍然普遍存在；四是缺乏系统的保障机制来整合相关专业人员的合作，比如特殊教育学校至今也没有相关治疗师编制的配备政策。所有这些都阻碍了特殊教育专业合作的发展与质量提高，也成为我国特殊教育发展迫切需要解决的重要课题。

第三节 特殊教育的家庭参与

家庭的参与是特殊教育合作的重要内容。在人的一生发展中，家庭对儿童生活的影响最为深刻、最为广泛。家长是儿童的第一任老师，他们不仅教给儿童许多知识和技能，也给予他们鼓励、督促、赏识和指导。除了极少数家长外，没有谁比家长更了解、更关心自己的孩子。当今，人们已认识到，家庭的支持和家长的参与是特殊教育有效开展的基本条件，也是提高特殊教育质量的重要保证。美国等西方发达国家已通过法律，对特殊儿童家长参与教育的权利、义务与内容作了具体而明确的规定，以保障家庭教育的参与。

一、家庭参与的意义

（一）家庭参与具有独特的教育优势

家庭参与特殊教育的重要性首先在于家长对学生的了解具有独特的优势。家长是了解学生具体信息最多的人。由于家长和儿童生活的时间比教师和其他专业工作者多得多，在有关校外的一些关键信息方面，诸如学生的兴趣、动机、习惯、恐惧、压力、需要、健康状况、日常惯例等，家长掌握得最多。在特殊需要学生的整个教育学习生涯中，家庭成员可能是唯一参与其整个过程的合作团队成员。因此，家庭的参与具有不可替代的作用与优势。

（二）家庭参与是提高质量的重要保障

家庭参与特殊教育也是寻求更为有效的教育成果的重要保障。为了满足学生的特殊教育需要，教育者必须扩展传统的课堂教师的角色和作用。这种角色作用的拓展要求我们认识到，对特殊需要学生的教育，绝不仅仅只是学校或课堂上的知识教学，还应该包括在家庭、社区的语言、社交、自理、休闲等可持续的基本生存技能训练。显然，教师必须寻找课堂之外的协作与支持。家长和其他家庭成员就是这种自然的资源和必要的教育伙伴。众多的特殊教育经验表明，当家长和家庭其他成员积极地参与时，特殊教育的效果会显著增强。至少，教师和学生都可以从家长所提供的关于学生校外各方面的具体信息中获益。实际上，家长能够做的远比这些要多得多。他们可以协助教师在家里、社区中对孩子进行一些额外的或新的技能训练。一旦家长明确了孩子的学习需要，并积极地参与到教育活动之中，那么在家长的协作下，教师所布置的一些校外工作，就一定能取得成效，这对于学生和家庭都具有重要的意义。

（三）家庭参与可以发挥多方面的作用

正因为家庭参与具有独特的教育优势，因此特殊教育的家庭合作具有不可替代的多方面的作用，主要表现在以下几个方面①：

①扩大和强化了社区对特殊儿童家长的帮助和指导作用，增强了特殊儿童家庭的归属感；

②更好地利用了学校、家庭和社区的各种教育资源；

③通过合作，与学校共同分担了教育和训练特殊儿童的责任；

④保护了家庭的完整以及增强了家庭内部的凝聚力；

⑤充分地发挥了家庭的教育功能；

⑥充分地利用了各种人力资源，包括整个家庭成员，如双亲、兄弟姐妹、祖父母等。

总之，无论是特殊教育学校，还是其他特殊教育机构，无论是特殊教育教师，还是其他相关的专业人员，都必须重视家庭的参与，注重调动家长在教育中配合、支持的积极性，充分发挥他们的教育作用，共同为学生的发展作出不懈的努力。

二、家校的双向合作

特殊教育学校和家庭都是对特殊儿童进行教育的重要环境，共同担负着促进学生发展的教育任务。但是双方的性质、功能及其条件不同，其合作的角色、工作任务和教育方式也有所不同。学校与家庭教育合作的内容包括两个方面：家庭对学校的教育参与和学校对家庭教育的专业支持。

---

① 方俊明. 特殊教育学［M］. 北京：人民教育出版社，2005：481.

（一）家长的教育参与

家长不只是特殊需要学生的监护人，更是特殊教育工作的合作伙伴，也应成为特殊教育工作的决策者和监督者之一。西方发达国家非常重视家长在特殊教育中的作用，近年来我国也开始逐步重视特殊教育家庭合作的重要性，不少地区和学校更以积极的教育合作态度邀请家长参与特殊教育工作，使之成为教育活动中的重要资源。家庭参与教育的主要内容有如下几方面。

1. 维护学生合法的权益

家长在教育中可以扮演监督者的角色，以监督教育机构的活动，保障特殊教育的适切性和有效性。家长应主动向学校询问有关特殊需要学生及其家庭的权益知识和政策、资源，家长也有权参与学生教育活动的设计与安排，同时，根据需要配合学校教师在家庭或社区中对学生进行相应的教育和训练。在国外，家长的意见可以决定教育方案能否实施。

2. 交流相关教育信息

为了掌握学生的各种特殊教育需要，教师除了依赖平时在教育场景中对学生的观察、测试外，大量的信息需要由家长提供，包括学生的养育情况、医疗情况以及在家庭、社区生活中的表现等，都是必不可少的资料。家长应向学校提供有关儿童在家庭、社区中生活学习等方面的真实信息，为评估诊断学生的特殊教育需要提供依据，或者为修订教育计划、改进教育策略、调整教育方法提供有效的反馈。

3. 参与学生的教育活动

家长应积极主动地参与学生的教育诊断、评估与教育方案的制订。诊断评估与教育方案的制订是特殊教育起始性的基础工作，也是整个教育过程中的重要一环。参与学生的诊断、鉴定与评估以及教育方案的制订既是家长的权利，也是家长的义务，更是配合学校搞好家庭教育的前提。

4. 咨询教育方法和策略

由于家长缺乏相关的特殊教育专业知识、技能，因此要做好家庭、社区中对特殊儿童的教育，就必须向学校或专业机构了解、咨询有关的教育方法和策略，提高家庭教育的水平和质量。

5. 进行家庭辅导和训练

家庭辅导和训练是特殊教育任务的重要组成部分。家长应根据学校的要求，通过协作性的辅导和训练，来巩固和深化学校教育的效果，如视功能训练、唇读训练、适应性技能训练、行为矫正等。

概而言之，家长的参与不仅可以强化教育的效果，而且也体现了当代全员育人、全程育人、全景育人的新理念。家庭中的每一分子，都应积极参与到特殊儿童的教育之中。

（二）学校的专业支持

特殊教育学校是特殊教育的专业机构，拥有丰富的专业资源，在家校合作中应主动积极地与家庭联系，向家长宣传科学的教育知识和方法，帮助家长创设良好的家庭教育环境，共同商讨、总结经验和解决家庭教育中的困难和问题。学校对家长工作的专业支持主要有以下三个方面。

1. 心理咨询支持

如前所述，对家长来说，障碍孩子的降生或者发现儿童有某种障碍是一重创性的事件。运用自己的专业知识和经验，采取理解、疏导、说服、解释、引导等方法，帮助家长勇于面对现实，树立正确的特殊教育观念，平稳度过心理危机期，尽量减轻由于障碍孩子出现带来的心理负担，是特殊教育教师义不容辞的义务，也是充分发挥自身专业优势、开展家庭教育合作的重要内容。

2. 法规、政策宣传的支持

积极主动地向特殊儿童家长宣传国家的特殊教育方针、法规和文件，帮助家长提高特殊教育的政策水平，加深对特殊教育意义的认识，同时也使家长明确自身的权利、义务和责任，更好地协助学校、社会共同做好对孩子的教育。

3. 教育训练支持

通过各种方式和形式，帮助家长了解特殊儿童的身心特点、行为表现，教给他们一些常用的方法、技巧和策略，指导家长的教育辅导和训练，积极提供一些有效的教育资源和信息等。

三、家校合作的方式

特殊教育学校应积极创设有效的家校合作机制，建立起良好的教师与家长合作的互动关系，不断推进家庭的教育合作。学校与家长的合作是互动双向的，方式也多种多样。概括起来，大体可以分为个别方式和集体方式两大类。

（一）个别方式

1. 家庭访问

家庭访问是学校与家长进行合作的常用方法。家访的目的在于沟通交流情况，商讨教育合作的内容、方式和方法等，争取家庭和学校之间同心协力、紧密合作。特别是在特殊儿童入校教育的初期，教师应通过家访，深入了解学生在家中的真实表现、家长对儿童教育的认识、家庭及其社区周围环境对特殊儿童身心特点的影响。这些自然场景中的学生表现信息，往往是有效诊断评估的重要依据。在进行家访时，要注意针对不同家长的特点，从尊重家长的观点出发，建立好良好的合作关系。每次家访必须要有明确的目的、要求，并作相应的记录。根据家庭访问的具体目的与内容，一般可将家访分为了解性访问、宣传性访问、商讨性访问、通报性访问、警告性访问等。

2. 个别交谈

个别交谈是一种非常灵活、机动、有效的方式，它包括教师利用接送学生的时间与家长交谈、电话交流和专门约谈等形式。前两种是最简便、最经常的联系方式。特别是在我国目前许多特殊需要学生寄宿学校的情况下，这种方式就显得更为普遍和重要。尽管时间不长、内容简单，但能及时互通信息，使双方都能及时了解学生在家、校的近期表现，便于双方及时配合。约请家长进行个别交谈，则是有目的、有计划、认真严肃地谈话。交谈的内容、要求应明确，特别是对很少见到的家长，教师除了向家长介绍近期孩子的变化、听取家长的意见外，更要与家长共同研究今后配合教育的具体措施和方法。

3. 家教咨询

家教咨询也是一种常见的指导家庭教育的有效方法。家长在配合学校的教育训练中，由于专业知识、技能的缺乏，实践中会遇到许多疑难问题，作为学校和教师以及其他特殊教育工作者，应设法创设一些机制，通过定期或不定期的方式，给予答疑解惑。例如通过家长信箱、网站、咨询室等来接受家长的咨询。有些学生需要长时间的咨询和帮助时，应根据需要，拟订专门的咨询计划。

4. 家庭联系本

家庭联系本是记录反映学生在家、校之间表现活动的一种简便的载体，也是家校沟通交流的一种有效形式。一方面，教师可以借助联系本，把学生一天的学习情况，进步表现、出现的问题及家庭作业等及时地记录反馈给家长；另一方面，家长可以通过联系本记事了解情况，并根据教师的建议，有针对性地对学生开展家庭辅导。认真记录、全面反映、持续沟通的家庭联系本，可以成为学生发展成长的轨迹档案，实际上也是一本极具价值的教育研究个案材料。

（二）集体方式

1. 家长会

家长会是特殊教育学校开展家校合作普遍采用的工作方式。家长会有班级家长会和全体家长会两种。班级家长会是教师做好本班学生家长工作经常而有效的方式。一般在学期初、学期中和学期末举行。班级家长会围绕学生的发展，议题可多种多样，一般由班主任主持，任课教师和其他专业人员协同参与，介绍班级学生情况、分析学生问题、提出教育任务和需要家长配合的建议。全体家长会的主要任务是与家长共同探讨特殊教育学校建设和家庭教育的规律，以提高教育质量和家长的教育素养，如讨论学校的发展规划、工作制度、家校合作的意见、成立家长委员会等。全体家长会一般由学校牵头，校长与家长委员、教师代表等共同筹划举行，每年开会两到三次。

2. 家长委员会

家长委员会由全体家长会推选的委员或由学校提名经全体家长会通过产生的委员组成。家长委员会的主要任务是和学校领导共同研究家校合作工作的开展、落实、检查，推动学校教育教学和康复训练质量的提高；同时也要帮助家长了解学校教育的计划和要求，协助学校改进工作，并及时反映家长对学校的意见、建议，根据家长的需要举行专题讨论会，组织优秀家长交流家庭参与教育的成功经验等。

3. 家长学校

家长学校是对父母和其他家庭成员进行特殊儿童教育、训练的学校。可以定期举办，也可根据需要适时灵活地举行。家长学校的主要任务是向家庭成员普及特殊教育知识。教育内容的确定，应根据家长所关心的问题和家庭教育中易犯的错误，比较系统地讲授有关知识，并有针对性地辅导一些康复训练技能。

4. 家长开放日、活动日

通过开放日、活动日和多种形式的教育活动，让家长定期来学校参观学生成果展示、观摩教学活动或参加学生联欢会等，这样可以使家长具体地了解学校的教育内容和方法，看到自己孩子的成绩和不足，有助于密切家长和老师的关系，进而在家校合作方面更加主动和配合，增进家长对学校的关怀、热爱之情，也有助于提高学校工作的透明度，增强家长参与的荣誉感和自豪感。

总之，特殊教育的家校合作，与学校的教育、训练工作具有同等的重要意义和价值。它如同车有两轮，缺一不可。无论是教师，还是学校领导和全体教工，包括学生的家庭成员在内，都应该不断提高相互合作的意识，积极努力、密切配合，共同做好特殊需要学生的教育工作。

四、家校合作的沟通

沟通在信息学的意义上是指将某一信息（或意思）传递给客体或对象，以期取得客体作出相应反应的过程。沟通在社会交往中是一门艺术。特殊教育家庭合作的有效开展有赖于教师或学校与家长的良好沟通。由于角度不同、专业背景知识不同，家校合作中经常会产生一些冲突，其主要方面来自于对学生的教育要求、教育方法的不同观点。譬如，有些家长可能对孩子的教育提出许多问题、建议，甚至是非常糟糕的要求，而对老师的专业解释不愿接受，这样往往导致合作中的冲突和困难，影响教育的效果。这些冲突一方面可能是由于家长的固执己见造成，另一方面也可能由于家长处于专业的弱势地位，缺乏特殊教育的知识而感到不安、无奈或困惑。因此家校合作中的沟通、理解显得尤为重要。

（一）理解障碍学生对家庭的影响

当家长和教师为了学生的发展而一起工作时，他们自然就形成了一个强有力的团队。一起工作，就必须相互交流沟通，而有效的交流沟通有赖于合作双方对对方负责，对对方困难的理解与尊重。对于教师来说，与家庭合作的关键一步就是首先要理解障碍儿童对整个家庭带来的挑战和影响。

对家庭来说，有障碍孩子就意味着家庭要面临经济的、物质的、精神的甚至是家庭关系调整的巨大挑战。许多研究表明，绝大多数障碍儿童的家长要经历一段艰难的心理调整适应期。一般有三个阶段：面临期、调整期和适应期。

1. 面临期

当家长刚开始得知孩子有障碍、残疾的信息时，往往处于一种心理危机的阶段期。在这一阶段，家长的情绪特征主要表现为震惊、怀疑、否定。此时，他们很难冷静地面对事实，总是怀疑诊断的准确性，并想方设法到处求医，希望能够推翻原有的结论。

2. 调整期

在经历一段心理危机后，接下来的心理反应往往被生气愤怒、内疚原罪、压抑失望、羞愧自惭所代替。在这一阶段，家长主要出处于一种无奈痛苦的心境：要么愤懑发泄，要么自责悲叹。此时仍然不能理性地对待孩子，往往出现两种极端的倾向：一种是对孩子过于保护，导致溺爱；另一种是不愿养育孩子，甚至遗弃孩子。

3. 适应期

在经历过艰难痛苦的挣扎后，最终绝大多数家长能够接受残酷的事实，逐渐开始平静而理性地思考孩子的成长，咨询孩子的发展与教育问题。

对于特殊教育教师来说，一定要理解障碍学生家长的心理反应。根据不同阶段的心理特征做好家长的思想工作。当然，由于家长的社会经济、文化背景的差异，在具体的表现上也可能有差异，有的即使把孩子送到特殊教育学校，但思想上仍不愿接受孩子的障碍事实，或是在心理态度上产生一些反复，特殊教育教师应该给予理解和尊重，要通过耐心的解释和引导，争取家长的支持和配合。

（二）掌握良好的沟通技巧

要准确地传递信息，建立起良好的互动关系，教师和家长沟通时，绝不能以专业者自居，必须以积极的态度、平等的关系来营造良好的沟通氛围，同时要选择适当的沟通方式与家长进行坦诚的交流。与家长合作沟通时最重要的是要注意自己的言谈技巧，包括言谈的态度、方式和具体的措辞语言。一般而言，使用的词句不宜以高姿态的口吻或消极性的用词，应选用温和、中性、尊重对方的积极性用词。为此，一些学者在总结许多成功与失败的经验基础上，认为应注意沟通时的用词问题（见表9-1），并提出了以下一些较为有效的沟通技巧①。

① 许天威，等. 新特殊教育通论［M］. 台北：五南图书出版公司，2008：421-422.

表 9-1 消极性用词与积极性用词示例对照

消极性用词（避免使用）	积极性用词（替代使用）
1. 必须	1. 应该
2. 懒惰	2. 可以更有效率
3. 文化剥夺	3. 文化差异
4. 麻烦制造者	4. 扰乱秩序
5. 不合作	5. 应学习和他人一起工作
6. 表现低下	6. 表现他的工作水准
7. 旷课的人	7. 未经允许而缺席
8. 鲁莽的	8. 失礼的
9. 小偷	9. 未经允许取用东西
10. 肮脏的	10. 没有好的生活习惯
11. 漠不关心	11. 自满的、不接受挑战的
12. 固执的	12. 坚持自己的立场
13. 浪费光阴	13. 可以更加善用时间
14. 脏兮兮的	14. 可以更整洁的
15. 卑鄙的	15. 很难和他人相处
16. 重复地、一再地	16. 一直如此
17. 学习表现很差	17. 学习表现低于平常水准

①接纳：教师应主动显示对家长知识的尊重和理解，也应使用能被接受和了解的词语。

②倾听：主动而积极地倾听家长的陈述和意见，并明确家长所说的内容和意图。

③询问：以探寻的口吻来了解家长的观点，进而不断提出问题来了解家长的想法和愿望。

④鼓励：谈及障碍孩子的缺点时应强调孩子的其他优点，设法找出孩子的优点和强项，并以鼓励的口气来结束晤谈或会议。

⑤持续讨论与指导：继续讨论所讨论的课题，指导家长注意到教师所提到的重点。

⑥发展出共同点：教师与家长双方的共同目标就是协助身心障碍儿童的

发展与成长。

*　　　　*　　　　*

【练习·思考·实践】

一、名词解释

1. 特殊教育合作
2. 特殊教育团队
3. 物理治疗
4. 作业治疗
5. 心理治疗
6. 言语与语言治疗

二、思考回答

1. 如何理解特殊教育合作的意义及其特点?
2. 特殊教育教师在合作团队中的作用是什么?
3. 特殊教育专业服务有哪些内容?
4. 谈谈家庭在特殊教育合作中的意义和作用。
5. 特殊教育家、校合作的方式有哪些?
6. 家校合作中，如何做好与家长的沟通?

三、实践活动

访问一两个特殊儿童家庭，了解家长对特殊教育家庭服务的需求，体会特殊教育家庭合作的意义。

【扩展阅读】

请利用课余时间阅读以下文献，并做好读书笔记。

1. 方俊明. 特殊教育学 [M]. 北京：人民教育出版社，2005：第十八章.

2. 徐胜，张文京. 特殊教育生态观 [J]. 重庆师范大学学报：哲学社会科学版，2003 (4).

参 考 文 献

中文文献

[1] 全国十二所重点师范大学联合编写组. 教育学基础［M］. 教育科学出版社，北京：2002.

[2] 中国社会科学院语言研究所词典编辑室. 现代汉语词典［Z］. 北京：商务印书馆，2006.

[3] 朴永馨. 特殊教育概论［M］. 北京：华夏出版社，1999.

[4] 朴永馨. 特殊教育辞典［Z］. 北京：华夏出版社，1996.

[5] 朴永馨. 努力发展有中国特色的特殊教育学科［J］. 特殊教育研究，1998（1）.

[6] 朴永馨. 特殊教育学［M］. 福州：福建教育出版社，1995.

[7] 朴永馨. 世界教育大系·特殊教育［Z］. 长春：吉林教育出版社，2000.

[8] 顾明远. 教育大辞典（卷5）［Z］. 上海：上海教育出版社，1999.

[9] 黄鸣奋. 需要理论及其应用［M］. 北京：中华书局，2004.

[10] 柯克，加拉赫. 特殊儿童心理与教育［M］. 汤盛钦，银春铭，等，编译. 天津：天津教育出版社，1989.

[11] 方俊明. 特殊教育学［M］. 北京：人民教育出版社，200.

[12] 陈云英. 特殊需要教育是教育的保障工程［J］. 中国残疾人，2004（3）.

[13] 陈云英. 建构特殊教育理论［J］. 中国特殊教育，2003（1）.

[14] 赵中建. 教育的使命——面向21世纪的教育宣言和行动纲领［M］. 北京：教育科学出版社，1996.

[15] 盛永进. 特殊需要视野中对特殊教育研究的思考［J］. 中国特殊教育，2007（12）.

[16] 盛永进，甘昭良. 全纳走向下特殊教育本体的认知定位——兼论特殊教育概念的泛化［J］. 外国教育研究，2009（9）.

[17] 孟万金. 坚持科学发展观，开创特殊教育研究新局面［J］. 中国特殊教育，2006（1）.

[18] 孟万金. 人本特教宣言［J］. 中国特殊教育，2008（10）.

[19] 联合国教科文组织. 关于全纳教育的初步报告［R］. 巴黎：联合国教科文组

织，2001.
［20］联合国教科文组织. 教育：财富蕴藏其中［M］. 北京：教育科学出版社，1996.
［21］路得·特恩布尔，安·特恩布尔，玛里琳·尚克，等. 近日学校中的特殊教育［M］. 方俊明，汪海萍，等，译. 上海：华东师范大学出版社，2004.
［22］黄志成，等. 全纳教育——关注所有学生的学习和参与［M］. 上海：上海教育出版社，2004.
［23］雷江华. 中国特殊教育学学科论初探［J］. 华中师范大学学报：人文社会科学版，2005（7）.
［24］顾定倩. 特殊教育导论［M］. 辽宁：辽宁师范大学出版社，2001.
［25］朱文富，韩卫东. 莫尔空想社会主义教育思想及其历史意义［J］. 河北大学学报：哲学社会科学版，2007（6）.
［26］夸美纽斯. 大教学论［M］. 傅任敢，译. 北京：人民教育出版社，1984.
［27］卢梭. 爱弥儿［M］. 李平沤，译. 北京：商务印书馆，1982.
［28］张福娟，等. 特殊教育史［M］. 上海：华东师范大学出版社，2000.
［29］陈建文. 郑观应思想研究［D］. 济南：山东大学，2008.
［30］容闳. 西学东渐记［M］. 长沙：湖南人民出版社，1981.
［31］郭卫东. 基督新教与中国近代的特殊教育［J］. 社会科学研究，2001（4）.
［32］中华续行委办会. 中华归主——中国基督教事业统计（1901—1920）［Z］. 中国社会科学院世界宗教研究所，译. 北京：中国社会科学出版社，1987.
［33］柳树森. 全纳教育导论［M］. 武汉：华中师范大学出版社，2007.
［34］瞿葆奎. 英国教育改革［M］//教育学文集（第22卷）. 北京：人民教育出版社，1993.
［35］邓猛. 从隔离到全纳——对美国特殊教育发展模式变革的思考［J］. 教育研究与实验，1999（4）.
［36］李拉. 当前随班就读研究需要澄清的几个问题［J］. 中国特殊教育，2009（11）.
［37］许家成. 试论大特殊教育观［J］. 中国特殊教育，1999（2）.
［38］陈云英，等. 中国特殊教育学基础［M］. 北京：教育科学出版社，2004.
［39］林宝山，李水源. 特殊教育导论［M］. 台北：五南图书出版公司，2001.
［40］华国栋. 残疾儿童随班就读现状及发展趋势［J］. 教育研究，2003（2）.
［41］华国栋. 差异教学论［M］. 北京：教育科学出版社，2001.
［42］郭卫东. 论近代中国特殊教育的发端［J］. 教育学报，2007（3）.
［43］台湾师范大学特殊教育学系. 中华民国特殊教育概况［M］. 1999.
［44］阿德勒. 自卑与超越［M］. 黄光国，译. 北京：作家出版社，1986.
［45］阿德勒. 挑战自卑［M］. 北京：华龄出版社，1996.
［46］叶澜. 教育概论［M］. 北京：人民教育出版社，1991.
［47］郭元祥. 生活与教育［M］. 武汉：华中师范大学出版社，2002.

［48］冯建军. 生命与教育［M］. 北京：教育科学出版社，2004.
［49］葛新斌. 人的基本特征与特殊教育的开展——哲学人类学对特殊教育的启示［J］. 辽宁师范大学学报：社会科学版，1997（6）.
［50］葛新斌. 关于特殊教育价值问题再探讨［J］. 中国特殊教育，2002（2）.
［51］联合国教科文组织国际教育发展委员会. 学会生存［M］. 北京：教育科学出版社，1996.
［52］袁振国. 当代教育学［M］. 北京：教育科学出版社，2006.
［53］庄锡昌. 多维视野中的文化理论［M］. 杭州：浙江人民出版社，1987.
［54］李鹏程. 当代文化哲学沉思［M］. 北京：人民出版社，1994.
［55］侯晶晶. 关怀德育论［M］. 北京：人民教育出版社，2005.
［56］马斯洛，等. 人的潜能和价值［M］. 林方，等，译. 北京：华夏出版社，1987.
［57］马斯洛. 马斯洛人本哲学［M］. 成明，译. 北京：九州出版社，2003.
［58］石中英. 教育哲学导论［M］. 北京：北京师范大学出版社，2004.
［59］马克思恩格斯全集（第23卷）［M］. 北京：人民出版社，1972.
［60］王利明，马玉娥，安守廉，等. 残疾人法律保障机制研究［M］. 北京：华夏出版社，2008.
［61］郭为藩. 特殊儿童心理与教育［M］. 台北：台北文景出版社，1985.
［62］鲁宾什坦. 智力落后心理学［M］. 朴永馨，译. 北京：人民教育出版社. 1983.
［63］教育部师范司. 盲童心理学［M］. 北京：人民教育出版社，2000.
［64］黄希庭. 普通心理学［M］. 兰州：甘肃人民出版社，1982.
［65］奥托. 人的潜能［M］. 北京：世界图书出版公司，1988.
［66］Thomas Armstrong. 多元智能［M］. 张咏梅，王振强，等，译. 北京：中国轻工业出版社，2003.
［67］陈兴时. 痴呆病人和特殊才能［J］. 科学生活，1999，（5）.
［68］梅汝莉. 多元智能与教学策略［M］. 北京：开明出版社，2003.
［69］加德纳. 多元智能［M］. 沈致隆，译. 北京：新华出版社，1999.
［70］陈敬朴. 基础教育概论［M］. 苏州：苏州大学出版社，2000.
［71］毛连塭. 特殊教育行政［M］. 台北：五南图书出版有限公司，1993.
［72］钱志亮. 努力构建有中国特色的视力残疾儿童义务教育课程体系［J］. 现代特殊教育，2007（5）.
［73］J. 皮亚杰，B. 英海尔德. 儿童心理［M］. 吴福元，译. 北京：商务印书馆，1986.
［74］丁勇. 为了每一个残障学生的发展 ——关于三类特殊教育学校义务教育课程设置实验方案的述评［J］. 中国特殊教育，2009（10）.
［75］栗洪武，肖世民，陈晓端，康伟. 学校教育学［M］. 西安：陕西师范大学出版社，2007.
［76］赵树铎. 特殊教育课程与教学法［M］. 北京：华夏出版社，1994.

[77] 黄显华，朱嘉颖. 一个都不能少：个别差异的处理 [M]. 上海：上海教育科技出版社，2003.
[78] 陈桂生. 普通教育学纲要 [M]. 上海：华东师范大学出版社，2009.
[79] 刘全礼. 特殊教育导论 [M]. 北京：教育科学出版社，2003.
[80] 刘春玲，江琴娣. 特殊教育概论 [M]. 上海：华东师范大学出版社，2008.
[81] 陈丽如. 特殊教育论题与趋势 [M]. 台北：心理出版社，2004.
[82] 刘捷. 专业化：挑战21世纪的教师 [M]. 北京：教育科学出版社，2002.
[83] 张民选. 教师发展专业策略译丛（总序）[M]. 北京：中国轻工业出版社，2006.
[84] 田慧生，李如密. 教学论 [M]. 石家庄：河北教育出版社，1996.
[85] 邓志伟. 个性化教育论 [M]. 上海：上海教育出版社，2000.
[86] 袁贵仁. 加强和改革教师教育，大力提高我国教师专业化水平 [J]. 人民教育，2001（9）.
[87] 王辉，王娇艳，张茂林. 江苏省特殊教育学校教师学历情况调查研究 [J]. 中国特殊教育，2008（12）.
[88] 汪斯斯，雷江华. 中美特殊教育教师专业化发展之比较 [J]. 现代特殊教育，2007（6）.
[89] 王枬，等. 教师发展：从自在走向自为 [M]. 南宁：广西师范大学出版社，2007.
[90] 刘晓东，卢乐珍，等. 学前教育学 [M]. 南京：江苏教育出版社，2004.
[91] 许天威，等. 新特殊教育通论 [M]. 台北：五南图书出版有限公司，2008.

英文文献

[92] Hallahan, D. P, Kauffman J. M. Exceptional Children: Introduction to special education [M]. Boston: 1994.
[93] William, L. Heward. Exceptional Children: An introduction to special education [M]. 9th ed . New Jersey: Person, 2009.
[94] Michael, S. Rosenberg, David, L. Westling, James Mcleskey. Special education for today's teachers: An introduction [M]. 2th ed. Boston: Person, 2008.
[95] Marilyn Friend, William D. Bursuck. Including students with special needs. A practical guide for classroom teachers [M]. 5th. ed. New jiersy: Person, 2008.
[96] Bateman, B. D, Herr, C. M. Writing measurable IEP goals and objectives [M]. Verona, WI: Attainment Company, 2006.
[97] Bateman, B. D, Linden M. L. Better IEPs: How to develop legally correct and educationally useful programs [M]. 4th. ed. Verona, Wl: Attainment Company, 2006.
[98] David, L. Westling, Lise Fox. Teaching students with severe disabilities [M]. 4th ed. New Jersey: Person, 2006.
[99] Martha, E. Snell, Rachel Janney. Collaboroative teaming book [M]. 2th ed. Maryland: Paul

H. Brookes Publishing Co., 2005.

[100] Ogletree B. T, Bull J, Drew R, Lunnen K. Y. Team-based service delivery for students with disabilities: Practice options and guidelines for success [J]. Intervention in school and Clinic, 2001, 36 (3).

[101] O'Hanlon, C. Special education integration in Europe [M]. London: David Fulton Publishers , 1993.

[102] Winzer, M. A. From integration to inclusion: a history of special education in the 20th century [M]. Washington, DC.: Gallaudet University Press, 2009.

[103] Winzer, M. A, & Mazurek, K. Special education in multicultural contexts [M]. Upper Saddle River, NJ: Prentice-Hall, 1998.

[104] Kauffman, J. M. Reflections on the Field [J]. Behavioral Disorders, 2003.

[105] Michael S. Rosenberg, David L. Westling, James Mclesky. Special Education for Today's Teachers [M]. 2th ed. New Jersey: Pearson Education, Inc, 2009.

[106] Winzer , M. A. The history of special education: from isolation to integration [M]. Washington , D. C.: Gallaudet University Press , 1993.

出 版 人　所广一
责任编辑　刘明堂
版式设计　贾艳凤
责任校对　曲凤玲
责任印制　叶小峰

图书在版编目(CIP)数据

特殊教育学基础/盛永进著．—北京：教育科学出版社，2011.6(2022.9重印)
ISBN 978-7-5041-5825-3

Ⅰ.①特…　Ⅱ.①盛…　Ⅲ.①特殊教育—教育理论　Ⅳ.①G760

中国版本图书馆CIP数据核字(2011)第099263号

特殊教育学基础
TESHU JIAOYUXUE JICHU

出版发行	教育科学出版社		
社　　址	北京·朝阳区安慧北里安园甲9号	**市场部电话**	010-64989009
邮　　编	100101	**编辑部电话**	010-64981167
传　　真	010-64891796	**网　　址**	http://www.esph.com.cn
经　　销	各地新华书店		
制　　作	北京大有图文信息有限公司		
印　　刷	唐山玺诚印务有限公司	**版　　次**	2011年6月第1版
开　　本	720毫米×1020毫米　1/16	**印　　次**	2022年9月第12次印刷
印　　张	20.25	**印　　数**	22 501— 24 500册
字　　数	339千	**定　　价**	55.00元